KB061002

# 한국의 자주적 근대화에 관한 성찰

## 자생적 근대화론과 식민지 근대화론을 넘어서

NANAM
나남출판

포스텍 융합문명연구원
**문명학** 총서 07

# 한국의 자주적 근대화에 관한 성찰

## 자생적 근대화론과 식민지 근대화론을 넘어서

2021년 2월 25일 발행
2021년 10월 5일 2쇄

지은이 이선민
발행자 조완희
발행처 나남출판사
주소 10881 경기도 파주시 회동길 193, 4층(문발동)
전화 (031) 955-4601(代)
FAX (031) 955-4555
등록 제 406-2020-000055호(2020.5.15)
홈페이지 http://www.nanam.net
전자우편 post@nanam.net

ISBN 979-11-971279-6-0
ISBN 979-11-971279-4-6 (세트)

책값은 뒤표지에 있습니다.

포스텍 융합문명연구원

문명학 총서 07

# 한국의 자주적 근대화에 관한 성찰

## 자생적 근대화론과 식민지 근대화론을 넘어서

이선민 지음

NANAM
나남출판

# A Reflection on the Autonomous Modernization of Korea

## Beyond 'Autogenous Modernization Theory' and 'Colonial Modernization theory'

*by*

Seonmin Lee

NANAM

"역사가는 역사라는 움직이는 행렬을 외딴 바위에서 내려다보는 독수리나 사열대 위의 귀빈이 아니라 그 행렬의 어느 한 부분에서 터벅터벅 걷고 있는 보통 사람에 불과하다. 역사가는 역사의 일부이다. 행렬 속에서 그가 어디에 있느냐가 과거를 바라보는 그의 시각을 결정한다."

— E. H. 카, 《역사란 무엇인가》

## 들어가며

1960년 봄, 스물네 살의 젊은 문학도 김윤식(1936~2018)은 대학원에 입학했다. 시 쓰기를 꿈꾸며 다섯 해 전 고향을 떠나 서울로 올라와 대학 문을 두드렸던 그는 자신의 생각과 달리 학문하는 곳이었던 대학에 흥미를 잃고 군에 입대했다. 강원도 인제의 최전방 수색대에서 1년 반을 보낸 그는 학교로 돌아와 이번에는 학문에 뜻을 두었다.

그러나 김윤식은 대학원에서 바로 문학 공부를 시작할 수 없었다. "대학보다 더 큰 힘이 우리가 갈 수 있고, 가야만 할 길을 저만치 가리키고 있었기 때문"이다. 당시 '민족적·국가적 요청이 학문(인문학)에게 단호히 명령한 것'은 '시대정신으로서의 식민지사관植民地史觀 극복'이었다. 그를 비롯한 '담 크고 순정한 소년들'은 "선진 제국주의 학자들이 말하는 식민지사관이 과연 과학적·학문적으로 성립되는가 아닌가를 증명하라"는 '성聖스런 사명'을 부여받고 일제히 내달

았다. 한반도의 남쪽과 북쪽에서.[1]

독립운동을 하는 심정으로 '한국근대문학'을 연구하려던 김윤식이 맞닥뜨린 거대한 난관은 다름 아닌 '근대'였다. 그는 문학을 탐구하기 전에 한국의 전통사회가 스스로 근대화할 수 있는 능력을 갖고 있었던가를 먼저 물어야 했다. 그는 "이 개념을 비켜 나갈 어떤 방도도 없어 보였을 만큼 그것은 거의 절대적인 것으로 군림했다"고 회상했다.

그래서 김윤식은 문학은 팽개쳐 두고 먼저 사회과학과 역사를 공부했다. 그는 훗날 "문학 따위를 안중에 둘 처지가 못 됐다"고 회상했다. 아무도 가르쳐 주지 않았기에 오랜 시간을 들여 혼자서 혼신의 힘으로 돌파한 끝에 그는 근대가 '국민국가'와 '자본제 생산양식'으로 이루어진다는 것을 알았다. 그리고 식민지를 경험한 한국의 경우 근대는 그런 보편성에 '반제反帝 투쟁'과 '반反자본제 투쟁'의 특수성이 더해진다는 것도 깨달았다.

동전의 앞뒷면에 해당하는 '식민사관 극복'과 '근대'란 화두를 안고 고민하던 청년 지식인 김윤식이 발견한 등불이 두 개 있었다. 그 하나는 과거에서 왔고, 다른 하나는 미래에서 왔다.

과거로부터 온 등불은 역사학자 김용섭이 1970년 출간한 《조선후기농업사연구》였다. 조선 후기 양안量案(토지대장)을 분석하여 '경

---

1 김윤식(2009), "머리말", 《내가 살아온 한국현대문학사》, 문학과지성사, 6~15쪽.

영형 부농富農'의 부상을 핵심으로 하는 농촌사회의 발전적 변동을 논증한 김용섭의 연구는 한국의 자본주의와 근대화의 맹아萌芽가 싹트는 시기를 18세기 후반까지 끌어올림으로써 한국사의 타율성론과 정체성론을 골자로 하는 식민사관 극복의 결정적 계기를 제공했다고 평가됐다. 김윤식은 "지푸라기라도 붙잡고 싶은 심정이었던 인문학도들에게, 사회경제사라는 학문 중의 학문 쪽에서 자본제 생산양식의 맹아와 또 그것이 18세기 후반을 기점으로 할 수 있다는 점이 입증됐다는 사실이 가져다준 충격은 신선할 수밖에 없었다"고 말했다. 그는 동료 문학연구자였던 김현과 함께 김용섭의 저서를 읽고 밤을 새우며 토론한 뒤에 18세기 후반을 한국근대문학의 출발점으로 삼는 《한국문학사》(1973)를 펴냈다.

미래에서 온 등불은 미국의 경제사학자인 MIT대 교수 로스토우가 쓴 《경제성장의 제諸단계*The Stages of Economic Growth*》였다. 얼마 뒤 미국의 반反공산주의 세계전략에 깊숙이 참여하게 되는 로스토우가 1960년에 펴낸 이 책은 경제발전에 관한 마르크스적 관점을 대체하는 이론으로서 커다란 화제를 불러일으켰다. 세계사적 경제발전이 '① 전통적 사회, ② 도약을 위한 선행조건 충족, ③ 도약, ④ 성숙단계 진입, ⑤ 고도 대중소비'의 차례로 이루어진다는 그의 주장 가운데 김윤식이 주목한 것은 ②와 ③ 단계였다. 그는 "식민지사관의 극복이라는 거창한 민족적·국가적 사명감이 결국은 경제발전 도약단계를 목표로 하는 것이었음이 판명됐다. 그 미래가 식민지사관 극복을 독촉하고 있는 형국이었다"고 회상했다. 그는 또 "혁명 없이도 근대화가 가능하다는 것, 이것만큼 주어진 여건 내의 가슴 벅찬 확실한 일이 당시로서는 없었다"고 했다.[2]

훗날 한국근대문학 연구의 높은 봉우리를 이루는 김윤식이 소장 연구자 시절 치른 지적 고투苦鬪는 그와 동시대를 살았던 많은 지식인이 비슷하게 겪어야 했던 시대적 산물이었다. 그중에서도 '근대'를 평생의 화두로 삼았던 김윤식의 경험은 지난 60년 동안 한국에서 근대와 근대화가 어떤 의미를 지녔고, 그것에 대한 인식이 어떤 경로를 밟아왔는지를 성찰할 때 좋은 출발점이다. 그의 회고 속에는 이 책이 짚어 볼 중요한 주제가 상당 부분 들어 있다. 그리고 이와 관련해 역사학과 사회과학 분야에서 진행된 논의가 지식사회 일반에 어떤 반향을 불러왔는지를 잘 보여 준다. 이뿐만 아니라 그는 이 책의 마지막 부분에서 살펴보듯이 만년에 한국의 근대와 근대화에 대한 깊은 통찰을 또 한 번 제시했다. 1960년대 이후 한국의 근대화 문제를 다룬 거대담론에 지성사적으로 접근하여 그 대안을 모색하는 이 책이 젊은 날의 김윤식에서 시작하는 까닭이다.

2 김윤식(2005), "근대를 화두로 살았던 어떤 세대의 심정 고백", 〈한겨레〉, 2005. 12. 30.

# 한국의 자주적 근대화에 관한 성찰

## 자생적 근대화론과 식민지 근대화론을 넘어서

차 례

# 1

# 한국의 근대화 논의 개막: 1960년대

## 1. 4 · 19와 5 · 16 뒤 봇물 터진 근대화론

한국에서 근대화에 관한 본격적인 논의는 1960년 4 · 19혁명 이후에 전개됐다. 이에 앞서 6 · 25전쟁의 상흔이 어느 정도 가라앉은 1950년대 후반 들어 정부와 민간에서 근대화를 위한 움직임이 시작됐다. 1955년 8월 부흥부가 만들어져 산업과 경제를 일으키기 위한 계획과 정책을 담당했다. 서북지역 출신의 30~40대 지식인이 중심이 되어 1953년 4월 창간한 〈사상계〉는 1955년 1월 '민족적 자존심', '민족의 통일', '경제발전', '민주사상', '새로운 문화창조'를 편집방침으로 채택하면서 한국사회의 전면적 근대화를 지향점으로 설정했다.

하지만 이승만 대통령을 앞세운 자유당 독재가 절정을 향해 치닫고 있는 정치상황에서 근대화가 국가의 우선과제가 될 수는 없었다. '민주주의의 실현'이 당면과제였고, '자유'와 '민권'이 시대정신이었다. 이런 분위기는 자유당 정권을 무너뜨린 4·19혁명 직후까지 이어졌다. 〈사상계〉 1960년 5월호의 권두언 "민권民權 전선戰線의 용사勇士들이여 편히 쉬시라", 특집 좌담 "민주정치 최후의 교두보: 3·15선거 후의 정국 전망", 6월호의 화보 "피의 화요일: 자유의 여신女神은 이렇게 부활하였다" 등의 제목이 이를 말해 준다.

그러나 7·29재선거로 민주당 정권이 들어서자 분위기는 사뭇 달라졌다. 1956년 제3대 대통령 선거 때 전국을 뒤흔들었던 '못 살겠다, 갈아 보자!'라는 구호의 주창자였던 민주당은 정권을 잡게 되자 그에 걸맞은 책임감을 느껴야 했다. 이런 변화는 1960년 8월 13일 제4대 대통령 윤보선의 취임사에 잘 표현돼 있다.

> 4월 혁명으로부터 정치적 자유의 유산을 물려받은 제2공화국 정부는 이제는 국민이 다 먹고살 수 있는 경제적 자유를 마련하지 않으면 안 되겠습니다. 경제적 자유에 뿌리를 박지 않는 정치적 자유는 마치 꽃병에 꽂힌 꽃같이 곧 시들어지는 것입니다. 피를 무서워했던 독재는 정녕코 물러났기에 오늘 우리의 정치활동은 자유로워졌습니다. 그러나 독재에 따라다니던 경제부패는 아직도 그대로 남았고 소탕작업도 노정이 요원하고 험준한 데다가 탕진될 대로 탕진된 나라 살림에 누란의 위기에 봉착하고 있습니다. 이 경제적 위기를 극복 못 하는 날에는 한낱 내각의 수명만이 아니라 실로 국가의 운명이 또한 여기에 달려 있

다 하겠습니다.

정부의 시책은 무엇보다도 경제 제일주의로 나가야 하겠고, 현명한 국민에게는 내핍과 절제 그리고 창의와 노력이 요청되는 바입니다.

'경제 제일주의'를 표방한 것은 민주당 정부의 실질적인 책임자였던 장면 국무총리도 마찬가지였다. 그는 1960년 10월 1일 열린 제 2 공화국 탄생 경축식에서 경축사를 통해 다음과 같이 말했다.

민족의 당면한 과제가 산업의 현대화와 국민소득의 가증적加增的 증가에 있음을 재확인하고, 정부의 시정목표로서 경제 제일주의를 지향하고 있습니다. 정부는 주로 국민의 경제적 활동의 기회 균등을 보장하는 환경개선에 노력을 집중하고, 국민의 최대한의 창발력創發力과 기업적 모험심을 발휘하여 계획성 있는 자유 기업체의 장점을 살려서 하루 속히 국민경제의 비약적 성장을 가져올 수 있는 인화점에 도달할 것을 기도함이 새로운 공화정체하의 당면한 최대 과제임을 다시금 강조하는 바이며, 그런 견고한 터전 위에서 점차적으로 복리사회 건설의 여러 가지 시책을 준비할 것입니다.

바뀐 사회적 분위기는 당시를 대표하던 정론지 〈사상계〉에서도 읽을 수 있다. 1961년 1월호에서 발행인 장준하는 권두언을 통해 겨레의 거족적 과제로 '자유와 민권의 신장', '지도층의 생활태도 쇄신', '통일과업을 수행할 기구 설치'와 함께 '경제부흥의 기틀 확립'

을 꼽으며 다음과 같이 주장했다.

> 경제부흥이 하루 이틀에 이루어지지 않음은 물론이다. 그러나 부흥을 지향하는 정책과 설계는 언제든지 세울 수 있는 줄 안다. … 이승만이 망녕하여 있던 휴전 후 7년간을 북한 괴뢰들은 전 노동력을 생산에 기울여 상당한 성과를 드러내고 있다. … 경제적 부흥만이 정치적 자립을 꾀할 수 있는 길이요, 우리의 생명 같은 '자유'를 수호함도 이에 따른다. 우리는 정부가 국토개발을 위한 대사업을 착수하는 데 일루의 희망을 또 걸어 본다. 이 일은 다행한 일로 성공되기를 바라며 또한 반드시 성공되어야 할 것이다.

경제건설에 대한 강조는 두 달 뒤인 1961년 3월호 〈사상계〉에 역시 장준하가 쓴 권두언 "3·1정신은 어떻게 계승되어야 할 것인가"에도 되풀이됐다.

> 민주주의적 정치체제가 확립되었다고 해서 우리들의 자유가 최종적으로 보장되는 것은 아니다. 자유의 보장을 위하여 체제의 확립은 필요한 조건이기는 하지만 충분한 조건은 못 된다. 자유는 정치적인 면에서 경제적·사회적으로 확대되지 않으면 안 되며 그 물질적 기반으로서 힘찬 경제적 건설이 수반되어야 하고, 그 정신적 토대로서 국민의 기강이 확립되어야 함은 물론이다. 2차 대전에 해방된 많은 후진국에서 강력하게 추진되고 있는 일련의 경제혁명과 사회혁명은 민족적 주

> 권의 회복을 당면목표로 했던 정치적 민족주의가 바야흐로 경제적·사회적 민족주의로 발전하고 있는 과정을 표시하고 있는 것이다. 만일 우리의 3·1정신이 퇴영적 상태에서 위축하지 않고 적극적으로 전진하려면 이것은 후진성 극복의 열의와 결부되어야 하며 우리는 이것을 그러한 방향에서 계승하지 않으면 안 된다.

장준하는 '경제부흥', '경제건설', '경제혁명'을 부르짖은 데 이어 이를 실천하기 위해 직접 뛰어들었다. 그가 "일루의 희망을 걸어 본다"고 밝혔던 민주당 정부의 '국토개발을 위한 대사업'의 책임을 맡았던 것이다. 그는 1960년 12월 28일 국무원령令으로 설치된 국토건설본부의 실질적 운영책임자인 기획부장으로 취임했다. 장면 국무총리가 본부장을 겸임한 국토건설본부는 30세 미만의 대학졸업자 2천 명을 선발해서 농촌개발과 국토건설에 투입한다는 계획을 세웠다. 이는 민주당 정부가 경제개발과 국민 의식혁명을 위해 야심차게 펼친 사업이었다.

국토건설본부는 수석부장인 기획부장을 맡은 장준하 외에도 관리부장 신응균(국방부 차관보), 사회홍보부장 이만갑(서울대 교수), 간사 유익형, 박경수가 〈사상계〉의 편집위원이나 직원 출신이었다. 이는 역시 〈사상계〉 편집위원이었던 재무부 장관 김영선이 장준하에게 요청한 결과였다. 장준하는 〈사상계〉의 편집과 운영을 주간 김준엽 등에게 맡겨 놓고 국토건설본부 일에 매달렸다. 장준하와 평생 동지였던 김준엽은 훗날 이 시절에 대해 다음과 같이 회고했다.

민주당 시절에 관해서 한 가지 더 말씀드리죠. 이승만 독재가 무너지고, 그야말로 문민정부가 섰단 말예요. 그때는 경제발전에 전력을 기울여야 할 때였죠. 그래서 장 선생 자신이 국토개발 사업에 참여하게 된 거지요. 장 선생 생각은 이제 자유민주주의의 토대는 됐으니까 경제를 발전시켜야 된다는 거였죠. 또 〈사상계〉의 전체 관심도 경제발전 문제에 집중시키고 있었을 때였어요. 그래서 석학들을 총동원하였죠. 일종의 운동이었어요.[1]

후진국에서 근대화는 일차적으로 산업화이고 경제발전이다. 따라서 민주당 정부가 내세운 '경제 제일주의', 〈사상계〉가 주장한 '경제부흥', '경제건설', '경제혁명'은 내용적으로 모두 근대화를 의미했다. 하지만 아직 '근대화'라는 용어가 직접 사용된 것은 아니었다.

정치적 차원에서 '근대화', 그것도 감성적인 강조를 담아서 '조국 근대화'라는 용어를 적극적으로 사용한 것은 5·16쿠데타로 집권한 박정희 정부였다.[2] 쿠데타의 지도자로 추대된 국가재건최고회의 의장 박정희는 1962년 1월 펴낸 《우리 민족의 나갈 길》에 실린 "한국

1 장준하선생추모문집간행위 편(1995), "주간 좌담: 사상계 시절을 말한다", 《민족혼·민주혼·자유혼》, 나남출판, 75쪽.

2 김광동(2018), 《4·19와 5·16: 연속된 근대화 혁명》, 기파랑, 61~73쪽. 정치학자 김광동은 '5·16은 4·19의 부정'이라는 통념을 비판하고 양자를 연속과 계승의 관계로 파악한다. 민주주의라는 관점에서 보면 단절이지만, 근대화와 산업화라는 당시의 역사적 과제를 달성하려는 목표는 동일했다는 것이다.

의 근대화를 위하여: 우리나라 민족혁명의 과제"라는 글에서 다음과 같이 주장했다.

> 지금 우리 민족은 근대화의 역사적 과제를 앞에 놓고 있다. 19세기 말 서구열강의 동점東漸 이래 아직 미완성의 숙제로 남은 우리나라 근대화의 과제를 완수하는 것이 민주혁명의 목표이다. 이번 5·16군사혁명이 국민혁명으로 성공하려면 이 민족사적 과제를 해결해야 한다. … 과거 모든 민족은 전통사회를 벗어나 근대사회로 비약할 때는 어느 경우에나 민족주의적 정열이 작용하였다. 먼저 근대화의 무드를 만들어 놓지 않고는 안 된다는 것을 자각해야 한다. … 한국의 근대화를 위해서는 근대적인 새로운 지도세력의 대두와 육성을 기초로 하여야 할 것이다. 밑으로부터 농민대중을 계몽·육성하고 위로부터는 새로운 지식인, 혁신적인 인테리를 중심으로 한 민주주의적 지도세력의 육성을 필요로 할 것이다.

한국에서 '근대화'를 정치담론으로 처음 본격 제시한 이 책은 박정희가 직접 쓴 것은 아니었다. 국사학자 황병주는 《우리 민족의 나갈 길》의 내용이 전형적 군인인 박정희가 썼다고 보기 힘든 전문적인 서술이 대부분이라며, 김종필이 주도하던 중앙정보부가 지식인을 동원해 쓴 것으로 추정했다. 당시 주한 미국대사관에 근무했고 훗날 주한 미국대사를 역임하는 하비브는 서울대 사회학과 교수 이만갑 등이 이 책의 초고 작성에 참여했다고 본국에 보고했다. 황병주는

《우리 민족의 나갈 길》이 박정희의 저서라기보다 그가 읽고 배워야 할 참고서에 가까웠다고 보았다.[3]

하지만 5·16쿠데타 세력이 이 무렵 '근대화'를 중요한 정치담론으로 다루기 시작한 것은 분명하다. 이는 5·16의 핵심인물이었던 김종필 중앙정보부장이 잡지 〈신사조新思潮〉 1962년 7월호에 기고한 "5·16혁명과 민족주의"라는 글에서 확인할 수 있다. 5·16을 서구와 한국의 민족주의 운동사 속에서 파악하며 의미를 부여한 이 글에서 그는 민족주의와 근대화를 다음과 같이 연결했다.

> 로스토우 교수는 경제성장의 출발을 위한 준비단계에 있어서 민족주의의 역할을 논하는 가운데 "민족주의는 귀족적인 전통적 사회구조나 전前 식민세력 또는 이 양자의 결합에 의해서 저해되어 온 국가의 경제·사회 및 정치적 근대화의 과업에 전향할 수 있다"고 말하고 있다. 한국의 민족주의가 현실적으로 당면한 과제는 로스토우 교수가 지적하였듯이 전통적인, 즉 농민을 전인구의 7할로 하는 사회구조나 외래사상에 대한 사대주의로 저해되어 온 사회·경제·정치적 제諸 분야를 조속히 근대화함으로써 민족적인 숙원인 국토통일을 위한 실력을 배양하는 동시에 국제사회의 정당한 일원으로 국제정의正義의 증진에 기여할 수 있는 태세를 갖추려는 데 있다.

---

3 황병주(2008), "박정희 체제의 지배담론: 근대화 담론을 중심으로", 한양대학교 박사학위 논문, 98~107쪽.

이처럼 서서히 떠오르던 '근대화' 담론이 책이나 논설에 담기는 차원을 넘어 정치적 차원에서 본격적으로 유포·확산되기 시작한 것은 1963년 10월 15일 실시된 제5대 대통령 선거를 앞두고였다. 3년 반 만에 다시 직선으로 치러진 대통령 선거는 정치담론이 만개하는 대중적 공간을 열었다. 박정희는 1963년 8월 31일 대통령 후보 지명 수락 연설을 통해 스스로 '근대적 정치세력'으로 자임하고 '근대적이고 민주적이고 건실한 정권'의 탄생을 다짐하면서 '근대', '근대화'를 정치적 구호로 제시했다. 박정희 정권 내내 '민족중흥'과 함께 정치적 구호가 됐던 '조국 근대화'가 처음 그의 연설에 등장한 것은 제5대 대통령 선거에서 윤보선을 1.5% 차이로 누르고 당선된 직후인 1963년 11월 3일 학생의 날 치사致辭였다. 황병주는 "이 무렵부터 박정희의 연설문에서 근대, 근대화라는 용어가 폭증했고 서술적 수준의 근대보다 근대화라는 목적지향적 가치를 표현하는 개념이 확고하게 정착했다"며, "'조국 근대화'는 민족주의와 근대화 담론의 결합을 상징하는 대표적 용어였다"고 분석했다.[4]

박정희가 이끄는 제3공화국은 '근대화'를 국정의 기본방향으로 내세웠다. 이는 1964년 박정희 대통령이 처음 발표한 연두교서에서 확인할 수 있다.

오늘 우리의 주변이 정치·경제·사회·문화 모든 부면部面에 걸쳐 빈

---

4 위의 논문, 103~105쪽.

곤이라는 먹구름 속에서 생기를 잃은 무기력과 침체된 양상을 시현示顯하고 있음은 부인할 수 없는 사실입니다. … 혼돈과 침체 속의 후진의 굴레에서 결연히 벗어나 우리의 조국을 근대화시켜야 한다는 원대한 목표를 설정하고 국민의 정신적 혁명을 기조로 정치적 정화운동, 사회적 청신운동, 경제적 검약·증산운동을 내용으로 하는 대혁신운동을 제창할 것입니다.

이후 근대화 담론은 정부에서 시작돼 사회 전 부문으로 확산되면서 '유행어'가 됐다. 황병주는 "박정희 체제는 근대화 담론을 증폭하고 확산시킴으로써 결과적으로 그것을 새로운 지배적 담론으로 만드는 데 결정적 역할을 했다"고 분석했다.[5]

5 언론인 겸 국사학자 천관우는 〈사상계〉 1964년 1월호에 실린 글에서 "작년 1년 동안에는 두 차례의 선거전을 치르는 동안 이 '근대화'라는 어휘가 정치상의 슬로건으로 채택되어 일종의 유행어가 됐다"고 했다. 위의 논문, 107~115쪽.

## 2. 미국발發 근대화론의 충격

### 1) '근대화 이론'의 전파와 확산

앞서 언급한 김윤식과 김종필의 경우에서 알 수 있듯이 1960년대 한국의 근대화 논의를 이해하는 데 빼놓을 수 없는 인물이 월트 로스토우Walt Rostow(1916~2003)이다. 세계적인 경제사가이면서 미국의 대외전략에 깊숙이 관여했던 그는 한국의 지식인들과 박정희 정부에도 상당한 영향을 미쳤다.

러시아에서 이민 온 유태계 가정에서 태어난 로스토우는 예일대에서 경제학을 전공해 학사학위를 받은 뒤 영국의 로즈 장학생으로 선발돼 옥스퍼드대에서 2년간 공부했다. 다시 예일대로 돌아와 박사를 마친 후 제2차 세계대전 기간에는 전략사무국OSS과 국무부에 근무하면서 유럽 관련 정책 수립에 참여했다. 제2차 세계대전 종전 후 옥스퍼드대와 케임브리지대에서 연구하면서 영국경제사 전문가로 학문적 명성을 쌓은 그는 1950년 MIT대 교수로 미국에 돌아왔다. 그는 아시아를 중심으로 제3세계를 연구하던 MIT대 국제학연구소에서 활동하면서 제3세계의 경제발전에 관심을 기울였고, 동료 연구자들과 함께 《정책*An American Policy in Asia*》(1955년), 《제안*A Propsal: Key to an Effective Foreign Policy*》(1957년) 등 미국의 대외정책을 논하는 소책자를 썼다.

로스토우는 1950년대 후반부터 매사추세츠주 상원의원이던 존 F. 케네디의 자문 역할을 했고, 1960년 미국 대통령 선거 때는 케네디 캠프에서 활동했다. 그는 케네디가 대통령에 당선되자 대통령 국가안보특별부副보좌관, 국무부 정책기획위원장으로 미국의 대외정책 수립과 집행에 참여했다. 1963년 11월 케네디가 암살된 뒤 대통령직을 승계한 존슨 행정부에서 1966년부터 1969년까지 대통령 국가안보특별보좌관으로 베트남전쟁을 비롯한 대외정책 전반을 관장했다.

로스토우는 MIT대 교수로 재직하던 1958년 가을부터 1년간 안식년을 맞아 영국 케임브리지대에서 연구했다. 이때 학부생을 대상으로 '공업화의 과정'에 관한 연속 특강을 했다. 그는 이 특강에서 한 국가의 근대적 경제발전 과정을 '전통적 사회traditional society, 도약을 위한 선행조건 충족preconditions for take off, 도약take off, 성숙단계 진입the drive to maturity, 고도 대중소비mass consumption'의 다섯 단계로 나누었다. 그는 인간을 이윤과 효용의 극대화만을 추구하는 '경제인homo economicus'으로 간주하는 근대경제학에 불만을 품고, 경제발전에서 경제적 행위와 사회·문화·정치 등 비경제적 행위의 역할을 연결했다. 또 경제발전단계를 필연적인 역사 과정으로 보는 마르크스와 달리 선택 가능한 것으로 보았다.

로스토우의 케임브리지대 특강은 마르크스적 관점과 이에 기반을 둔 공산주의에 대하여 강력한 대항의식을 담고 있어 주목을 끌었다. 그는 자신의 이론과 마르크스·공산주의의 성장단계론의 차이를 상세히 설명하고 미국과 소련의 경제성장 비교, 근대사에서 전쟁과 평화의 문제, 후진국의 경제성장 등 현실적 문제를 특강의 후반부에서 다뤘다. 특히 그는 성숙단계에 도달한 소련이 '고도 대중소비 사회'와 '세계 지배'의 갈림길에 놓여 있다며, 소련과 그를 따르는 국가들을 평화의 방향으로 이끄는 것이 미국과 유럽 등 서방국가들의 과제라고 주장했다. 또 이제 막 경제성장의 길로 들어선 아시아·아프리카 국가들이 각 단계를 순조롭게 밟을 수 있도록 경제 및 기술을 적극 지원해야 한다고 주장했다.

로스토우의 케임브리지대 특강은 1959년 8월 영국의 세계적인 권위지 〈이코노미스트*Economist*〉에 "로스토우, 성장을 논하다: 비非공산당 선언Rostow on Growth: A non-Communist Manifesto"이란 제목으로 두 차례에 걸쳐 그 요약문이 실리면서 전 세계에 널리 알려졌다. 〈이코노미스트〉 편집자는 요약문에 붙인 논평에서 "이것은 전후戰後 경제 및 정치사상에 공헌한 대표적인 논문"이라고 말했다. 미국 하버드대 대학원장 월슨 놀런은 "제 2차 세계대전으로 구舊질서가 무너진 이래 지식층에 의한 어떤 공헌보다도 더 큰 영향을 국제문제에 미치게 될 것"이라고 평가했다.

소련은 전 세계 지식인 사회에 충격을 던진 로스토우의 주장에 예민하게 반응했다. 소련 해외문화관계 국가위원회 위원장 유리 주코프는 1959년 10월 19일 자 〈프라우다〉지紙에 실린 글에서 로스토우를 '자본주의 늪 속에 있는 흙새', '장날을 만난 마술사'라고 비아냥거리면서 "현대사회의 발전단계에 관한 그 자신의 이론을 제기하며 계급투쟁 및 사회구성체 개념을 완전히 제거하고 있다", "마르크스 및 레닌 이념의 승리적 발전을 방해할 수 있는 세력은 세계에 존재하지 않는다", "자본주의 늪 속에 있는 홉새들이 아무리 큰 소리로 부르짖으며 그들의 우위를 자랑할지라도 삶이 그 대답을 줄 것"이라고 주장했다.

1959년 11월 7일 자 〈이코노미스트〉는 이를 소개하며 "주코프 씨는 로스토우 교수의 분석을 이해하지 못했다"며 "소련 과학아카데미의 후원 아래 제공된 강의에서 로스토우의 분석과 설명을 들은 모스크바의 청중은 관심을 표명했다"고 전했다.

로스토우의 이론은 한국에도 매우 빨리 소개됐다. 〈이코노미스트〉에 그의 특강이 소개된 지 반년도 지나지 않아 〈사상계〉가 1960년 1월호부터 3월호까지 로스토우의 특강과 〈이코노미스트〉 편집자의 논평, 〈프라우다〉지에 실린 비판을 소개했다. 〈사상계〉 편집위원이었던 서울대 경제학과 교수 이상구는 1960년 5월 〈이코노미스트〉에 실린 로스토우의 특강과 이를 둘러싼 외국 학계의 논쟁, 조기준 고려대 교수(경제사)·민석홍 서울대 교수(서양사)·홍이섭 연세대 교수(한국사)의 논평, 영어 원문을 수록해서 《반反공산당 선언: 경제성장의 제諸단계》(진명문화사)라는 책을 출간했다. 그리고 로스토우가 케임브리지대 특강을 보완하여 1960년 《경제성장의 제諸단계*The Stages of Economic Growth*》라는 단행본을 출간하자 이듬해인 1961년 이상구와 강명규가 우리말로 번역 출간했다. 로스토우의 《경제성장의 제단계》는 이후 한국의 경제학자뿐 아니라 인문·사회과학자들에게 커다란 영향을 미쳤다.

로스토우는 《경제성장의 제단계》에서 특히 아시아・아프리카의 저개발국가들에 대한 미국의 경제원조를 강조했다. 빈곤에 고통받는 나라의 국민이 공산주의에 매력을 느끼는 상황에서 미국의 적극적인 지원에 의한 이들 나라의 근대화만이 공산주의의 확산과 소련의 영향력 확대를 저지할 수 있다는 주장이었다. 그는 제3세계의 대부분 국가가 '전통적 사회'나 '과도적 사회' 단계에 머물러 있지만 미국이 도와주면 '도약' 단계에 들어설 수 있다고 강조했다.

미국의 대외정책 담당자들은 '근대화 이론modernization theory'이라고 불린 로스토우의 주장에 귀를 기울였다. 그리고 그가 1960년대 들어 케네디・존슨 행정부에서 미국의 대외정책을 주관하게 되면서 근대화 이론은 제3세계에 적용됐다. 미국 국무부를 비롯해 중앙정보부CIA, 공보원USIS, 주요 민간재단들은 적극적으로 근대화 이론을 전 세계에 확산・전파하는 일에 나섰다.

동아시아에 '근대화 이론'이 처음 전파된 것은 1960년 8월 말 도쿄 인근의 휴양지 하코네箱根에서 미국과 일본의 저명한 인문・사회과학자들이 참석한 가운데 열린 학술회의를 통해서였다. '하코네 회의'라고 불린 이 회의는 미국의 근대일본연구회의가 포드 재단의 지원을 받아 주관한 것으로 '근대화 개념을 통해 본 일본'이란 주제를 내걸었다. 미국 쪽에서는 사회학자 존 홀과 매리언 레비, 동아시아 전문가 에드윈 라이샤워・벤자민 슈워츠・마리우스 잰슨 등 저명한 학자들이 참석했고 일본 쪽에서는 정치학자 마루야마 마사오丸山眞

男, 경제학자 오우치 쓰토무大內力, 역사학자 도야마 시게키遠山茂樹 등 학계의 맹장猛將들이 자리를 함께했다. 당시 하버드대 옌칭연구소의 소장이었던 라이샤워는 하코네 회의가 열리기 한 달 전인 1960년 7월 한국에 와 고려대 아세아문제연구소에서 '한국과 근대화'라는 주제로 강연을 했다.

사흘 동안 열린 하코네 회의는 '근대화 이론'의 보편성을 강조하는 미국 학자들과, 일본의 근대화 과정에서 나타난 특수성을 주장하는 일본 학자들이 난상토론을 벌이며 팽팽한 지적 긴장을 보여 주었다. 하코네 회의 이후 일본의 지식사회와 정계에서 '근대화 이론'을 둘러싼 많은 논의가 전개됐다. 특히 이 회의에 참석했던 미국의 일본사 연구자 라이샤워는 1961년 주일 미국대사로 부임해 5년간 재임하면서 저술과 강연 등을 통해 '근대화 이론'을 일본에 전파하는 데 중요한 역할을 했다. 일본 좌파들은 라이샤워의 근대화 이론 확산을 위한 적극적인 활동을 '라이샤워 공세攻勢', '케네디 · 라이샤워 노선'이라고 부르며 경계했다.[6]

'근대화 이론'은 이어 한국에도 전파됐다. 한국에서 '근대화 이론'의 확산에 핵심적 역할을 한 것은 주한 미공보원이었다. 주한 미공보원은 맥스 밀리컨의 《신생국가론》, 에드워드 메이슨의 《저발전 지역에서의 경제계획》, 로버트 알렉산더의 《경제발전》, 존 케네스

6 임성모(2015), "냉전과 대중사회 담론의 외연: 미국 근대화론의 한 · 일 이식", 〈한림일본학〉, 26호, 247~252쪽.

갤브레이스의 《경제발전의 제諸관점》 등을 한국어로 번역해서 싼 값에 공급했다. 주한 미공보원은 또 미국 사회과학 분야의 최신 연구성과를 한국에 소개하는 계간지 〈논단論壇〉을 발행했다. 이 잡지에는 근대화 이론에 관한 미국 학자들의 논문뿐 아니라 이와 관련된 주제를 다룬 한국 학자들의 글도 수록됐다.

주한 미공보원은 한국 중앙방송과 함께 '한국의 근대화'라는 주제를 내건 주간週間 뉴스 프로그램도 만들었다. 1965년 12월 방송을 시작한 이 프로그램은 한국의 저명한 학자들이 출연하여 경제계획, 교육발전, 사회변동, 농촌개발 등의 주제를 다루었다. 이 프로그램에서 방영된 내용은 팸플릿으로 만들어 대학 등에서 토론에 사용할 수 있도록 제공됐다.[7]

주한 미공보원은 또 미국의 저명한 학자를 한국에 초청해서 직접 근대화 이론을 전파하도록 했다. 그 가운데 가장 중요한 것은 1965년 5월 로스토우의 방한이었다. 로스토우는 이틀간의 짧은 체류 일정에 박정희 대통령과 만났고, 서울대를 방문하여 강연했다. 그는 박정희 대통령에게 직접 여러 가지 수식數式을 보여 주면서 한국의 경제개발 계획에 대해 조언했다. 서울대 강연에서는 한국이 자신의 분류에 따르면 경제성장의 여러 단계 가운데 '도약' 단계의 초입에 들어서고 있다고 말했다.[8]

---

7 정일준(2005), "한국 사회과학 패러다임의 미국화: 미국 근대화론의 한국 전파와 한국에서의 수용을 중심으로", 〈미국학논집〉, 37(3), 81~82쪽.

미국의 민간재단도 '근대화 이론'의 한국 보급을 적극 거들고 나섰다. 이들은 한국의 주요 대학에 큰 지원금을 제공하며 관련 연구와 학술회의를 후원했다. 이에 따라 1960년대 초반부터 한국에서 근대화 문제를 다루는 학술회의와 저술이 잇달아 선보이기 시작했다.

'근대화'를 주제로 내건 학술회의로 가장 먼저 열린 것은 1962년 5월 11~12일 서울대에서 개최된 '제 1회 동양학 심포지엄'이었다. 진단학회와 서울대 동아문화연구소가 공동주최한 이 학술회의는 미국 하버드대 옌칭연구소의 한국지부 역할을 하고 있던 동아문화연구위원회가 지원했다.

한국의 근대화 문제를 본격적으로 다룬 첫 번째 자리였던 이 학술회의는 첫날에 박종홍 서울대 교수가 의장을 맡고 이만갑 서울대 교수의 사회로 "독립신문에 나타난 가치관념"(이만갑), "한국 정당의 전근대성"(김성희), "한국 근대화의 기본성격"(이상백), "토지제도와 한국의 근대화"(최문환)라는 논문이 발표됐다. 이튿날은 이병도 서울대 교수가 의장을 맡고 전해종 서울대 교수의 사회로 "서양의 근대화 과정"(민석홍), "동양 근대화의 제諸문제"(고병익), "초기 한미관계와 한국의 근대화 문제"(이보형), "한국 근대화의 제문제"(천관우)라는 논문이 발표됐다. 이들 발표문은 1962년 12월 발간된 〈진단학보〉 제 23호에 수록됐다.

서울대에서 열린 '제 1회 동양학 심포지엄'은 발표자나 발표 주제

---

8 박태균(2004), "로스토우 제 3세계 근대화론과 한국", 〈역사비평〉, 66호, 156쪽.

로 볼 때 당시 한국에서 최고 수준의 학문적 논의가 전개됐다. 아직 미국발發 '근대화 이론'의 바람이 본격적으로 불기 전에 한국 학자들끼리 머리를 맞대고 근대화 문제를 토론한 자리였다. 여기서 오고 간 이야기는 1960년대 초반 한국의 근대화에 대한 학계의 인식을 보여 주며 이후 이를 둘러싸고 전개되는 주요 쟁점을 상당 부분 포괄하고 있다.

사회학자인 이상백 서울대 교수는 한국의 근대화에 대해 "① 역사가들은 대체로 부산 등 3개 항구를 개방한 1876년 강화도조약을 근대화의 계기로 들고 있다. ② 당시 국왕과 지배층은 무능했고, 근대화는 일본이 자국의 이익을 위해 한국에 근대적 문물과 제도를 이식하며 진행됐다. ③ 국운의 쇠퇴에 분기奮起한 국민과 신지식인들이 국가의 독립과 민권의 확립, 근대화를 위해 노력했다"고 정리한 뒤에 다음과 같이 결론을 맺었다.

> 우리의 소위 근대화라는 것은 자국 내에 경제적·정치적·이데올로기적으로 아무 기초도, 토대도, 준비도, 대책도 없이 신생 자본주의 침략국가인 일본의 상업적 고리대高利貸 자본의 진출을 위한 무력적 침략으로 한국의 이해관계에는 아무 고려도 없이 일본 본위로 강행되었기 때문에 근대화란 것이 국가의 발전이나 국민의 복지와는 특별한 관련이 없고, 국운의 쇠망을 가져오게 되고, 국민의 저주대상으로 되었던 것입니다.[9]

동양사학자인 고병익 서울대 교수는 "동양에서 근대화라면, 즉 서양화가 되고, 특히 '서양의 근대로 화化'하는 것을 말한다"고 했다. 근대화modernization는 서양화westernization을 의미하고, 공업화industrialization라는 말과 동의어로 쓰는 경우가 많다는 것이다. 그는 또 "동양의 근대화는 서양세력의 팽창 침략에 대한 반응으로서 변질을 강요당하는 피동적인 근대화였으며, 자체의 성장발전에 의한 것이 아니어서 서양 근대의 과정을 여기에 적용시킬 수 없다"고 주장했다.10

언론인 겸 국사학자였던 천관우도 이상백과 고병익의 주장에 동의했다. 그는 "한국의 근대화는 서양적인 근대로의 변모를 말한다"며 "한국의 개화기 초기에 선각자들이 부르짖었던 '개화'니 '독립'이니 '자강'이니 하는 것도 서양적 체제로의 변질을 거치지 않고는 이루어지기 어려운 과제들이었다"고 말했다. 그는 또 "한국의 근대화는 서양화일 뿐 아니라 일본에 의하여 번역된 서양화"라며 "식민지 체제하에서 근대적 제도는 형성되었지만 그것은 지배하는 일본인을 위한 제도이지 지배를 받는 한인韓人의 복지나 본질적 근대화와는 관계 없었다"고 주장했다. 하지만 그는 "기형적인 근대화 과정 속에서도 비록 소수이기는 하였으나 근대적 의식을 갖춘 지식층이 자체 내에서 성장했다"며 "정신면에서는 꾸준히 자주적인 성장이 거듭돼 왔다"고 지적했다.11

---

9 이상백(1962), "한국 근대화의 기본성격", 〈진단학보〉, 23호, 390쪽.
10 고병익(1962), "동양 근대화의 제(諸) 문제", 〈진단학보〉, 23호, 394쪽.

이들의 발표문에는 몇 가지 공통적인 인식이 눈에 띈다. 첫째, '근대화 = 서구화'라는 인식을 거부감 없이 받아들였다. 둘째, 한국의 전통사회에 스스로 근대화할 수 있는 요소가 발견되지 않는다. 셋째, 일제 식민지기에 진행된 한국의 근대화는 일본의 이익을 위한 것이지 한국을 위한 것은 아니었다. 넷째, 그렇지만 그런 와중에도 우리 민족의 내부에서 근대적 의식을 갖춘 지식인이 성장하고 있었다. 이런 것들이 한국에서 근대화가 본격적으로 시작되기 전인 1960년대 초반에 한국의 지식인들이 한국의 근대화 과정에 관해 갖고 있던 공감대였다고 할 수 있다.

한국의 근대화 문제를 다룬 학술회의 가운데 두 번째로 주목해야 할 것은 1965년 6월 고려대 창립 60주년을 기념하여 아세아문제연구소가 주최한 '아세아에서의 근대화 문제' 국제학술회의였다. 미국 포드재단과 아시아재단의 후원을 받아서 열린 이 학술회의는 국내 학자 33명과 미국 · 일본 · 대만 · 인도 등 외국 학자 30명이 참석한 대규모 행사였다. 미국 학자 가운데는 루시안 파이 · 로널드 도어 · 매리언 레비 등 '근대화 이론'의 핵심 인사와 로버트 스칼라피노 · 마리우스 잰슨 등 동아시아 전문가가 포함돼 있었다. 일본에서도 하야시 겐타로林建太郎 · 이타가키 요이치板垣與一 등 저명한 학자들이 왔다. 국내에서는 이선근 · 고병익 · 전해종 · 이광린 등 역사학자와 이용희 · 김태길 · 차기벽 · 조기준 · 이기영 등 인문 · 사회과학 분

---

**11** 천관우(1962), "한국 근대화의 제문제", 〈진단학보〉, 23호, 398~399쪽.

야의 저명한 학자가 대거 참석했다.

이들은 5일에 걸쳐 '근대화의 이념', '아세아 전통사회와 근대화', '근대화와 정치', '근대화와 경제', '근대화에 있어서 제諸 인구층의 역할' 등의 여러 분과로 나누어 집중적인 토론을 벌였다.

당시까지 한국에 열렸던 국제학술회의 가운데 가장 규모가 컸고, 참석자의 수와 수준도 이전과 비교할 수 없을 정도였던 이 학술회의는 하코네 회의처럼 미국이 '근대화 이론'을 동아시아에 전파하기 위해서 후원한 것이었다. 하지만 하코네 회의와 마찬가지로 고려대 학술회의에서도 미국 학자와 한국 학자들은 근대화에 대한 서로 다른 시각으로 논쟁을 벌였다. 그리고 이 회의에 참석했던 한국 학자 가운데 일부는 이후 한국의 근대화 문제에 지속적인 관심을 갖고 후속 작업을 벌였다.[12]

한국 학자의 발표 가운데 눈길을 끄는 것은 이선근의 "일본의 식민통치 정책이 한국의 근대화에 기여한 정도The Extent to Which the Japanese Colonial Policy toward Korea Contributed to her Modernization"였다.[13] 이 논문은 1953년 10월 제3차 한일회담에서 일본 측 수석대표 구보타 간이치로가 "일본의 식민지배가 한국에 많은 이익을 주었다"고 발언해 회담이 결렬된 이래 양국 갈등의 요인이 된 일제 식민지기에 대

---

12 신주백(2017), "1960년대 '근대화론'의 학계 유입과 한국사 연구", 〈사학연구〉, 125호, 69~73쪽.

13 이 영문 논문은 뒤에 이선근의 저서 《민족사의 혈맥(血脈)》(1988, 휘문출판사)에 "일정(日政) 36년은 한국 근대화에 정말 기여했나"라는 제목으로 번역 수록됐다.

한 역사인식을 정면으로 다룬 것이었다. 이는 또 뒤에 1990년대 들어 경제사학계 일각에서 제기되는 '식민지 근대화론'과도 관련이 있는 주제였다.

이선근은 "동방 아시아에 있어 19세기 이래의 근대화라는 개념은 흔히 서구문명의 수입 내지는 서구화를 의미해 온 것"이라고 전제하고 "근대화의 문을 향하여 먼저 달려간 일본이 인접한 한국의 발전을 위해 기여한 정도는 따져볼수록 유해무익有害無益이었다는 결론밖에 나오지 않는다"고 주장했다. 그는 일제 통치가 한국의 근대화에 기여한 대표적인 예로 일본이 들고 있는 의료시설과 교육시설에 대해서도 "일본인 이주민을 위한 시설이요 한국 민중에게는 양두구육羊頭狗肉에 불과했다"고 지적했다. 이선근은 토론에서 한국의 각종 근대식 제도의 수립에 미친 일본의 영향을 묻는 미국 학자의 질문에 다음과 같이 대답했다.

> 일본이 식민통치 기간 한국에 정부·교육·기업 등의 근대식 제도를 도입한 것은 사실이다. 하지만 이들 제도는 그들의 식민 정책에 연결됐고 일본인을 위하도록 고안됐을 뿐 한국인에게 혜택을 주지 않았다. 더구나 이들 제도의 조직과 작동에는 연속성이 없어서 후대에 한국인들에게 모델로 작동하기에 충분한 어떤 결정적인 이미지를 제공하지 못했다. 14

14 Korea University Asiatic Research Center (1966), *International Conference on*

한국 학자의 발표 가운데 또 하나 주목할 것은 국제정치학자인 이용희 서울대 교수의 "자유 개발도상국들에서 근대화의 정치적 정당화: 한국의 경우The Political Legitimation of Modernization in Free Developing Nations: the Korean Case"였다. 박정희 정부가 근대화를 산업화, 즉 경제발전과 동일시하는 정책을 강하게 추진하는 가운데 근대화를 역사적 맥락에서 거시적 관점으로 조망하는 논문이었다.

이 논문에서 이용희는 아시아에서 근대화는 과거나 지금이나 '서양화Westernization'와 동의어였다고 규정했다. 그리고 아시아의 근대화를 19세기 후반, 20세기 초, 1950년대 이후의 세 시기로 나누고 각각 '부국강병을 위한 서양 기술·경제 제도의 도입', '서양의 문화, 정치적 가치체계, 정치·법률 제도의 수용', '사회적 복지와 생활수준 향상을 위한 산업화'로 특징지을 수 있다고 설명했다.

이용희는 이어서 아시아의 근대화가 '산업화'와 '민주화'의 어느 쪽에 방점을 두느냐를 놓고 변화를 겪어 왔다고 보았다. 19세기 후반에는 동양의 가치체계는 그대로 두고 산업화를 통해 이를 보완하려고 했다. 20세기 초 들어서 입헌주의나 법치주의 등 서양의 민주주의 정치체계가 급속히 아시아에 전파됐다. 그런데 1950년대 이후 경제적 빈곤 문제가 급부상하면서 다시 산업화에 최우선으로 중점을 두는 경향이 대두하고 있다는 것이었다.

이용희는 한국의 경우 정치지도자들이 근대화를 좁은 의미의 경

---

*the Problems of Modernization in Asia: Report*, 337쪽.

제성장, 즉 산업화와 동일시하는 경향이 있다고 지적했다. 이전까지 강조됐던 민주화로서의 근대화는 급속히 후퇴하고 산업화나 경제적 개선으로 근대화를 이해하는 입장이 그 자리를 대신하고 있다는 것이었다. 비민주적 정치지도자까지 민주화를 강조하지만 실제로는 경제성장을 근대화의 최우선 순위에 놓는 흐름이 점점 더 강화되고 있다는 것이었다.[15]

이용희의 논문은 당시 박정희 정부의 국정운영 방향이나 한국에 로스토우로 대표되는 '근대화 이론'을 전파하려는 미국의 의도와는 거리가 있었다. 그는 근대화의 핵심이 민주화에서 산업화, 경제발전으로 옮겨가는 흐름을 인정하면서도 지나치게 한쪽으로 기울어지는 것을 우려했다. 그는 학술회의에서 다른 참가자들과 격론을 벌였고, 이후 자신의 문제의식을 계속 발전시켜 갔다.

고려대 아세아문제연구소가 주최한 국제학술회의가 열린 뒤 시대적 화두로 대두한 근대화 문제에 대해 학계가 지혜를 모으는 자리가 계속 이어졌다. 그로부터 넉 달이 지난 1965년 10월 경희대 후진사회문제연구소가 출간한 《한국 근대화의 제諸문제》는 제 1부 '조국의 근대화와 민족의 진로'에서 총론(이선근), 민족(김성균), 사상(홍이섭), 종교(이응진), 사회(고영복), 경제(조기준), 산업(주석균), 정치(차기벽), 문화(주요섭), 교육(조영식)으로 나누어 한국의 근대화를 부문별로 접근했다. 이선근은 결론에서 근대화를 '과학화, 산업

15 위의 책, 430~434쪽.

화, 공업화, 민주화'로 요약하고 "훌륭한 전통과 고유문화를 재발현·재인식하면서 외국문화·서구문화의 수입한계를 재검토하여 슬기롭게 조정·수용할 수 있어야 한다"고 주장했다. 그는 한국의 근대화를 가로막는 대내적 요소로 봉건적 잔재, 대외적 요소로 일본의 식민통치와 공산세력을 들었다.16

이로부터 1년이 지난 1966년 11월 동국대 개교 60주년을 맞아 열린 '한국 근대화의 이념과 방향' 심포지엄 역시 근대화 문제를 집중 토론했다. 이 심포지엄에는 당시를 대표하는 인문·사회과학자들이 대거 참석하여 '서구적 근대화 이념에 대한 비판', '한국 근대화 과정에서의 전통사상', '한국 근대화를 위한 이념과 방법론상의 제 문제(경제)', '한국 근대화를 위한 이념과 방법론상의 제 문제(정치)'로 나누어 난상토론을 벌였다.

동국대 학술회의는 분과별 주제구성에서 나타나듯이 미국발發 '근대화 이론'에 비판적인 입장에 섰다. 주최 측인 동국대의 조명기 총장은 기조강연에서 "한국 근대화의 이념과 방향은 한국인 스스로 찾아야지 남이 해줄 수 있는 일이 아니다"고 말했다.

다시 1년 반 뒤인 1968년 4월 한국국제정치학회가 개최한 '한국 근대화에서의 갈등과 조화' 학술회의는 미국식 '근대화 이론'에 대한 대안을 보다 본격적으로 모색한 자리였다. 1965년 6월 고려대 아세아문제연구소 주최 국제학술회의에서 '근대화 이론'을 놓고 논쟁을

16 신주백, 앞의 논문, 73~74쪽.

벌였던 이용희는 그가 이끌던 국제정치학회 차원에서 이에 대한 비판과 대안을 모색했다.

국제정치학회가 1966년 10월 개최한 '한국 민족주의 대大심포지엄'은 그 첫 번째 작업이었다. 국제정치학자뿐 아니라 철학 · 역사학 · 사회학 · 경제학 분야의 저명한 학자들이 대거 참석한 이 심포지엄은 '한국 민족주의의 역사적 성격', '경제발전 계획과 한국 민족주의', '한국 민족주의의 주도층과 리더십', '한국 민족주의에의 도전과 시련', '미국의 외교 정책과 한국의 민족주의' 등을 주제로 사흘간 뜨거운 토론을 벌였다.

이 심포지엄을 주도한 이용희는 기조연설을 통해 '진정한 근대화' 과정에서 민족주의의 주도적 역할을 다음과 같이 설명했다.

> 역사상 새로운 근대국가적인 발전, 혹은 그것에 따른 민족주의의 발전이라고 하는 것은 그 전 단계의 저항에서부터 앞으로 나아가는 건설적이고 전진적인 것입니다. 외세에의 저항뿐만 아니라 그 외세에의 저항으로부터, 그 다음에는 스스로의 힘을 기르고 스스로의 민족의 발전을 꾀하는, 곧 근대국가로서의 현대적 체제를 자기충족적으로, 내부적으로 발전시키고 또 외부적 조건을 만드는 그러한 전진적 능력이 비로소 근대국가를 만드는 민족주의의 혼魂이고 얼이라고 생각됩니다.[17]

---

17 이용희(1967), "기조연설", 〈국제정치논총〉, 6집, 79쪽.

민족주의를 외세에 대한 저항에 그치지 않고 그것을 넘어 스스로의 힘을 길러서 민족의 발전을 꾀하는 것이라고 적극적으로 이해하려는 시도는 '전진 민족주의'라는 개념으로 구체화됐다. '한국 민족주의 대大심포지엄'에서 단초를 보인 '전진 민족주의' 개념과 '진정한 근대화'를 연결시키는 데 한 단계 더 나아간 것이 다시 1년 반 뒤에 개최된 '한국 근대화 학술회의'였다. 이 학술회의에서 역시 기조연설을 맡은 이용희는 한국의 근대화를 '서구가 세계사의 주류를 형성함에 따라 가져온 국제표준에 적응하는 노력'으로 규정하면서도 서양문물을 무비판적으로 받아들이는 근대화의 피동적 수용을 문제 삼았다. 그는 '고장과 시대의 통일체로서의 주체적 사회가 국제기준에 능동적으로 접근, 도달하려는 실천적 자세'를 강조하면서 "해외의 문물을 수동적으로 받아들이는 것은 근대화가 아니라 식민지화"라고 경고했다. 즉, 근대화의 주체적·민족주의적 성격을 강조한 것이었다.[18]

이용희의 기조연설을 뒷받침한 두 편의 발제문도 비슷한 입장이었다. 노재봉 서울대 교수는 근대화를 공업화·서양화라는 개념으로 한정할 경우 한국이 세계의 물질문명에서 영원히 후진성을 벗어나지 못할 것이라고 우려했다.[19] 우병규 경희대 교수는 물량적인 '경제성장'에 치중하면 사회의 질적인 발전을 가져오는 '경제발전'에

---

18 이용희(1969), "한국 근대화의 기본문제", 〈국제정치논총〉, 8집, 15쪽.

19 노재봉(1969), "한국 근대화에 있어서의 갈등", 〈국제정치논총〉, 8집, 26쪽.

는 이르지 못할 것이라고 지적하면서 진정한 근대화를 위해서는 국민적 일체감과 단결을 이룰 수 있는 '정치적 통합'이 필요하다고 강조했다.[20]

박정희 정부가 제 1차 경제개발 5개년 계획을 야심적으로 추진하는 상황에서 물량적 경제성장과 산업화를 강조하는 미국식 '근대화 이론'을 정면 비판한 국제정치학회의 학술회의에 정부는 예민하게 반응했다. 학술회의 참가자들은 중앙정보부에 연행되어 고초를 치렀고, 발표문과 토론 요지를 실은 〈국제정치논총〉 제 8집은 발간이 지연되고 내용을 검열받는 진통을 겪었다. 이용희는 뒤늦게 나온 학회지 머리말에서 "학문은 어렵고 인생은 예기대로만 되는 것이 아니어서 이 세미나는 문제의 해결과 침묵보다는 그 이상의 더 많은 문제와 사회의 복잡한 것을 알게 해준 느낌"이라며 저간의 사정을 함축적으로 표현했다.

1965년 고려대 아세아문제연구소 국제학술회의에서 시작돼 국제정치학회가 주최한 1966년과 1968년의 두 차례 학술회의로 이어진 이용희의 문제의식은 경제성장 일변도의 근대화론에 제동을 거는 것이었다. 1965년 '아연亞硏 국제학술회의'가 중심부 미국의 근대화 이론을 주변부 한국으로 전파한 장이었다면 1966년 '민족주의 학술회의'는 주변부가 이를 비판하기 위한 사상적 정립 노력이었고, 1968년 '근대화 학술회의'는 중심부에 대한 주변부의 정면승부 무대였

20 우병규(1969), "한국 근대화에 있어서의 조화", 〈국제정치논총〉, 8집, 33~34쪽.

다.[21] '서양화' vs '주체성', '보편주의' vs '민족주의', '근대화' vs '식민지화', '경제성장' vs '경제발전' 등 훗날 근대화론을 둘러싸고 벌어지는 논쟁의 주요 구도가 이때 이미 드러났다. 그리고 이런 거시적이고 입체적인 인식은 이후 한국의 근대화론을 주도하는 경제사 연구자들에게서 찾기 어려웠다는 점에서 오늘날에도 깊이 성찰하고 재발견해야 할 대상이라고 할 수 있다.

### 2) '근대화 이론'의 수용: 민석홍 · 최문환 · 차기벽

박정희 정부의 적극적 '근대화' 추진과 미국의 '근대화 이론' 전파에 영향을 받으며 한국사회에 근대화 담론이 점차 확산되는 과정에서 이에 대한 지식인들의 반응이 다양하게 나타났다. 당시의 지도급 지식인 가운데 미국식 근대화론을 적극적으로 수용한 사람은 서양사학자 민석홍, 사회학자 최문환, 정치학자 차기벽이었다.

민석홍(1925~2001)은 일제시기 경기중학교를 거쳐 일본 나고야 제8고등학교를 졸업하고 교토제국대학 사학과에 입학했다. 광복 후 귀국해 서울대 사학과에 편입하여 졸업한 뒤 대학원에 들어가 서양사를 전공했다. 1954년부터 연세대에서 가르치다가 1961년 서울대로 옮겨 1990년 정년퇴임 때까지 재직했다. 그의 연구범위는 서

21 손열(2018), "1960년대 한국의 근대화 논쟁: 민족주의적 근대화 개념의 등장과 쇠퇴", 《냉전기 한국 사회과학 개념사》, 대한민국역사박물관, 190쪽.

양사 전반에 걸쳤지만 특히 프랑스 혁명사를 중심으로 한 프랑스 근대사 연구에 힘을 쏟았다.

프랑스를 비롯한 서양의 근대화 과정을 연구한 민석홍이 한국의 근대화 문제에 관심을 가진 것은 자연스러웠다. 그는 당시 서구 학계에서 전개되던 근대화를 둘러싼 논의에 주목하고 있었다. 한국에서 잇달아 열린 근대화 관련 학술회의에도 적극 참여해서 자신의 견해를 피력했다.

민석홍이 한국의 근대화와 관련하여 처음 발표한 글은 잡지 〈세계〉 1960년 3월호에 실린 "로스토오의 경제사관"이었다. 국제문화연구소가 펴내던 이 잡지가 마련한 '맑스 유물사관의 몰락'이라는 특집에 들어 있는 이 글은 로스토우의 생애, 인간, 그가 제시한 새로운 경제사 방법론, 경제성장 5단계 설 등을 소개했다.

민석홍은 이 글에서 자신이 1959년 12월 〈연세춘추〉에 영국 시사지 〈이코노미스트〉에 실린 로스토우의 글을 압축 요약했고, 이를 계기로 〈세계〉의 원고 청탁을 받았다고 밝혔다. 〈이코노미스트〉에 로스토우의 글이 발표된 지 불과 4개월 뒤에 그것을 소개하는 글을 썼다는 것은 그가 세계 학계의 동향에 매우 민감했다는 사실을 말해준다. 그는 또 한국에 온 미국인 교수로부터 "로스토우의 학설을 받아들이든 또는 비판하든 간에 이 분야에서의 연구는 로스토우의 견해를 출발점으로 삼게 될 것"이라는 이야기를 들었다고 했다.

이 글은 로스토우의 학문적 목적이 '맑스 경제학 내지 맑스적 역사관을 타파하고 그것에 대치될 이론체계를 세우는 것'이라고 설명했다. 로스토우는 인간을 최대이윤의 추구라는 동기로 움직이는 존재라고 보는 마르크스의 견해에 반대하여 인간을 경제적 이익만이 아니라 권력이나 세력, 한가閑暇, 모험, 안정 등을 찾고 가족을 고려하고 문화가치에 관심을 가지는 복잡하고 복합적인 존재로 파악한다는 것이었다. 또 경제성장을 분석할 때도 경제적 요인만이 아니라 그것을 넘어서 사회적·정치적·문화적 요인을 아울러 고려하는 점, 역사의 발전이 엄격하고 필연적인 단계의 연쇄가 아니라 각 단계가 여러 유형으로 구성돼 있으며 한 단계에서 다음 단계로 발전할 때 그 사회의 역사적 전통과 현실에 따라 선택과 결정을 하게 된다고 보는 점 등이 로스토우의 경제사, 경제성장 이론이 지닌 특징이라고 분석했다.22

민석홍은 로스토우 이론이 한국에 대한 분석에도 유용하다고 보면서 다음과 같이 설명했다.

> 필자가 우리나라의 현실에 비추어 흥미를 느낀 것은 과도기 사회와 비약 단계이며, 로스토오가 이 양兩 단계에서의 정치적 요인, 즉 민족주의와 능률적 중앙정부의 건설을 경제적 요인보다 더 중요시하는 점은 주목할 일이다. 뿐만 아니라 공산주의의 역사적 위치를 과도기 사회에서의 무자비한 정권쟁탈의 한 기술이라고 규정하고, 공산주의를 가리켜 과도기 사회가 근대화의 용의를 갖춘 제諸 요소를 효과적으로 조직

---

22 민석홍(1960), "로스토오의 경제사관", 〈세계〉, 1960년 3월호, 49~52쪽.

하지 못했을 때 그 사회에 닥쳐오는 질병과도 같은 것이라고 단정을 내리고 있는 점, 그의 예리한 통찰에 경의를 표하지 않을 수 없다.[23]

민석홍은 이어 1962년 5월 서울대 동아문화연구소와 진단학회가 공동주최한 '한국 근대화 문제' 심포지엄에서 "서양의 근대화 과정"을 발표했다. 그는 이 글에서 서양사에서 나타난 근대화 과정의 특징을 '중앙집권적 국민국가의 성장'(정치), '임금노동을 토대로 한 산업자본주의의 발전'(경제), '개인주의·합리주의·진보사상의 확산'(문화)으로 정리했다. 또 서양 근대사회의 이념적 토대로 프랑스 혁명의 슬로건이었던 '자유·평등·박애'를 들고 "'서구의 몰락', '현대문명의 위기'라는 말이 퍼지지만 서양의 근대사회는 본질적인 면에서 아직 그 생명을 유지하고 있으며 그 이념은 아직도 전 인류에 던져진 생생한 도전"이라고 주장했다.[24] 서양 근대문명의 보편성을 의심하지 않았던 것이다.

민석홍이 한국의 근대화 문제에 관한 생각을 보다 분명하게 밝힌 자리는 1966년 11월 동국대 개교 60주년 기념 '한국 근대화의 이념과 방향' 심포지엄이었다. 그는 "서구의 근대화 이념과 한국"이라는 발표에서 후진국의 근대화는 이중二重으로 이질적인 사회로 이행하는 혁명적이고 혁신적인 과정이라고 정의했다. 전통사회에서 근대

23 위의 글, 52쪽.
24 민석홍(1962), "서양의 근대화 과정", 〈진단학보〉, 23호, 391~393쪽.

사회로 넘어가는데, 그것이 내부에서 자생적으로 발전한 것이 아니라 서구의 근대사회를 도입하거나 참작한 것이라는 지적이었다. 따라서 그 과정은 '과거와의 단절이요, 전통사회의 붕괴와 파괴'를 수반한다는 것이었다.

민석홍은 또 근대화를 공업화와 동일시했다. 이는 서구의 최신 기술과 기계를 도입하여 공업화를 이루는 것이 정치·사회 체제를 수입하는 것보다 성공 가능성이 높기 때문이다. 하지만 더 중요한 이유는 "공업화와 고도의 경제성장 없이는 다른 근대화가 무의미해지거나 성공의 가능성이 없기 때문"이었다.

그가 한국의 공업화 필요성을 얼마나 절박하게 느끼고 있었는지는 '경제성장 5단계 설'의 한국 적용가능성을 검토한 부분에서 드러난다. 로스토우는 '전통적 사회'와 '도약' 사이에 '선행조건 충족'의 단계를 설정했다. 하지만 민석홍은 선행조건이 충족되지 않은 경우도 강력한 정부가 정책을 통해 이를 대신할 수 있다고 주장했다.

> 선행조건의 충족이 근대화의 필요조건이라면 대부분의 후진국은 근대화를 단념하는 수밖에 없거나 서구와 같이 4~5세기란 긴 기간을 잡아야 할 것이다. 그러나 근대화를 단념할 수 없고 또한 그것을 짧은 기간 내에 달성해야 한다면 이 이율배반二律背反을 어떻게 해결할 것인가. … 우리는 공업화에 필요한 선행조건을 검토하고 공업화를 저해할 가능성을 가진 전통사회의 유산도 고려에 넣고, 그러한 유산의 청산과 선행조건의 충족을 위해 노력해야겠지만 그러한 유산이 없어지고 선

행조건이 갖추어질 때까지 공업화를 늦출 필요는 결코 없는 것이다. 우리는 과거로부터의 불리한 여건을 안은 채, 그리고 선행조건이 충족되지 않은 단계에 있어서도 공업화를 향하여 출발할 수 있고, 또한 해야만 하는 것이다. 25

민석홍은 이어 공업화·경제성장과 복지·생활수준 향상 사이의 딜레마를 지적했다. 공업화를 통한 경제성장 과정에서 민중의 생활수준을 향상시켜야 한다는 요구가 터져 나오게 마련인데 양자를 민주주의를 통해서 조절하고 타협하는 과제가 던져진다는 것이었다. 그는 한국의 근대화가 성공하기 위해서는 공업화의 추진과 민주주의의 성장을 동시에 이룰 수 있는 새로운 엘리트층의 형성이 필요하다고 주장했다.

공업화를 근대화의 최우선 요소로 생각하는 민석홍은 자신의 입장을 거듭 피력했다. 그가 〈사상계〉 1968년 6월호에 발표한 "역사의 현 단계"라는 글도 그 가운데 하나이다. 서구사회와 비서구사회의 근대화 문제를 역사적 맥락에서 비교 검토한 이 글에서 그는 "근대화의 여러 과업 중 무엇이 가장 급하냐고 묻는다면 나는 '공업화'라는 말에 압축돼 있는 경제성장이라고 말하지 않을 수 없다"며 "후진국의 경우 공업화나 경제성장은 선행조건의 충족을 기다릴 수 없

25 민석홍(1967), "서구의 근대화 이념과 한국", 《한국 근대화의 이념과 방향》, 13~14쪽.

을 정도로 시급하며, 또한 그러한 선행조건의 충족 없이도 가능하며, 공업화나 경제성장을 이룩하는 과정에서 선행조건이 갖추어질 수 있으며 또한 그렇게 할 수밖에 없다"고 주장했다.

하지만 이 글 역시 공업화를 강조하면서 그것이 국민의 자발적 호응과 적극적 참여를 받기 위해서는 경제성장의 혜택이 국민대중에게 돌아가고 경제성장이 빈부의 격차를 축소하는 방향으로 진행돼야 한다고 지적했다. '공업화냐 민주주의냐의 양자택일'이 아니라 '공업화+민주주의'라야 한다는 주장이었다.[26]

최문환(1916~1975)은 대구고보를 거쳐 일제 말기에 일본 와세다대의 학부와 대학원에서 경제학과 경제사를 공부했다. 사회사상사와 사회과학 방법론에도 관심을 가졌던 그는 광복 후 연세대와 고려대 교수를 거쳐 1950년 서울대 문리대 사회학과 교수로 부임했다. 학자와 교육자로서 민족과 조국에 이바지해야 한다는 사명의식을 지녔던 그는 1961년 서울대 상대 학장이 됐고 1966년 서울대 총장에 취임하여 1970년 과로로 쓰러질 때까지 한국의 현실에 깊은 우려와 사랑을 갖고 열정적으로 일했다.

최문환은 사회학과 경제학에 걸쳐 많은 저서를 남겼다. 그는 독일 사회과학자 막스 베버에 주목해 베버의 저서를 번역하고 연구서를 펴냈다. 그가 1959년 간행한 《민족주의의 전개과정》은 서양 근세의 민족국가 형성과 민족주의 발전, 아시아·아프리카의 민족주의 대

---

26 민석홍(1968), "역사의 현 단계", 〈사상계〉, 1968년 6월호, 22~25쪽.

두 등을 살펴보면서 지식계층이 주도하는 '옆에서의 혁명Revolution von seiten'을 주창하여 대학생들에게 많은 영향을 미쳤고, 이는 4·19혁명의 정신적 동력 가운데 하나라고 평가된다. 그는 또 〈사상계〉의 편집위원으로 활동하고 수많은 글과 강연을 통해 자신의 생각을 적극 피력한 대표적인 공공지식인public intellectual이었다.[27]

1960년대 초 한국사회에 대한 최문환의 인식을 엿볼 수 있는 글은 그가 4·19혁명 직후인 〈사상계〉 1960년 7월호에 발표한 "4월 혁명의 사회사적 성격"이다. 그는 여기서 4·19를 자신이 《민족주의의 전개과정》에서 설파했던 '옆에서의 혁명'의 한 예로 꼽았다. 소수의 독점자본과 경찰 전제專制의 기형적 결합이었던 이승만 정권을 무너뜨릴 수 있는 계급이 형성돼 있지 않은 한국에서 대학생과 인텔리겐챠가 민중의 호응에 힘입어 혁명을 성공시켰다는 것이다. 하지만 그는 4월 혁명이 주체적 세력 없이 진행되고 있기 때문에 야당이었던 민주당이 집권해서 정권교대로 끝나는 '유산적流産的 혁명'이 될 가능성이 높다고 보았다. 더구나 새로 들어서는 정권은 관직을 풍부한 약탈대상으로 간주해 엽관獵官 제도가 만연할 우려도 크다고 예견했다.[28]

최문환의 비관적 전망은 4·19혁명의 결과로 민주당 정부가 들어

27 정일준(2017), "최문환과 한국 사회학의 문제틀", 〈한국사회학〉, 51(1), 429쪽.
28 최문환(1960), "4월 혁명의 사회사적 성격", 〈사상계〉, 1960년 7월호, 218~224쪽.

선 뒤에 상당 부분 현실이 됐다. 민주당 정부에 대한 그의 비판적 입장은 5·16쿠데타 직후인 1961년 8월 국가재건최고회의가 발행한 〈최고회의보報〉 제1호에 실린 "5·16군사혁명과 경제·사회 문제"란 글에 잘 나타나 있다.

> 필자는 4·19혁명이 유산적 혁명이 될 가능성이 많으며 이 혁명에서 일어날 사태는 1830~48년에 있었던 불란서의 7월 왕조에 유사한 형태를 취할 것이라는 것을 혁명 직후 밝힌 바 있다. 불행히도 사태는 불란서의 당시와 유사할 뿐만 아니라 더욱더 가혹하였다. 당쟁은 격화되고 집권당인 민주당은 그들의 정권 유지에만 모든 정력을 소모하였다. 우리의 조국은 누란累卵의 위기에 놓여 있었다. 이 위기를 정시正視하고 과감하게 일어난 것이 금반今般의 군사혁명이라고 할 수 있다.[29]

최문환은 군사혁명 정부가 당면한 가장 중요한 과제는 경제문제라고 지적했다. 그러면서 로스토우의 《경제성장의 제단계》를 인용했다. 한 국가가 전통적 사회에서 근대적 사회로 이행하는 과도기에 그 도약에 필요한 전제조건들을 충족하지 못할 때 '과도기적 질병'에 걸려 공산주의의 유혹에 넘어가게 된다는 부분이었다. 그는 생산력의 발전을 가능케 하는 자본축적과 사회복지를 실현하기 위한 소득

---

**29** 최문환(1961), "5·16 군사혁명과 경제·사회 문제", 〈최고회의보〉, 1호, 21~22쪽.

분배의 균등화라는 이율배반의 과제를 동시에 해결해야 '과도기적 질병'을 극복할 수 있다고 주장했다.

민주당 정부의 실패에 실망한 최문환은 강력한 정부를 옹호했다. 그는 "세계사적으로 보아도 근세 초두初頭에 근대화·민주화의 과정에는 강력한 권한독재權限獨裁가 필요로 하였다는 것은 말할 나위도 없다"며 "합법적 전제주의, 또 계몽적 전제군주가 근세 역사에서는 지배적 현상이었다"고 주장했다. 특히 후진국은 장기적 경제개발이 중요한데 이를 위해서는 강력하고 안정적인 정부가 요구된다며 "형식적 의회정치보다도 강력한 통치, 독재가 도리어 민주주의를 촉진시키는 경우가 있다"고 했다.[30]

이후 최문환은 여러 차례 한국의 근대화에 관한 견해를 피력했다. 특히 그가 근대화를 경제성장, 즉 산업화나 공업화로 인식한 점이 두드러진다. 이런 입장은 그가 〈세대〉 1967년 3월호에 발표한 "전통사회의 붕괴와 공업화"란 글에 잘 표현돼 있다. 이 글은 근대화를 '개인의 자아自我의 각성', '전통적 사회체제의 붕괴와 민주주의의 확립', '봉건적 경제체제에서 자본주의적 체제로의 이행'의 3가지로 정리한 뒤에 "우리나라에서 흔히들 말하는 근대화는 무엇보다도 공업화를 뜻한다"며 "그 단적인 예가 산업혁명 이후의 산업부문에서의 발전 과정을 의미하는 것"이라고 했다.

그러면서도 그는 공업화 일변도 추구가 가져올 수 있는 부작용도

---

**30** 위의 글, 23~24쪽.

경계했다. 서구사회에서는 사회・정치적 차원을 포함하는 넓은 의미의 근대화가 공업화에 선행해서 경제발전을 촉진했지만 후진사회에서는 두 가지가 동시에 해결돼야 한다는 것이었다. 따라서 후진국가의 공업화는 그 자체도 자본 부족 등으로 어려움을 겪을 뿐 아니라 자칫하면 경제적으로 부유한 지대와 빈곤한 지대라는 이중구조가 나타나기 쉽다고 지적했다. **31**

최문환은 한국을 포함한 동양사회가 전통시대에 자생적으로 근대화할 준비가 돼 있지 않았다고 보았다. 그는 1965년 〈청구대논문집〉 8호에 발표한 "근대적 자본주의의 형성에 관한 일고찰"이란 글에서 다음과 같이 썼다.

> 동양사회에서는 자주적으로 근대화, 근대적 자본주의화하지 못하고 외래적 자본주의의 충격에 의하여 구舊사회질서가 일단 붕괴, 반응, 통합의 과정을 밟고 있다. 외래의 근대문화의 충격을 받은 나라에서는 일부에는 쉽게 서구의 문명이 도입되고, 다른 부면은 이에 따르지 않으므로 문명의 형태가 이질적인 것이 혼재해 있어 사회발전이 저해된다. **32**

---

**31** 최문환(1967), "전통사회의 붕괴와 공업화", 〈세대〉, 1967년 3월호〔최문환(1976), 《최문환전집》 하권, 301~307쪽, 재수록〕.

**32** 최문환(1965), "근대적 자본주의의 형성에 관한 일고찰", 〈청구대논문집〉, 8호, (위의 책, 70쪽, 재수록).

최문환은 또 식민지시기에 한국에서 근대사회가 형성됐다는 입장에 대해서도 비판적이었다. 그는 〈대학신문〉 1964년 5월 11·18일자에 실린 "조국의 현상과 전망"이란 글에서 다음과 같이 썼다.

> 과거 식민지였던 신생국가에서는 ① 근대국가의 모든 기관을 종주국인宗主國人이 지배하였으므로 이런 기관을 운영하는 인재를 배양할 기회가 적었고, ② 새로운 기술, 정치·경제·사회 제도를 외견적으로 도입하여도 정신적으로는 전통 보수주의를 의식적으로 유지코자 한 식민 정책을 채용하였다. 이러한 유산을 받은 신생국가에서는 근대사회와 기술, 제도를 실시하여도 이에 대응하는 근대적 생산양식, 사고방식이 따르지 않고 있다. 근대적 기술, 제도에 대응할 사회의 조정, 근대적 정신의 배양이 무엇보다도 요청되는 바이다.[33]

최문환은 한국의 근대화 과정에 관한 체계적인 저작을 남기지는 않았다. 하지만 당시 한국의 현실을 예민하게 포착하고 천착했던 그는 한국의 근대화 문제에 관해서도 단편적이지만 날카로운 통찰을 보여 주었다. 그는 1970년대 이후 차례로 제기되는 자생적 근대화론(내재적 발전론)과 식민지 근대화론적 관점에 모두 비판적이었고, 한국의 근대화를 자신의 세대에 주어진 역사적 과제로 보았다.

---

33 최문환(1964), "조국의 현상과 전망", 〈대학신문〉(1964. 5. 11·18.) (위의 책, 376~377쪽, 재수록).

민족주의와 자본주의에 대한 탐구를 계속했던 최문환이 발견한 해결책은 '자유를 통한 민족주의', '배타적 민족주의가 아닌 세계주의로 통하는 열린 민족주의'였다.[34] 그가 1950~1960년대에 한국의 근대화에 관해서 고뇌한 지적 발자취는 21세기에 같은 문제를 고민하는 후학들에게 성찰의 단초를 제공한다.

차기벽(1924~2018)은 정치학자 가운데 근대화 문제에 가장 적극적으로 발언했던 인물이다. 서울대 정치학과에서 학사·박사 학위를 받고 성균관대에서 가르친 그는 1965년 6월 고려대 아세아문제연구소 국제학술회의에서 "근대화와 정치 리더십 문제Modernization and Problems of Political Leadership"[35]를, 1966년 11월 동국대 심포지엄에서 "정치제제의 개혁과 이념 문제"를 발표했다. 1965년 10월 경희대 후진사회문제연구소가 펴낸 《한국 근대화의 제 문제》에서는 "정치" 부분을 집필했다. 그는 한국의 근대화 문제를 정치적 측면에 집중하여 천착한 결과를 담아 《근대화정치론》(1969, 박영사)이라는 단행본 연구서를 펴냈다.

고려대 국제학술회의 발표 논문에서 차기벽은 "아시아의 근대화가 서구의 근대화와 반드시 동일한 과정을 밟아야 한다거나 또는 그 결과가 꼭 같아야 한다고는 말할 수 없다"며, "대다수의 아시아 제국

34 정일준, 앞의 논문, 429쪽.

35 이 영문 논문은 홍사단 기관지 〈기러기〉 1965년 9월호에 '근대화와 리더십'이라는 제목으로 번역돼 실렸다.

諸國은 적어도 근대화의 현 단계에 있어서는 산업화에 치중해야 함은 명백한 일인 듯하다. 아시아의 근대화는 절실한 경제적 현실문제를 해결하기 위해서다"라고 했다. 민주화와 산업화를 동시에 추진하려다가는 양자를 모두 잃을 위험이 있으므로 산업화를 먼저 추진하고 그 성과에 바탕을 두었을 때 민주화도 실현할 수 있는 가능성이 많다는 인식이었다.

그는 또 근대화와 산업화를 위해서는 강력한 국가적 리더십이 필요하다고 주장했다. "신생제국諸國의 비서구적인 전통적 사회구조에 별안간 도입된 서구식 민주 제도는 단순히 '모방의 무효성'을 입증하고 있을 뿐 아니라 숱한 역기능으로 혼란을 빚어내고 있다"며 "강경한 정치적 리더십을 수립하는 일이야말로 신생제국의 현황을 타개하는 유일한 길"이라고 했다. 서구식 민주 제도와 전통적 정치문화의 종합을 통해 '민주주의의 토착화'를 꾀해야 한다는 것이었다.[36]

'민주화보다 산업화 우선', '강력한 정치적 리더십 필요'를 강조하는 차기벽의 근대화에 관한 입장은 이후에도 거듭 피력됐다. 그는 경희대 후진사회연구소가 펴낸 《한국 근대화의 제 문제》에 다음과 같이 썼다.

> 민주화와 산업화를 동시에 추진할 수 있었던 나라는 전형적 시민혁명을 치렀던 나라에 한정되며 그런 나라도 시민혁명에 앞서 이미 절대주

36 차기벽(1965), "근대화와 리더십", 〈기러기〉 1965년 9월호, 6~9쪽.

의시대를 거쳤거나(영국) 아니면 시민혁명의 성격을 지니던 독립 직후에는 탁월한 개인의 리더십에 의뢰했다(미국과 인도). 그런 혁명을 거치지 못한 나라는 근대화의 초기에는 일종의 신新통치주의하에서 산업화를 우선적으로 추진하고 난 다음에야 민주화를 꾀할 수 있었다(독일과 일본). 전형적 시민혁명을 겪지 못하고도 우리나라가 민주화와 산업화를 동시에 추진할 수 있다면 이보다 다행한 일은 없겠으나 만일 여의치 않다면 우선 산업화에 치중해야 한다. … 산업화의 추진세력인 생산적 중산층이 제대로 성장해 있지 못하는 우리나라로서는 근대화 과정에서 국가의 역할과 정치적 리더십이 절실히 필요하게 된다.[37]

차기벽은 동국대 심포지엄에서 발표한 "정치체제의 개혁과 이념 문제"라는 발표에서도 비슷한 주장을 되풀이했다. 그는 "한국의 당면과제는 한마디로 근대화라고 할 수 있다"며, "정치적으로는 독립을 했으나 경제적으로는 식민지적 종속에서 벗어나지 못하여 대다수의 국민이 빈곤에 허덕이는 우리의 현실에서 볼 때 근대화는 뭐니 뭐니 해도 경제발전, 즉 산업화를 통한 자립경제 확립을 그 첫째 과제로 삼지 않을 수 없다"고 했다. 그리고 사회적으로도 후진성을 면치 못하는 한국에서는 사회구조 개혁과 사회의식 개조를 통해 국민의 분발과 단합을 촉구하는 '국민화'가 두 번째 과제라고 했다. '산업화'와 '국민화'를 근대화의 양대 기본과제로 제시한 것이었다.

---

**37** 차기벽(1965), "정치", 《한국 근대화의 제 문제》, 42~43쪽.

이 논문은 한국의 민주주의가 주체적 선택보다 객관적 상황에 의해 도입됐기 때문에 정치나 행정 면에서 독립 후의 국가적 과제를 효과적으로 성취하지 못했다며 근대화의 과제를 효과적으로 추진할 수 있는 '민주주의의 토착화'가 필요하다고 거듭 주장했다. 그리고 산업화라는 현실적 당면과제에 대해서는 자주적인 중산계급이 거의 결여돼 있는 한국에서는 국가가 "자본의 조달, 배분 및 관리에서 중산계급의 역할을 대신해야 하며", "강력한 정부 내지 국가에 의한 종합적 경제계획의 효율적 추진이 절실히 요청된다"고 주장했다. 이어 "산업화에 적합한 경제적 가치관을 갖도록 국민의 의식이 변화돼야 하며 국민적 일체감이 조성되도록 계층 간의 단층을 제거하고 갈등이 완화돼야 한다"며 이를 위해서도 '국민 대중에 기반을 둔 자주적인 정부의 강력한 권력'이 절실히 필요하다고 했다. '민주주의의 토착화', '정부의 강력한 리더십'을 다시 한 번 강조한 것이었다.

차기벽은 근대화의 이념적 기반을 민족주의에서 찾았다. 후진 지역에서 민족주의는 '문화적 민족주의(민족의식 각성) →정치적 민족주의(독립운동) →경제적 민족주의(국민경제 확립) →사회적 민족주의(국민적 통일) →문화적 민족주의(주체성 강화)'의 순서로 진행된다고 설명했다. 그는 문화적 민족주의를 고루한 전통주의나 편협한 국수주의와 구별해서 '망각되었거나 왜곡된 민족적 전통을 되찾음으로써 민족적 긍지와 자신을 회복하려는 움직임'으로 규정하고 '전통문화와 새 문화의 참된 결합'을 강조했다. 38

한국을 포함한 신생국의 근대화에 관한 차기벽의 이론은 1969년 펴낸 《근대화정치론》에 이르러 체계화됐다. 그는 서구의 근대화를 '내생적內生的', 신생국의 근대화를 '외생적外生的'이라고 대비시켰다. 서구에서는 근대화가 내부에서 스스로 발생했지만, 신생국의 근대화는 서구의 충격에 의해 진행됐다는 것이다. 따라서 신생국의 근대화는 인위적인 과정이다. 그러므로 근대화를 탐구하는 사회과학자들은 근대화의 과정뿐 아니라 근대화를 촉진하는 방안에 대해서도 관심을 갖게 된다.

차기벽은 신생국의 근대화는 과거의 전통과 단절하느냐 연속성을 인정하느냐의 갈림길에 서기 마련이라고 지적했다. 물려받은 전통이나 처한 상황이 국가마다 다른 이상 신생국의 근대화는 선진국은 물론 다른 신생국과도 차이가 발생할 수밖에 없다. 따라서 제각기 주체성을 가지고 자국의 전통에 의거해서 독자적인 근대화의 길을 걸어가는 국가가 성공 가능성이 높다고 그는 주장했다.[39]

차기벽은 산업화를 후진지역 국가들의 최우선 과제로 보는 미국식 근대화론을 수용했다. 그리고 한국을 포함한 신생국들의 근대화는 내부에서 자연스럽게 발전한 것이 아니라 서구의 외부적 충격에 의해 인위적으로 추진됐다고 생각했다. 하지만 그는 근대화의 세계사적 보편성 못지않게 각 국가들에 나타나는 특수성에도 주목했다.

---

38 차기벽(1967), "정치체제의 개혁과 이념 문제", 《한국 근대화의 이념과 방향》, 329~344쪽.

39 차기벽(1969), "서론", 《근대화정치론》, 박영사, 9~15쪽.

이는 민족주의에 대한 관심으로 귀결됐고, 이후 그가 평생 탐구하는 학문적 주제가 됐다.

### 3) '근대화 이론'에 대한 비판적 대응: 이용희

많은 지식인이 정도의 차이는 있지만 미국식 근대화론을 받아들인 것과 달리 비판적 입장에 선 학자도 있었다. 그 대표적 인물은 국제정치학자 이용희였다.

이용희(1917~1997)는 3·1운동 당시 민족대표 33인의 한 명이었던 이갑성의 아들로 태어나 일제시기에 중앙고보를 거쳐 연희전문 문과를 졸업했다. 외국어에 특별한 재능이 있었고, 만주에서 활동하던 무렵 국제정치학에 입문한 그는 광복 후 서울대에 외교학과를 창설한 주역이었다. 그는 또 1956년부터 1967년까지 한국국제정치학회 회장을 역임하면서 한국에 국제정치학을 뿌리내리는 데 중심 역할을 했다. 그는 민족주의 탐구에 천착했고, '권역圈域 이론'·'장場의 논리' 등 독자적인 국제정치 이론을 만들어 냈으며 대통령 특별보좌관, 국토통일원 장관 등으로 현실정치에도 참여했다.

이용희는 1966년 10월 한국국제정치학회가 주최한 '한국민족주의 대 심포지엄'의 기조연설에서 민족주의와 근대화에 대해 개념적 정의를 시도했다. 앞서 봤듯이 그가 '전진 민족주의'라는 개념을 처음 시도한 곳이 이 학술회의였다.

이용희에 따르면 세계사가 근대에 접어들면서 나타난 민족주의는 스스로 힘을 기르고 민족의 발전을 꾀해서 근대국가 체제를 수립하는 '건설적이고 전진적인 것'과, 외세의 침략에 맞서 민족을 지키고 독립을 추구하는 '저항적인 것'으로 나눌 수 있다. 전자는 자력으로 근대사회를 만든 서구국가에서, 후자는 식민지나 반식민지를 경험한 아시아·아프리카국가에서 나타났다. 그는 저항의 정신은 물론 숭고하지만 한국민족주의가 저항만 강조해서는 후진성을 벗어나기 어렵다며 민족의 발전을 꾀하는 건설적이고 전진적인 성격을 강조했다. 그는 또 근대화와 관련해서는 경제성장을 지나치게 강조하는 '경제주의'를 비판했다. 정치적 측면을 배제하고 경제만 중시하는 시각은 국가라는 관념을 소홀히 해서 '반反민족주의적이고 반근대적인 것'에 빠지기 쉽다며 정치와 경제의 양자를 아우르는 '진정한 근대화'를 강조했다. 40

민족주의와 근대화 문제에 대한 이용희의 시각은 같은 심포지엄의 기조논문인 "한국민족주의의 제 문제"에서 더욱 체계적이고 구체적으로 전개됐다. 그는 먼저 기조연설과 마찬가지로 민족주의를 근대국가 수립에 성공하여 지배적 위치를 확보한 국가들에서 나타나는 '우월優越의 민족주의'와 그렇지 못한 국가들에서 볼 수 있는 '저항의 민족주의'로 나누었다. 그리고 개항 이후에 나타난 한국민족주의의 역사적 흐름을 살펴보면서 '외세에 대한 저항'(한말), '주권 회복과 압정壓政에의 저항'(일제시기), '강대국들에 대한 반발과 열등감'

---

40 이용희(1967), "기조연설", 〈국제정치논총〉, 6집, 79~82쪽.

(해방 후)으로 이어지면서 '저항의 민족주의'가 두드러지고 제노포비아Xenophobia(외국인 혐오)의 경향마저 나타나고 있다고 분석했다. 그는 민족주의가 이처럼 저항 일변도로 흐를 때 민주화와 근대화라는 근대 민족주의의 정상적인 발전 방향을 왜곡시킬 위험성이 크다고 경고했다.

이처럼 민족주의를 저항에 국한시키지 않고 근대국가 건설의 이념적 토대라는 측면을 강조하면 자연히 근대화와 연결시켜서 파악하게 된다. 이용희는 전근대적이고 비非민족주의적인 세력이 민족주의의 외피를 쓰고 민족공동체에 지나치게 영향력을 행사하는 상황을 우려했다. '항쟁·투쟁에의 전적인 집중'이 정치적 독립을 원초적 목표로 만드는 바람에 각 정치운동을 이끄는 지도층의 입장이 특수한 이해관계에 바탕을 두고 있다는 사실이 가려진다는 지적이었다.

이용희는 또 이 글에서도 근대화에서 경제성장을 강조하는 산업화, 경제주의, 경제생장론生長論을 '사이비 근대화'라고 맹렬하게 비판했다.

> 대저 오늘날 신생국가 일반의 공통되는 현상은 국민이 소위 '후진의식後進意識', 특히 경제적 후진의식이 직접 간접으로 사회 불만 또는 정치 불만의 명분이 되고 있다는 점인데 이 점에 있어서는 이른바 선진 자본수출국도 이 경향을 촉진하는 데 상당한 역할을 한다고 생각된다. … 다시 말하면 강국強國의 정책으로 보나 또 개방사회의 성격으로 보나

경제 후진의식의 심화는 면할 길이 없다는 결론이 나온다. 그런데 이러한 추세는 마침내 일부 신생국에서는 마치 경제적 향상만이 제 1차적 문제요, 또 그러므로 이에 필요한 비非민족주의적 정책은 충분히 명분이 있는 것으로 자처한다. 경향만으로 말한다면 마치 국토는 마침내 단지 국인國人이 모여 경제생활을 하는 데 제 1의義가 있는 단순한 지리적 표현으로만 화化할 위험이 있다. **41**

이와 관련하여 이용희는 일제시기에 형성된 자본가와 관료가 민족주의적 성격을 지니지 못했다는 사실을 한국민족주의의 비극으로 꼽았다. 그는 식민통치의 하수인이었던 관료는 말할 필요도 없고, 자본가도 일제의 정책적 엄호 아래 비민족주의적으로 육성돼 구미歐美국가들처럼 부르주아 민족주의의 전위이자 근대 국민국가 수립의 지도층이 되지 못했다고 지적했다. 그래서 일제의 패망으로 갑자기 해방을 맞자 전진적이고 건설적인 한국민족주의상像을 새로 설정하는 과제가 우리 민족에게 주어졌다는 것이다. 이는 일제시기와 광복 후의 한국사 전개를 단절적으로 보는 시각이다. 특히 한민족의 근대화에서 일제시기가 차지하는 의미에 관해 1980년대 이후 대두하는 '식민지 근대화론'과는 상당히 거리가 있다.

한국의 근대화 문제에 관한 이용희의 관심은 이후에도 계속됐다. 그는 1968년 4월 국제정치학회가 주최한 '한국 근대화에 있어서의

---

**41** 이용희(1967), "한국민족주의의 제문제", 〈국제정치논총〉, 6집, 23쪽.

갈등과 조화' 학술회의에서 "한국 근대화의 기본문제"라는 주제논문을 통해 한층 더 진전된 논의를 펼쳤다. 이용희는 이 논문에서 근대화를 '고전적 근대화'와 '현대적 근대화'로 구분했다. 전자는 유럽의 근대사에 나타난 공업화와 사회・정치적 측면의 변화를 의미한다. 후자는 19세기 후반 이래 유럽이 주도하는 세계사에 편입된 아시아・아프리카국가에서 나타나며 유럽적 근대화와 자기 전통유산의 결합을 지향한다. 이용희는 특히 전자가 물질생활을 중시하는 데 비해 후자는 물질생활과 정신생활의 조화・균형을 강조한다고 대비시켰다. 그는 "서양사회가 오늘날 잃어가고 있는 물심物心의 균형을 전진적으로 되찾기 위하여 창의를 가지고 이념의 세계를 전통 위에서 같이 모색해야 한다"고 역설했다.

이용희는 이 논문에서 근대화가 '물질적으로 잘 사는 것'과 동일하다고 생각하는 경제주의・물량주의에 대해 '일종의 흉내 내기, 거짓의 근대화'라고 더욱 강하게 비판했다. 그는 "물량이 근대적인 것이 아니라 물량을 자주적으로 조절하는 것이 근대적"이라며 "'잘 산다'는 근대화의 의미에는 이러한 방식이 내재돼 있는 것이며, 이 방식을 무시한 결과주의 — 재물의 풍요를 가져오기만 하면 된다는 사고는 그 자체가 반反근대화의 전형"이라고 몰아붙였다.

이용희가 근대화에서 경제적 측면 못지않게 중요하게 생각한 것은 '민족국가', '국민국가'였다. 대외적으로는 근대 이후 국제정치의 기본단위가 된 민족국가를 수립하고, 대내적으로는 지도층과 서민의 공감대 위에 세워진 국민국가를 완성할 때 비로소 세계사의 주류가 될 수 있다는 주장이었다. '조국 근대화'라는 정치적 슬로건이 풍미하면서 지식인들의 담론이 경제성장으로 한껏 쏠려 있던 당시 상황에서 그는 근대화의 정치적·정신적 측면을 강조하면서 '검소 속의 풍요'를 고창했다.[42]

이용희는 1960년대의 시대상황을 앞서간 이상주의자였다고 할 수 있다. 그의 이상주의는 한국의 근대화가 서양의 추종이나 모방에서 끝나서는 안 되고 세계사의 발전에 이바지해야 한다는 다음의 주장에도 잘 나타나 있다.

> 만일에 근대화가 공업화라는 개념, 또는 서양화라는 개념에서 보듯이 단순히 물량과 기술의, 그리고 유럽적인 근대국가의 선종先蹤을 따라가는 것이라면 근대화는 한국의 경우 자칫하면 물질문명에서 또 세계정치사의 과정에서 영구 열자劣者, 영구 후진後進의 끊임없는 추적의 방식으로 끊기지 않을까 하는 우려입니다.
>
> 근대화는 결국 역사 바퀴의 뒷바퀴에 매달려 마냥 뒤따라가는 것이 되기 쉬울 것인데 우리가 진정 시도하려는 근대화의 문제는 단순한 추종·모방이 아니라 그것을 초극超克하면서 높이 세계사의 발전에 앞서서 이바지한다는 의의를 발견하고 또 이 고차적 목적을 내다보고 나가는 기개가 필요하지 않을까 이렇게 생각이 되었습니다.[43]

---

42 이용희(1969), "한국근대화의 기본문제", 〈국제정치논총〉, 8집, 13~23쪽.

43 이용희 외(1969), "토론: 제 1부 한국 근대화에 있어서의 갈등", 〈국제정치논총〉, 8집, 46쪽. 이용희가 사용한 '초극'(超克)이란 용어는 1940년대 전반 일본에서 서

이 같은 이용희의 우려는 공업화와 산업화를 근대화의 최우선 과제로 생각하던 당시 많은 지식인에게는 너무 우원하게 느껴질 수 있었다. 하지만 경제성장 지상주의가 빠질 수 있는 '국가 경시' 등의 위험성을 냉철하고 정확하게 지적했다는 점에서 경제성장을 달성하고 난 현재의 관점에서 다시 한 번 그 의미를 짚어 볼 필요가 있다. 또 근대화를 산업화와 경제발전을 넘어서 보다 폭넓게 이해하는 데도 큰 도움이 된다.

#### 4) '한국 근대의 기원'에 대한 관심: 홍이섭 · 천관우

1960년대에 한국사회에서 근대화 담론은 서구의 이론과 논의에 밝은 사회과학자와 서양사학자 중심으로 진행됐다. 한국의 역사적 발전을 탐구하는 국사학자는 현재 상황을 놓고 전개되는 논의에서 한발 떨어져 있었다. 그런 가운데도 근대화 담론에 직간접으로 관여하는 국사학자가 나왔다.

대학에 몸담고 있는 국사학자 중에서 한국의 근대화 논의에 참여한 사람은 홍이섭(1914~1974)이었다. 일제시기에 배재고보와 연희전문을 졸업하고 연세대 교수로 재직하던 그는 신문과 잡지에 활발하게 글을 발표하고 역사학뿐 아니라 다른 학문 분야의 학술회의에

구문명을 비판하면서 제기됐던 '근대초극론'을 떠올리게 한다. 양자의 관계는 앞으로 구명해야 할 과제이다.

도 적극 참여하면서 사회적 발언을 왕성하게 하고 있었다.

홍이섭은 로스토우 특집을 꾸민 잡지 〈세계〉 1960년 3월호에 "한국사관韓國史觀의 모색"이란 글을 실었다. 그에 따르면 로스토우의 '반反공산당 선언'이 마르크스의 역사발전 이론에서 자본주의 다음에 오는 단계에 대한 주장에 반대했기 때문에, 그의 주장은 마르크스 이론에 기초한 북한 체제와 대립하는 한국의 현실에서 현재적이고 정치적인 관심사일 수밖에 없었다. 하지만 더 근본적으로는 일제 시기 이래 한국사 이해에 마르크스의 사회발전단계설이 큰 영향을 미쳤다는 점에서 로스토우의 주장은 한국사관과 직접 연결되는 문제이기도 했다.

홍이섭은 마르크스가 기계적 논리에 따라서 자본주의의 운명을 예측했던 것과 달리 로스토우는 서유럽과 미국이 자본주의 사회를 발전시켜 온 역사를 사실과 증거에 입각해서 유형화했다는 점에서 훨씬 타당성이 있다고 평가했다. 마르크스는 보지 못하고 예견했는데, 로스토우는 체험에 근거해서 원리를 밝혔다는 것이다. 하지만 그는 로스토우 이론의 설득력을 인정하면서도 그것을 한국사의 분석에 적용하는 데는 소극적이었다.

> 그의 이론에 의한 극동사회의 인식이 제시되는 날 가장 우리들에게 자극적일 것이다. … 어느 선진적인 이론에 한국 이해를 직결시키려는 것은 자기 이해의 빈곤에서 오는 것이다. 로스토우의 이론은 한낱 흥미있는 견해이지만 미국의 오늘에의 발전 내지 제한된 어떤 장래를 위한

가장 잘 정리된 이론임에서 한국의 오늘을 이해하는 데 있어서도 그와 같은 차근한 일을 해낼 수 있는 준비가 먼저 요청되지 않을까 한다.[44]

홍이섭이 당시의 한국을 이해하기 위한 선행과제로 제시한 것은 일제 식민지기에 대한 역사적 분석이었다. 그는 한국인의 근대적 자기의식이 전통성에서 자생적으로 성장한 것이 아니고 외부에서 자본주의문명이 밀려들어 오는 가운데 소비상품과 함께 수용됐다고 지적했다. 한국은 자체 내에서 전통사회를 근절시키려는 민족주의 운동이 좌절됐고, 민족주의적인 세력이 망명한 가운데 반세기나 식민지의 억압을 경험해야 했다는 것이다. 따라서 당시의 한국을 이해하기 위해서는 "선행하는 식민지적 제諸 조건이 현재의 발전적 제 조건에서 어떻게 작용하는가를 구명할 필요가 있다"고 주장했다.

홍이섭은 이어 1965년 10월 경희대 후진사회문제연구소가 펴낸 《한국 근대화의 제諸 문제》에서 "사상" 편을 집필했다. 그는 이 글에서 근대화를 공업화와 동일시하는 로스토우적 관점을 비판하면서 민족적 전통과의 연관이라는 시각에서 좀더 넓게 볼 것을 강조했다.

여기에 제시된 과제를 '근대화'라고 본다면 이것은 다름 아닌 과거적인 악조건의 배제와 계승해야 할 민족적 전통의 유지에 서구문화 수용과 그것과의 합리적인 조화일 것이다. 흔히 공업화라는 것은 지녀야 할 한

44 홍이섭(1960), "한국사관(韓國史觀)의 모색", 〈세계〉, 1960년 3월호, 70~71쪽.

국의 민족전통 위에 생산 면의 공업화를 의미한다. 이에 따른 사회 면에 이식돼야 할 서구의 근대적인 정신과 제도도 역시 함께 생경한 것으로가 아니라 우리의 민족전통 속에 조화 있게 침투되어야 할 것이다. 45

근대화론이 한국사 이해에 던지는 함의에 대한 홍이섭의 시각은 잡지 〈세대〉 1965년 12월호에 기고한 "근대화와 혁명의 세기"라는 글에 종합적으로 정리돼 있다. 이 글은 '후진적인 오늘의 한국을 현대사회로 전개코자 하는 근대화론'을 '한국 근대화를 위한 현실적 이론의 제시'와 '역사적으로 근대화의 좌절 — 일제 식민지로의 전락에 대한 역사적인 반성'의 두 가지로 나누었다. 전자는 당시 박정희 정부가 '근대화'를 국정지표로 내세우면서 행정관리 훈련 과정에서 근대화 문제를 다루고 아시아의 근대화 문제를 논의하는 대규모 국제학술회의가 열리는 등 관심이 고조되고 있지만 후자는 제대로 된 보고서나 문헌조차도 하나 없을 정도로 학술적으로나 사상적으로 빈곤을 면하지 못하고 있다는 지적이었다. 그는 "근대화론의 한 요건인 공업화도 그 자체가 '역사적 현실'의 과제로 논의되고 연구 보고되는 데서 정책을 뒷받침하게 되고, 공업화만이 아니라 사회 전체의 문제로 구조적으로 개혁됨을 지시하는 안내를 받을 것"이라고 주장했다.

45 홍이섭(1965), "사상", 《한국 근대화의 제(諸) 문제》, 경희대 후진사회문제연구소, 22쪽.

홍이섭은 이 글에서 한국 현대사회를 이해하는 데 필요한 두 가지 기초작업을 꼽았다. 그 하나는 일제 식민지 정책에 대한 실증적 분석과 역사적 현실로서의 추상화였다. 다른 하나는 국제정치의 틈바구니에서 어느 한쪽을 추종하는 것이 아니라 민족의식을 고양했던 흐름에 대한 분석이었다.[46]

전자는 일제시기에 대한 사회경제사적 접근이고, 후자는 독립운동사였다. 홍이섭은 후자의 중요성을 역설했고 많은 논문과 저술을 남겼다. 반면 전자에 대해서는 직접 연구성과를 내지는 않았지만 한국의 근대화 과정을 이해하려면 식민지기 사회경제사 연구가 필요하다는 점을 선구적으로 제기하는 몇 편의 글을 썼다.

국사학자 중에서 한국의 근대와 근대화 문제를 가장 먼저, 그리고 깊이 탐구한 사람은 천관우(1925~1991)였다. 서울대 사학과를 졸업하고 언론계로 진출해 〈조선일보〉 편집국장, 〈동아일보〉 주필 등을 역임한 그는 바쁜 언론인 생활을 하면서도 역사 연구를 계속하여 많은 논문과 글을 발표했다. 우리 역사에 대한 그의 분석은 학자적인 깊이와 언론인다운 날카로움을 아울러 지녀서 많은 반향을 일으켰다. 그는 언론인으로서 국가적 이슈나 사회적 담론을 다루는 현장 한가운데 있었기 때문에 자연스럽게 대학에 몸담고 있는 국사학자들에 비해 근대화 문제에도 더욱 천착하게 되었다.

한국의 근대화 문제에 관한 천관우의 생각을 잘 보여 주는 글은

46 홍이섭(1965), "근대화와 혁명의 세기", 〈세대〉, 1965년 12월호, 111~113쪽.

<사상계> 1964년 1월호에 발표한 "세계사 참여의 사적史的 과정: 한국 근대화 시발기始發期의 기본성격"이다. 앞서 보았듯이 1962년 서울대 동아문화연구소와 진단학회가 공동주최한 학술회의에서 "한국 근대화의 제문제"를 발표했던 그는 계속 이 문제를 탐구하여 더욱 논의를 진전시켰다. 천관우 역시 국사학자답게 한국에서 근대화의 현황보다는 근대의 기원과 근대화 과정에 대한 역사적 이해에 더 관심이 있었다. 그는 먼저 "현재 어떤 단계에 와 있는가에 관해서는 역사학에서보다 사회과학의 여러 분야에서 분석 정리돼야 할 것이 많은 문제이므로 여기서는 다만 근대화의 '기점'에 관해 몇몇 가능한 선을 그려보는 데 그쳐야 할 것"이라고 밝혔다.

그는 이 글에서 근대화를 '서양적 근대로의 변모'라고 정의했다. 그리고 "서양, 그것도 서구西歐라는 매우 제한된 지역에서 일어났던 일을 전형으로 삼는 것이고 동양을 포함하여 지구상의 그 밖의 광대한 지역에서 근대화는 서양화를 떠나서 생각할 수 없는 것"이라고 했다. 근대화가 서구를 중심으로 전개되는 근대 세계사에 비서구국가들이 동참하는 과정이라는 인식은 "세계사 참여의 사적 과정"이라는 글의 제목에도 담겨 있다.

천관우는 세계사에 나타난 근대화의 길을 셋으로 구분했다. 첫 번째는 서양처럼 자체 내에서 민중이 성장하여 '밑으로부터의 근대화'가 이루어진 경우다. 두 번째는 그것이 불가능할 경우 사회의 선각적인 상층부가 외부의 자극을 받아서 '위로부터의 근대화'를 이룩하는 경우다. 세 번째는 두 가지가 다 어려운 지역이 식민지나 반식민지가 돼 외세의 강요에 의해 '밖으로부터의 근대화'가 진행되는 경우다. 이 글은 한국의 경우 '밑으로부터의 근대화'나 '위로부터의 근대화' 움직임이 없지 않았지만 결국 일제의 식민지가 돼 '밖으로부터의 근대화'가 진행됐다고 보았다.

'타율적인 근대화', 그것도 그 원산지인 서구를 직접 수용한 것이 아니라 일본을 여과한 서구화는 많은 부작용을 낳았다. 식민지하에서 근대적 제도들이 도입됐지만 그것은 지배하는 일본인을 위한 제도였지 지배받는 한인韓人의 복지나 본질적 근대화와는 관계가 없었다. 또 외형적 근대화는 자체 내 조건의 성숙이나 현실 타개의 필요성에서 나온 것이 아니었다. 그렇기 때문에 전근대적인 것이 무너지기 전에 근대적인 것이 덮치거나(토지조사사업), 전근대적인 것이 무너진 뒤에 그에 대신할 근대적인 것이 뒤따라오지 못하는(신분계급 해체) 부조화 현상을 드러냈다. 사상적인 면에서도 지배 이념이었던 유교를 대신할 뚜렷한 신념체계가 형성되지 못했다.

이런 점에서 한국의 근대화는 전통사회와의 '연속連續'이라기보다 '단속斷續'의 성격이 두드러진다. 천관우는 "서양이라는 거대한 이질異質의 역사적 세계와의 직접 관련이라는 점에서도 종래의 한국사가 가져 보지 못했던 바요, 따라서 한국인의 생활 전면에 걸쳐 질과 양으로 심대한 변혁을 일으키고 있다는 점에서도 종래의 한국사가 가져 보지 못했던 바"라고 지적했다. 그는 '단斷'과 '속續' 가운데서도 '단斷'의 측면을 강조했던 것이다.

한국의 근대화를 전통사회와의 단절로 본 그는 한국도 자체적인 근대화의 싹이 돋고 있었다는 '자생적 근대화론'에 비판적이었다. 천관우는 "우선 사회·경제 등 현실적인 제인자諸因子로 보면 도리어 그와 반대였다고 볼 수밖에 없는 것을 부인할 수 없다"고 했다. 그는 개항 당시의 조선에 자본축적, 기업정신에 충만한 계급, 대규모 생산을 담당할 기계나 기술이 없어 자본주의 생성의 조건과는 정반대되는 요소뿐이었다고 하는 시가타 히로시四方博의 논문("조선에 있어서의 근대자본주의의 성립과정", 《조선사회경제사》, 1932)을 인용하며 '거의 정확한 묘사'라고 평가했다.

그는 근대 사상의 요소를 포함하고 있었다고 평가되는 조선 후기의 실학에 대해서도 "매우 국한된 일부 식자층, 그것도 근대화를 정책화하여 실현시킬 처지에 있지 못한 식자층들 사이에서 논의되고 말았을 뿐이요, 그 얼마 뒤에 밀려닥치는 서양정신의 물결 앞에 이론으로서의 전개 발전도 뜻같이 되지 못하고 말았다"고 그 의의를 높게 보지 않았다.

그러면 전통사회 내부로부터의 '자생적 근대화'를 부정하고, 일본 제국주의에 의한 '타율적 근대화'도 비판적으로 보는 천관우는 한국의 근대화를 어떤 역사적 맥락에서 파악했는가. 그는 개항(1876년)부터 을사조약(1905년)까지의 수십 년을 '자주적 근대화'의 가능성이 열려 있었던 시기로 보았다. '독립'과 '개화'가 시대적 과제로 인식되면서 근대적 안목이 익어 가고 있었다는 것이다. 국제정세의 악화와 내부 역량의 한계로 자주적 근대화에 실패하고 일본의 식민지가 된 뒤에도 비록 소수이지만 근대적 의식을 갖춘 지식층이 줄기차게 성장하여 과학·사상·예술·기술 등에서 근대의 면모를 갖추게 됐다. 그는 "제약 속에서도 구한말과는 비교가 되지 않으리만큼 정신적 근대화는 비약해 온 것"이라며 "자주적 근대화를 추진하고 있는 오늘날의 지도층은 바로 이들이며 또는 그 후계자들"이라고 주장했다. 47

1960년대에 본격적으로 진행되던 근대화를 '자주적 근대화'로 규정하고 그 역사적 연원을 개항 이래 일제 식민지기까지 나타난 한민족의 근대화 노력에서 찾는 관점은 설득력이 있다. 우리 근대사에 대한 깊은 탐구와 성찰에서 나온 천관우의 이런 해석은 그보다 훨씬 뒤인 1980년대 이후 '자생적 근대화론'과 '식민지 근대화론'의 평행적 대립구도로 전개되는 한국의 근대화 과정에 대한 논쟁에 돌파구를 제시하는 제3의 입장이라고 할 수 있다. 그리고 이 책의 뒷부분에서 살펴보는 것처럼 2000년대 이후 대두하는 '자주적 근대화론'을 모색하는 흐름의 사상적 선구자에 해당한다. 그런 점에서 오늘날에도 주목할 가치가 있고 지성사적으로도 큰 의미를 지닌다.

한국의 근대에 관한 천관우의 관심은 이보다 10년 전인 〈사상계〉 1954년 12월호에 실린 "갑오경장과 근대화"라는 글을 통해 정리된 바 있었다. 48 그는 이 글에서 이미 "우리 봉건사회에는 근대화

---

47 천관우(1964), "세계사 참여의 사적(史的) 과정", 〈사상계〉, 1964년 1월호, 256~265쪽.

48 천관우의 저서 《한국사의 재발견》(1974, 일조각)에 "한국 근대의 기점"이라는 제목으로 수록됐다.

의 요인이 될 만한 것이 거의 결여돼 있었다", "우리에게는 불행이나 '밑으로부터의 근대화'는 고사하고 '위로부터의 근대화'조차 되지 않았다", "근대화의 내적 요인이 결여되고, 그 결함을 내부에서 시정하려는 노력조차 억색抑塞된 우리 봉건사회 앞에는 '밖으로부터의 근대화'의 길만 남게 됐다", "아시아에 있어서는 거의 예외 없이 '밖으로부터의 근대화'를 밟아 모두 오랜 동안의 식민지 내지 반식민지의 고경苦境을 밟아온 것이다" 등 그가 1960년대에 발표한 글과 비슷한 주장을 피력했다.

이 글 역시 개항 이후 '자주적 근대화'의 흐름이 이어진 것에 주목했다. 그 가운데도 1884년 갑신정변은 '여러 모의 혁신을 표방하고 자주적 근대화를 지향했던 획기적 운동'으로 평가했다. 1896~1898년 독립협회운동 역시 '서구적 자유와 민권의 사상적 배경을 지닌 자주적 근대화운동'으로 평가됐다. 1905년 이후 애국계몽운동에 대해서도 "민중에게 근대적 의미의 민족을 자각게 한 획기적 의미를 지닌다"고 특기했다. 일제시기에 대해서는 "일본이 강요하는 근대화가 흐르는 그 저류로서, 민족을 근간으로 하는 자주적 근대화의 지향이 독립정신과 함께 시대를 따라 흐르게 됐다"고 보았다.[49]

하지만 천관우는 "갑오경장과 근대화"에서 "운동이 곧 역사적 현실의 지배적 경향은 아닌 것"이라고 하여 개항기와 일제시기에 전개된 '자주적 근대화운동'의 역사적 의의에 선을 그었다. 그런데 10년

---

49 천관우(1954), "갑오경장과 근대화", 〈사상계〉, 1954년 12월호, 12~14쪽.

뒤에 쓴 "세계사 참여의 사적史的 과정"에서는 개항 이후의 '자주적 근대화운동'을 1960년대 '자주적 근대화'의 역사적 연원으로 간주하는 인식의 변화가 나타났다. 이는 근대화를 향한 별다른 움직임이 없던 1950년대와 달리 1960년대 들어 근대화가 본격 추진됨에 따라 개항 이후 '자주적 근대화운동'에 대한 평가도 달라진 것으로 해석된다.

천관우는 이후에도 학계의 연구가 진전되는 데 발맞추어 계속 한국의 근대화 과정에 대한 인식을 심화하고 발전시켰다. 이는 뒤에서 다시 상세하게 살펴볼 것이다.

## 3. 식민사관 극복과 '자생적 근대화론'의 대두

### 1) 정체성론停滯性論 비판

산업화와 경제성장을 핵심으로 하는 근대화론이 정치권과 사회과학계에서 한창 논의되던 1960년대에 국사학계의 가장 큰 관심사는 한국사의 타율성과 정체성停滯性을 강조하는 식민사관을 극복하는 것이었다. 40년 동안 일본 제국주의의 지배 아래 살면서 주눅 들어 있던 한국인에게 정신적 자신감을 불어넣는 것은 물질적 빈곤에서 벗어나는 것 못지않게 중요했다. 천신만고 끝에 나라는 되찾았지만 광복 직후의 혼란, 6·25전쟁의 포연, 자유당 독재에 잇달아 시달리면서 자신을 차분히 돌아볼 겨를이 없었던 한국인은 여전히 '엽전 의식'이라 불리는 자조自嘲와 자멸自蔑을 털어 버리지 못하고 있었다. 이런 자기비하의 역사적 근거로 작용하던 일제의 식민사관을 중견·소장 국사학자들이 정면으로 비판하고 나선 것이었다.

4·19혁명 이후 새로운 나라에 대한 희망이 샘솟는 가운데 민족적 열등감을 극복하기 위해 식민사관 비판의 포문을 먼저 연 사람은 국사학자 이기백(1924~2004)이었다. 일제 말기에 평안북도 정주의 오산중학교를 마치고 일본 와세다대 사학과에 입학했던 그는 광복 후 서울대 사학과에 들어가서 졸업하고 이화여대 교수로 재직하고 있었다. 그는 한국고대사 전공이었지만 사상사를 중심으로 한국사

전반에 걸친 해박한 지식과 간결하고 단아한 필치로 한국사의 대중화에도 힘썼다.

이기백이 1961년 3월 펴낸 《국사신론國史新論》은 광복 후 한국사 연구를 시작한 세대의 학자가 펴낸 첫 한국사 개설서였다. 이 책은 당시까지 국내외 한국사학계의 연구성과를 조리 있게 정리해 새로운 시각으로 한국사를 재구성해서 커다란 반향을 일으켰다. 《국사신론》은 판을 거듭했고, 1967년에는 전면적으로 다시 써서 《한국사신론韓國史新論》이라는 이름으로 출간됐다. 《한국사신론》은 이후 여러 차례 개정판을 내면서 오랫동안 한국사 분야의 대표적 개설서로 자리 잡았다.

이기백은 《국사신론》의 앞부분에 실린 "서론緖論"에서 일제의 식민사관에 대한 비판을 시도했다. 그는 "지금 한국민족에게 필요한 것은 자각한 민족으로서 복된 사회의 건설과 새로운 문화창조에 대한 열의"라면서 '반도적 성격론', '사대주의론', '당파성의 문제', '문화적 독창성의 문제', '정체성의 이론'이라는 소제목으로 나누어 일본인 학자들의 주장을 조목조목 반박했다.

"반도半島라는 자연환경에서 오는 주변성과 부수성이 한국사를 가늘고 길게 이어지게 만들었고, 주변 여러 강대세력에 시달리면서 사대성이 체질화됐다"는 식민사관의 주장은 "한국사를 반도적 성격의 역사로 규정지으려는 지리적 결정론은 한국사의 자주성을 말살함으로써 일본의 침략을 정당화하려는 일본인 어용학자의 악의에서 나온 것"이라고 비판했다. 한국인의 선천적 고질痼疾로 지적돼 온 당파성은 "어느 민족의 역사에나 국내적 대립항쟁은 의례히 있었던 것으로, 서양 중세의 경우는 지방분권적이었기에 제후 간의 무력항쟁으로 나타났고 한국은 중앙집권 사회였기에 중앙의 정계를 무대로 권력대립이 발생했을 뿐"이라고 반박했다. 한국문화에서 독창성을 찾아볼 수 없다는 주장은 "다른 민족의 우수한 문화를 받아들이는 진취적 성격이야말로 새로운 문화의 창조에 필수적인 요소"라며 "우리는 원효, 석굴암, 고려의 청자나 금속활자, 세종의 한글 창제 등 몇 가지 두드러진 예를 갖고 있다"고 반박했다.

이기백은 식민사관의 핵심인 한국사의 정체성 이론에도 비판의 칼날을 겨누었다. 먼저 중국을 비롯한 동양사회는 왕조의 교체에도 불구하고 사회적 발전이 거의 없는 악순환의 과정을 되풀이해 왔을 뿐이라는 서양 학계의 '동양사회 정체론'은 "동양사회의 정체성 이론은 소위 서세동점西勢東漸의 결과로 동양제국諸國이 서구 열강의 식민지 내지 반식민지로 화化하였다는 현실에 대한 해명의 필요에서 생겨난 역사적인 산물"이라고 해석했다. 그리고 서양학자들은 '동양사회 정체론'을 이야기할 때 일본은 예외로 취급하지만 일본뿐 아니라 다른 동양사회도 모든 인류사회가 밟아야 할 일정한 발전단계 — 고대적 · 봉건적 · 근대적 — 를 거쳤다고 주장했다. 한국도 신라 · 고려 · 조선 각 왕조의 교체를 단순한 악순환으로 보지 않고 그 속에서 발전적인 여러 가지 현상을 찾으려는 시도가 있다는 것이었다.50

---

50 이기백(1961), "서론", 《국사신론》, 태성사, 1~10쪽.

이기백은 《국사신론》을 전면 개정해 《한국사신론》을 내면서 "서론"을 "서장序章"으로 확대하고 '한국사의 새로운 이해'라는 이름을 붙였다. 그리고 이를 '주체성의 인식', '한국사와 민족성', '한국사의 체계화'의 3개 절節로 나누었다. '주체성의 인식'은 '반도적 성격론', '사대주의론', '한국사의 주체성'을 소제목으로 했고, '한국사와 민족성'은 '당파성의 문제', '문화적 독창성의 이론', '민족성론의 문제점'을 다루었으며, '한국사의 체계화'는 '정체성의 이론', '한국사의 체계화'를 검토했다.

《한국사신론》 서장은 《국사신론》 서론을 정교하게 다듬고 논의를 발전시키는 한편 그동안 학계의 연구가 진전된 부분을 반영했다. 조선왕조의 당쟁黨爭에 대해서는 "이조의 당쟁은 일정한 역사적 산물인 것이다. 그것은 한국민족이 타고난 선천적 성격에서 말미암은 것이 아니다"라고 설명하며, "그러므로 침략적 야심을 정당화하려는 목적으로 한국민족의 당파성을 제시하여 그 정치적 독립의 가능성을 말살하려는 이론은 객관적 정당성을 지닐 수 없다"고 비판했다. '역사적 산물'과 '선천적 민족성'을 대비시킴으로써 식민사관의 당파성론을 극복하려고 한 것이다.

한국사의 정체성과 관련해서는 "(동양사회 정체성) 이론에는 의식적이건 무의식적이건 간에 서양인의 우월감과 동양인의 열등감이 작용하고 있다고 보아야 할 것이다. 동양에서 제일 먼저 서양화의 길을 밟은 일본의 학자들이 일본보다 서양화에 늦은 한국의 사회적 발전을 후진적으로 본 것은 그 아류亞流였던 셈이다"라고 지적했다.

식민사관의 정체성론이 서양의 오리엔탈리즘을 한국에 적용한 결과물이라는 사실을 날카롭게 적시한 것이다.51

이기백은 《국사신론》과 《한국사신론》에 대해 '나의 작은 분신分身'이라고 할 정도로 애정을 가졌고, 그 서론과 서장에도 강한 자부심을 나타냈다. 그는 훗날 발표한 글에서 이 서론을 쓰게 된 동기와 과정을 다음과 같이 설명했다.

> 1961년이면 해방된 지 이미 15년이 지난 뒤였다. 그러나 식민주의 사관에 대해 이렇다 할 이론적인 비판이 행해지지 않고 있었다. 비분강개한 감정을 노출시키거나, 아니면 언급을 회피하거나, 혹은 불행하게도 표현만 바꾸어 그 이론을 되풀이하는 일이 행해지고 있었다. 그렇기 때문에 말로는 민족의 자주독립을 내세웠으나, 이러한 주장을 역사적으로 뒷받침해 줄 근거는 찾지를 못하는 실정이었다. 따라서 우리의 과거를 말할 때는 민족적인 자조自嘲심리가 표면화되기 일쑤였으며, 그것이 바로 식민사관이 파놓은 함정임을 미처 깨닫지 못하고들 있었다.
>
> 나는 이 점을 우선 분명히 밝혀 놓아야 한다고 생각했다. 그래서 그들 일제 어용사가들의 주장을 정면으로 비판하였다. … 나는 이 글을 썼다가는 지우고, 지웠다가는 다시 쓰고 하기를 얼마나 되풀이하였는지 모르겠다. 《국사신론》을 착수했을 때 맨 처음 쓰기 시작한 이 서론

51 이기백(1967), "서장", 《한국사신론》, 1~12쪽.

이 이렇게 해서 결국은 맨 마지막으로 탈고된 부분이 되고 말았다. 그리고 쓰는 동안에는 흥분된 감정을 억제하느라 무척 애를 썼었다.[52]

이기백의 《국사신론》 "서론緖論"이 나온 뒤 일제의 식민사관에 대한 다른 학자들의 비판이 이어졌다. 그 가운데 본격적이고 깊이 있게 식민사관의 내용과 본질을 파헤친 사람은 소장 국사학자였던 김용섭(1931~2020)이었다.

김용섭이 〈사상계〉 1963년 2월호에 쓴 "일제 관학자官學者들의 한국사관韓國史觀"은 19세기 후반 이후 일본인 역사학자들이 한국사를 어떻게 보아 왔는지를 처음으로 정리해서 대중에게 소개한 글이었다. 이 글은 '한국사를 보는 눈'이라는 특집에 "내가 보는 한국사의 문제점들"(천관우), "민족사학의 문제"(이기백) 등 선배 국사학자들의 글과 함께 실렸다.

김용섭은 먼저 개항기 이래 일제시기까지 일본인 학자의 연구가 한국사에 대한 근대 학문적 이해의 중심을 이루었다는 점을 인정했다. 하지만 일본 근대 역사학의 주류인 제국대학 출신 관학파官學派가 주도한 한국사 연구는 "중후한 고증주의와 역사의 객관적 인식을 표방하였지만 그것은 일본제국의 침략 정책에 기여한다는 그들의 역사인식을 기반으로 한 데서 한민족을 침략하고 있는 것이었다"며

52 이기백(1984), "나의 책 《한국사신론》을 말한다", 〈오늘의 책〉, 창간호〔이기백(1994), 《연사수록(研史隨錄)》, 일조각, 253쪽, 재수록〕.

'학문에서의 식민 정책이었고, 식민지 문화 정책의 일환으로 행해진 것'이라고 규정했다. 그들이 쓴 한국사는 '황국사관皇國史觀이 반영된, 일본사에 부속된 왜곡된 한국사였으며 일본의 한국 침략을 합리화한 한국사'였다는 지적이었다.

이 글은 이어 일제 관학파들이 파악한 한국사의 본질로 한국문화의 발전에는 주체성이 결여돼 있다는 '타율성他律性'과 한국사에는 내적 발전이 결여돼 있다는 '정체성停滯性'을 꼽았다. 이 두 가지 특성이 결합되면서 한민족은 근대사회로 넘어가는 주체적 역량을 갖추지 못했고 외세, 특히 일본에 의해 발전이 주도될 수밖에 없었다는 결론에 이르게 된다는 것이었다.

한국사에서 타율성을 부각한 학자는 한국의 역사가 중국이나 만주·몽골의 영향 아래 진행됐다고 주장한 이나바 이와키치稻葉岩吉·미지나 아키히데三品彰英 등이었다. 이들은 "조선반도에서 발생한 대사건은 하나같이 모두 동아東亞전국全局의 문제가 반영된 것에 불과하다"(이나바 이와키치, "만선사滿鮮史를 어떻게 체계화할 것인가"), "조선사는 내용적으로도 대외관계 사항이 점하는 바가 많고, 또 이 국외國外 제諸 세력과의 관계를 중축中軸으로 해서 전개되어 가는 감조차 있다. … 실로 조선사는 그 객관적 동향에서 자유를 가지는 바가 참으로 적은 역사이다"(미지나 아키히데, 《조선사 개설》)라고 했다. 김용섭은 이에 대해 "한국사 자체의 발전 과정보다도 그들의 대륙진출이라는 현실적 문제를 합리화하고 한국사의 본질을 한국이 아니라 중국·만주·일본 등 상대국에서 찾으려 했다는 점에서 찬성할 수 없다"고 비판했다.

한국사의 정체성을 강조한 것은 일본인 경제사학자들이었다. 독일에 유학한 뒤 일본의 경제사학을 개척한 후쿠다 도쿠조福田德三는 1904년 "한국의 경제조직과 경제단위"라는 논문에서 "한일합방 직전의 한국사회는 일본사에서 고대 말기인 후지와라藤原시대 말기에 해당한다"고 주장했다. 한국사에는 봉건시대가 결여됐다는 것이다.

경성제대 교수였던 시카다 히로시四方博는 1933년에 발표한 "조선에 있어서의 근대자본주의의 성립"이란 논문에서 개항 당시의 한국경제상황에 대해 "자본 축적도 없고 기업적 정신을 가진 계급도 없고 대규모 생산을 담당할 기계기술도 없었다. 아니 그러한 것들이 존재를 희망하는 사정이나 필연화하는 조건도 구비되지 않았다"며 '중세 봉건사회 이하의 단계'에 머물러 있었다고 했다. 따라서 한국은 개항 후에 '일본 자본주의의 몸을 통하여', '일본 자본주의의 혈맥을 영양으로 하여' 근대적 화폐금융 제도와 근대적 산업 제도가 확립되어 근대자본주의가 성립 발전됐다는 것이다. 그는 일본이 한국에 근대자본주의를 세례한 '주재자主宰者', '이식자', '담당자'라고 주장했다.[53]

김용섭은 후쿠다의 논문이 불과 몇 주일 동안의 한국 여행 경험을 토대로 써서 학문적 토대가 부실하다고 지적했다. 또 한국사에는 봉건제가 없다는 식민사관의 주장은 서구 중세의 봉주봉신封主封臣 관

**53** 김영호(1966), "자본주의 성립과정은 어떠했는가?", 〈신동아〉, 1966년 8월호, 180쪽.

계를 기계적으로 한국사에 적용했기 때문에 설득력이 떨어진다고 반박했다.[54]

김용섭은 그로부터 3년 뒤인 1966년 8월 〈역사학보〉 제31집에 실린 "일본·한국에서의 한국사 서술"이라는 글에서 일제 식민사관의 특성과 문제점을 한층 더 파고들어 갔다. 이 글은 그해 6월 '역사이론과 역사서술'이라는 주제로 열린 전국역사학대회에서 발표한 것으로 대중적 역사논설이었던 "일제 관학자들의 한국사관"과는 달리 본격적 학술논문이었다. 따라서 일제 식민사관에 대한 보다 심층적인 비판과 대안모색이 이루어졌다.

이 글은 개항기, 일제시기, 광복 후로 나누어 일본인과 한국인이 한국사를 어떻게 연구했는지를 비교 정리했다. 이 가운데 일본인들의 한국사 연구에 대한 분석에서 식민사관 비판이 이루어졌다.

개항기의 한국사 연구를 대표하는 일본인 학자는 앞서 언급한 후쿠다 도쿠조와 하야시 다이스케林泰輔·시라토리 구라키치白鳥庫吉였다. 이들은 독일에 유학했거나(후쿠다), 독일 역사학의 영향을 강하게 받은 도쿄대에서 공부하면서 서양사의 연구방법론을 한국사 연구와 서술에 적용했다. 이들은 한국의 역사가 중국과 일본의 식민지로 시작했다고 주장하며 타율성과 정체성을 한국사의 본질로 내세웠다.

54 김용섭(1963), "일제 관학자(官學者)들의 한국사관(韓國史觀)", 〈사상계〉, 1963년 2월호, 252~258쪽.

한국이 일본 제국주의의 식민지가 되자 일본인 학자들은 조선사편수회, 경성제국대학, 도쿄제국대학 등을 중심으로 한국사의 타율성과 정체성에 대한 연구를 심화시키면서 식민지 통치의 학문적 기반을 마련하는 데 힘을 기울였다. 이나바 이와키치 · 구로이타 가쓰미黑板勝美 · 모리타니 가쓰미森谷克己 등은 한국사를 만주의 역사와 연결시키는 '만선사관滿鮮史觀'를 제시했고, 한국의 전통사회가 부패하고 정체됐으며 일제의 통치 아래서 성장하고 발전하는 것으로 묘사했다.

광복 후에도 일본 역사학자들의 한국사 이해는 일제시기의 학문적 전통을 그대로 계승했다. 일본의 한국사 연구자들이 1950년 창립한 조선학회의 학술기관지인 〈조선학보〉에 창간호부터 연 3회 연달아 시카다 히로시의 논문 "구래舊來의 조선사회의 역사적 성격"이 실렸다. 이 논문은 한국의 전통사회를 반도적 성격, 사대주의, 정체성, 당쟁, 봉건제의 결여로 설명했다. 김용섭은 "이 논문을 처음 대했을 때 우리의 기분은 착잡했다. 시대의 변천이 반영되지 않고 있었다. 일제시기의 식민주의 역사학을 다시 대하는 기분이었다"라고 썼다.[55]

김용섭은 이 논문의 마지막 부분에서 중요한 지적을 했다. 일제 관학자들이 수립한 식민주의 역사학을 극복하려면 그들이 왜곡해 놓은 사실을 비판하고 부분적으로 시정하는 것을 넘어서 새로운 한

55 김용섭(1966), "일본 · 한국에서의 한국사 서술", 〈역사학보〉, 31집, 129~146쪽.

국사관을 수립하는 데까지 나아가야 한다는 것이었다. 그는 "역사를 대하는 자세, 문제를 설정하는 데서 가치관을 달리해야 한다"며 다음과 같이 주장했다.

> 극단적인 예가 되겠지만 자세와 가치관이 달라지면 임나일본부任那日本府가 있다 없다가 문제되는 것이 아니라 우리의 삼국시대나 그 시대의 일본에는 도리어 우리나라의 분국分國이 있었다는 결론이 나온다. 또 자세와 가치관을 달리하면 조선 후기의 사회는 침체된 어두운 사회가 아니라 봉건제에서 벗어나려고 약동하는 앞날이 보이는 밝은 사회인 것이다.

김용섭이 예로 든 두 개의 연구주제는 우연히 거론된 것이 아니었다. '임나일본부설任那日本府說'은 일본의 야마토왜大和倭가 서기 4세기 후반 한반도 남부에 진출하여 백제·신라·가야를 지배했고, 가야에는 '일본부日本府'라는 행정기관을 두어 6세기 중엽까지 직접 통치했다는 주장이다. 《일본서기日本書紀》(서기 720)에 나오는 "신공황후神功皇后가 한반도 남쪽을 정벌했다"는 기록에 근거한 이 학설은 에도 시대江戶時代(1603~1867) 때부터 일본 고전을 연구하는 국학자들이 주장했다. 이어 메이지 유신 이후 그 전통을 이어받은 쓰다 소키치津田左右吉·이마니시 류今西龍 등 근대 역사학자들이 발전시켰다. 그리고 광복 후인 1949년 쓰에마스 야스카즈末松保和가 《임나흥망사任那興亡史》라는 저서로 집대성했다.

한국사의 타율성을 보여 주는 대표적 사례로 인용되는 한편 일본의 한국 침략의 역사적 근거로 이용되던 임나일본부설을 가장 먼저 비판한 사람은 북한의 역사학자 김석형이었다. 그는 1963년 발표한 논문에서 "기원전 3세기부터 한반도에서 일본 열도로 건너간 이주민들이 한반도계의 소국小國인 분국分國을 여러 개 건설했다", "이들 분국은 5세기 이후 야마토 정권의 일본 통일 과정에서 통합됐다", "임나일본부는 야마토 정권이 한반도계 분국들을 통치하기 위해 설치한 기관이었다"고 주장했다. 김용섭이 말한 '우리나라의 분국'은 김석형의 주장을 가리키는 것이었다.

다른 하나의 주장인 "조선 후기의 사회는 봉건제에서 벗어나려고 약동하는 앞날이 보이는 밝은 사회였다"는 김용섭 자신의 연구성과를 말하는 것이었다. 그는 이 무렵 조선 후기 농업사 연구에 몰두하고 있었다. 동학농민전쟁과 민란民亂의 관련을 다룬 석사논문 "전봉준 공초供草의 분석"(1958년)으로 학계에 등장한 그는 농업사를 중심으로 전통시기 한국의 국가체제 전체를 파악하는 종합사학에 학문적 뜻을 두고 있었다.

김용섭은 조선 후기부터 광복 직후에 이르는 농업사 전반을 파악하려는 거대한 구상을 세우고 먼저 17~19세기에 대한 연구를 시작했다. 그때까지 국사 연구자들이 주로 이용하던 《조선왕조실록》 등 관찬 자료에만 의존하지 않고 농서農書, 양안量案(토지대장), 호적, 추수기, 토지매매 문기文記 등 농촌·농업·농민에 관한 1차 자료를 폭넓고 다양하게 활용하는 그의 연구는 발표될 때마다 학계에 파문을 일으키며 호평을 받았다.

김용섭의 농업사 연구는 동료 학자들에게 큰 영향을 미쳤다. 1960년대 후반 서울대 경제학과에 재직하면서 한국경제사를 공부하고 있었던 안병직은 훗날 한 대담에서 다음과 같이 회고했다.

> 김용섭 교수의 연구를 읽고 엄청난 충격을 받았고, 이것이 한국경제사 연구의 시작이구나라고 생각했습니다. 왜 그러냐면 그의 연구는 평범하게 읽으면 그냥 국사 연구로 보이지만, 그 뒤에는 강력한 경제사의 이론적 틀이 있습니다. 바로 맑스주의적 경제사 전통의 바탕 위에 서 있다는 겁니다. 나도 한때 민족주의와 맑스주의에 심취해 있었으니, 김 교수의 자본주의 맹아론에 바로 공감하게 되었습니다.[56]

김용섭은 자신의 학문적 연구 과정을 회고하는 글에서 한국농업사 연구를 위한 준비로 중국사·일본사는 물론 유럽 몇몇 나라의 농업사 연구를 공부했다고 밝혔다. 개별 국가에 대한 역사연구는 세계사적 보편성을 전제로 하면서 그 국가의 개별성과 정체성正體性을 충분히 반영해야 한다고 생각했기 때문이었다. 또 당시 사회경제사학에서 일반적으로 수용하던 '아시아적 생산양식'과 그에 따른 동양의 정체성停滯性을 어떻게 이해해야 할 것인가를 고민했으며, 그 이론적

---

56 정재정·안병직(2002), "나의 학문, 나의 인생: 안병직", 〈역사비평〉, 2002년 여름호, 212~213쪽.

기저가 되는 마르크스의 경제사도 진지하게 검토했다고 했다.[57]

김용섭의 조선 후기 농업사 연구에 결정적인 도움이 된 것은 영국 농업사에 대한 서양의 연구성과였다. 그는 자신이 한국사 연구를 위해 참고한 주요 문헌목록을 정리한 글에서 당시 미국에 유학 중이던 손보기 교수를 통하여 코스민스키와 포스탠의 영국 농업사 연구를 볼 수 있었으며, 이는 한국농업사 연구의 안목을 넓히고 확신을 갖는 데 크게 도움이 되었다고 밝혔다. 코스민스키의 저서는 《13세기 영국 농업사 연구》였고, 포스탠의 저서는 《중세의 경제조직과 정책》, 《중세의 농촌생활》이었다.[58]

코스민스키E. Kosminskii(1886~1959)는 소련의 역사가로 모스크바 대학 교수와 과학아카데미 역사연구소 주임을 지냈다. 그는 영국 중세 농업사의 권위자로 《13세기 영국 농업사 연구》가 대표저서였다. 포스탠M. Postan은 러시아 출신의 영국 경제사학자로 케임브리지대학 교수를 지냈다. 유럽 중세사 연구자였던 그는 마르크스·베버·좀바르트 등에 정통했고 마르크스에 대해서는 비판적이었다.

김용섭은 당시 대부분의 사회경제사 연구자와 마찬가지로 한국 마르크스주의 사회경제사의 개척자였던 백남운의 저서들을 읽었다. 그가 읽은 문헌목록에는 《조선사회경제사》(1933년), 《조선봉

---

57 김용섭(2003), "나의 한국농업사 연구 회고", 〈역사학보〉, 180호, 281~283쪽.
58 김용섭(2011), "해방세대의 역사 공부", 《역사의 오솔길을 가면서》, 지식산업사, 110~111·143쪽.

건사회경제사(상)》(1937년) 등 백남운의 대표 저서가 들어 있다. 백남운은 한국사도 노예제·봉건제라는 세계사의 보편적 발전 과정을 거쳤으며 봉건제는 자본주의 맹아의 출현으로 붕괴단계에 접어든다고 전망하여 한국사의 내재적 발전론과 자생적 근대화론을 선구적으로 제시했다. 한국에서 자본주의 맹아론의 발전 과정을 추적한 논문에서 이헌창 교수는 "김용섭은 백남운의 연구를 계승하여 더 높은 차원으로 발전시켰다"고 평가했다. 김용섭이 대학 재학시절부터 백남운·전석담·박시형·김석형 등 앞 세대 한국인 학자들의 연구를 발전시켜 일본인 학자들의 조선사회 정체론을 극복하려는 문제의식을 가졌고, 그중에서도 대학에 들어오기 전부터 읽은 백남운의 저서에서 가장 영향을 많이 받았다는 것이다.[59]

## 2) 자본주의 맹아론의 제기

김용섭은 1963년 6월 한국사학회 주최로 열린 '조선후기에 있어서의 사회적 변동'이란 학술회의에서 '농촌경제' 부분을 발표했다. "양안量案의 연구"(1960년), "속續 양안量案의 연구"(1963년), "조선후기에 있어서의 신분제 동요와 농지소유"(1963년) 등 자신의 연구를 중간 결산한 이 발표문에서 그는 조선 후기의 사회상에 대해 당시의

59 이헌창(2008), "조선후기 자본주의맹아론과 그 대안", 〈한국사학사학보〉, 17호, 106~107쪽.

통념적 이해와는 상당히 다른 주장을 폈다.

김용섭은 이 발표문에서 조선 후기로 들어서면서 농촌사회에서 신분관계와 농지소유 관계가 일치하지 않아 봉건적 질서가 무너져 가고 있었다고 주장했다. 양반 가운데 다른 사람의 농지를 빌려서 농사를 짓는 사람이 나타났고, 자기 농지를 가진 사람들 내에서도 계층분화 현상이 심화됐다는 것이었다. 그 결과 농민은 재력만 있으면 상급신분으로의 상승이 가능해졌다.

그는 특히 다른 사람의 농지를 빌려 경영하면서 경제적 부를 축적해 가는 농민이 나타났다며 이들을 '경영형 부농富農'이라는 개념으로 범주화했다. 이들은 소유농지의 집적을 통해 부를 축적하는 봉건적 '지주형 부농'과 달랐으며, 조선 후기 농촌사회의 변동을 주도해 갔다. 전라도 고부 지방에서는 경영형 부농이 전체 부농의 5분의 1 내지 3분의 1이나 됐다.

김용섭은 조선 후기 농촌사회에 나타난 이 같은 사회변동을 농민층의 성장에 따른 역사발전으로 파악했다. "농촌 사회는 부단히 움직이고 있었고, 그 움직임은 봉건제를 부정하는 방향으로 성장하고 있었다"는 것이었다. 이런 변화가 모든 지역에서 균일하게 진행된 것은 아니고 왕실은 봉건적 지주권을 강력히 유지하는 가운데 사회변동의 속도를 억제하고 조정하려고 했지만 전체적으로는 사회가 전진하고 있었다는 분석이었다.[60]

---

60 한국사학회 편집부(1963), "제 2회 학술토론대회 회보(會報)", 〈사학연구〉, 16

이 학술회의에서 유교성(뒤에 유원동으로 개명) 숙명여대 교수는 '상공업' 부문을 발표했다. 그는 조선왕조에서 관영官營 수공업의 핵심이었던 경공장京工匠은 후기로 갈수록 그 수가 줄어들고, 관청의 통제를 덜 받는 외공장外工匠과 독립 수공업자인 사장私匠이 많아져서 조선왕조가 운영하던 관장제官匠制가 붕괴하는 현상을 나타냈다고 분석했다. 번성하는 사공업私工業이 상품생산을 촉진하는 것은 당연한 결과이고 이에 따라 양반까지 국가의 방침을 어기고 상공업에 참여하게 됐다는 것이다. 사장들이 상품생산과 공급권을 장악해 경제적 실력을 키우면서 종래 상품유통을 독점해 온 육의전六矣廛의 금난전권禁亂廛權이 무력화되기에 이르렀다. 그는 이처럼 질적인 변화가 일어난 상공업에서 조선 봉건사회의 변형과 근대적 요소의 태동을 확인했다.

같은 학술회의에서 최영희 국사편찬위원회 편사실장은 '신분 제도' 부문의 발표를 맡았다. 그는 조선왕조가 엄격하게 양반兩班, 양인良人, 노비奴婢로 구분된 신분 제도에 토대를 두고 운영됐지만, 임진왜란 이후 정부의 재정난을 완화하기 위해 돈을 받고 신분적 제약을 풀어 주는 납속納粟의 실시 등으로 서얼庶孼이 양반에 편입되고 정부나 왕실에 소속돼 있던 노비奴婢들이 해방되는 등 신분제의 동요 현상이 나타났다고 분석했다.

또 '사상과 실학' 부분의 발표를 담당한 김용덕 중앙대 교수는 봉

---

호, 99~105쪽.

건적 체제 내에서 개량을 추구한 유형원·이익·정약용 등과는 달리 북학파였던 박제가는 봉건적 개량주의를 넘어서 근대적 진보성을 보였다고 분석했다. '소비가 생산을 자극한다', '놀고먹는 양반 문제를 해결하는 길은 그들이 상업에 종사할 수 있도록 나라가 지원하는 것이다', '해외무역이 구빈구국救貧救國의 첩경이다', '과학기술자이기도 한 서양인 선교사를 초빙하여 과학기술을 진흥시켜야 한다' 등 그의 주장은 "이조 봉건사회의 기반을 흔드는 선각적 식견이며 근대를 향한 빛나는 횃불이었다"는 것이다. 그는 이어 19세기 후반에 대두한 동학사상은 민중에게 강렬한 호소력을 지닌 혁명적 반봉건 사상이었다고 보았다. '인내천人乃天'(사람이 하늘이다), '사인여천事人如天'(사람을 하늘처럼 섬겨라) 등은 봉건적 신분제의 전면적인 전복을 꾀하는 철저한 평등사상이었고, 새로운 세상의 박두를 예언한 후천개벽後天開闢 사상은 혁명성을 지니고 있었다는 것이다.[61]

이처럼 1960년대 초반에 이르러 조선 후기 사회를 변화와 발전이라는 시각에서 파악하려는 움직임이 국사학계에서 다각도로 진행되고 있었다. 그 가운데 사회경제사는 김용섭 외에 송찬식과 권병탁이 공장제 수공업의 형성을 연구했고, 유승주는 광업에서 상품생산 및 상인물주제商人物主制를 실증했으며, 강만길은 상인자본의 발전을 탐구했다.[62]

---

61 위의 책, 91~120쪽.

62 이헌창, 앞의 논문, 107~108쪽.

국사학계와 경제사학계의 이 같은 움직임을 '자본주의 맹아萌芽'라는 개념과 이론틀에 담아 낸 사람은 소장 경제사학자 김영호(1940~)였다. 63 그는 〈신동아〉 1966년 8월호가 마련한 '특집: 한국사의 논쟁점'에 실린 "자본주의 성립과정은 어떠했는가?"라는 글에서 일제 식민사관의 조선 후기 인식과 이에 대한 광복 후 한국인 학자들의 비판적 연구를 정리한 뒤에 자신의 생각을 덧붙였다. 이 글은 김용섭과 일본인 소장 역사학자 가지무라 히데키梶村秀樹 등을 언급하며 "조선 후기의 사회경제를 재평가하고 이 시기에 자본주의의 맹아가 싹트고 있었다고 보는 조심스러운 모색"이라고 설명했다. 그리고 "현재의 추세는 자본주의의 성립 과정이라고 하는 각도에서가 아니라 봉건제의 해체 과정이라고 하는 각도에서 진행되고 있는 것으로 생각된다"며, "한국 자본주의의 성립 과정에 관한 연구의 관건은 조선 후기의 경제적 변화 과정에서 자본주의 맹아의 발생을 규명하는 데 있는 것 같다. 만일 규명된다면 1876년 개항과 그 후의 식민지화 과정에 대한 종래의 평가는 달라져야 할 것"이라고 분석했다.

그 자신도 경기도 안성의 유기산업에서 자본주의 맹아를 검출하려는 논문을 발표했던 김영호는 선학·선배들의 주요 연구성과를 소개하는 데 그치지 않고 자기 나름의 시론試論을 제기했다. 그의 문제제기는 실증연구에 치중하는 국사학계와 다르게 이론적 접근에

63 이영호(2011), "'내재적 발전론' 역사인식의 궤적과 전망", 〈한국사연구〉, 152집, 252~253쪽.

중점을 두는 경제사학계의 연구 분위기를 보여 준다는 점에 의미가 있었다.

김영호는 한국에서 자본주의가 발생한 역사적 기점을 17세기 후반에서 19세기 중반까지의 약 200년으로 보았고, 그중에서도 18세기 중엽에 주목했다. 17세기 초 대동법과 균역법 실시, 17세기 후반 이후 화폐유통의 급속한 진전과 장시場市의 발달에 따른 '시장을 위한 생산'의 증가, 그 결과로서 상업자본인 '부상대고富商大賈'의 부상과 토지 집적, 토지를 잃은 '무토불농지민無土不農之民'의 급증 등에 따라 18세기 중엽에 이르러 한국에서도 자본주의 맹아가 형성되고 매뉴팩처(공장제 수공업) 형태가 나타나게 됐다는 것이었다. 그는 농민층 분해에 따른 임금노동자의 발생, 시장생산을 지향하는 자본과의 결합 등을 통해 조선 후기 사회가 합合법칙적으로 발전하고 있었다며 이를 한국사가 '정체'가 아니라 '진보'했다는 증거로 보아야 한다고 주장했다. 64

김영호의 글에서도 엿볼 수 있듯이 자본주의 맹아론은 당시 남한에서만 제기됐던 것이 아니다. 중국과 일본, 북한에서도 앞서거니 뒤서거니 하면서 자본주의 맹아 연구가 진행되었다.

중국에서는 1949년 10월 중국공산당이 국·공 내전에서 승리하여 중화인민공화국이 수립된 후 아편전쟁 이전의 중국에도 주체적

---

64 김영호(1966), "자본주의 성립과정은 어떠했는가?", 〈신동아〉, 1966년 8월호, 181~187쪽.

인 자본주의 발전의 계기가 있었음을 증명하려는 연구가 진행됐다. 1954년 중국 고전 《홍루몽紅樓夢》에 관한 문학논쟁에서 촉발된 자본주의 맹아론 논쟁은 1960년대 초반까지 이어지면서 홍루몽의 역사적 배경과 자본주의 맹아의 존재 여부에 대한 논문이 쏟아져 나왔다. 자본주의 맹아가 나타난 시기, 맹아의 정도 및 사회성격의 변화, 자본의 본원적 축적 정도 등에 관해 논의가 집중됐다.65

북한에서는 1956년 말 열린 '조선에서의 부르조아 민족형성에 관한 토론회'에서 최병무가 "개항 전에 자본주의 우클라드(경제제도)가 형성됐다"는 견해를 피력했다. 그는 이어 1958년에 발표한 "이조시기의 시전市廛"이라는 논문에서 "부상대고富商大賈들에 의하여 운영된 일부 대규모의 광산들에서는 자본주의적 고용관계가 발생하였다"고 주장했다.

당시만 해도 북한 학계에서 소수설이었던 자본주의 맹아론은 1961년 사회과학원 역사연구소가 출간한 《조선근대혁명운동사》에서 북한 역사학의 중심인물인 김석형이 "조선 후기에 자본주의적 요소가 발생했다"고 주장하면서 다수설로 부상했다. 그는 18세기 말~19세기 초에 거액의 화폐자본을 축적한 상인자본이 형성됐고, 19세기 초 이후 이들 부상대고가 경영한 금은 광산은 자본주의적 방법으로 운영됐으며, 19세기 중엽 들어 일부 지방의 수공업, 특히 유기점 같은 부문에서는 자본가적 경영이 발생했다고 주장했다.

---

65 박기수(2007), "한국과 중국에서의 자본주의맹아론", 〈사림〉, 28호, 223~225쪽.

이어 〈력사과학〉 1962년 3호가 권두언에서 "일제의 어용사가들이 식민지 통치를 합리화하기 위해 조선 역사를 왜곡했다"며 "18세기 말~19세기 초에 이미 광업과 수공업 부문에서 자본주의적 관계의 맹아들이 발생하기 시작했다"고 주장했다. 이어 〈력사과학〉을 중심으로 자본주의 맹아에 관한 논문이 잇달아 발표됐다. 그리고 1964년 4월과 9월 사회과학원 역사연구소 주최로 '우리나라 봉건 말기 자본주의 발생 문제에 관한 토론회'가 열렸다. 이 토론회에서 경제연구소 소속 경제사학자(전석담 · 김광진)는 광업과 농업 등에서 자본주의적 관계가 이미 발생했다고 주장했고, 역사연구소 소속 역사학자(홍희유 · 허종호 · 장국종)는 아직 자본주의적 단계까지 발전하지 못하고 과도기에 놓여 있었다며 신중한 입장이었다.[66]

북한의 자본주의 맹아론 연구는 1964년 사회과학원 역사연구소가 발간한 《김옥균》에 수록된 "19세기 초 · 중엽의 경제형편"(홍희유 · 허종호)이란 논문에서 체계적으로 정리됐다. 그리고 이어 1970년 과학백과사전종합출판사가 간행한 《조선에서 자본주의적 관계의 발생》(전석담 · 허종호 · 홍희유)이란 책으로 집대성됐다. 이 책은 '사회적 생산력의 발전 및 봉건적 토지소유의 변질 → 상품화폐 경제의 성장 및 부역 제도의 해체 → 공장제 수공업 등 자본주의적 관계의 발생'이라는 구도로 정리돼 있다. 북한 학자들은 이 책에서 이전까지 '맹아', '요소' 등으로 혼용하던 용어를 '자본주의적 관계'로 통

66 위의 논문, 206~209쪽.

일함으로써 자본주의 맹아의 본질을 생산관계 측면에서 찾는다는 점을 명확히 했다.[67]

일본에서는 1960년대 들어 조선인 역사학자 박경식과 강재언이 북한의 자본주의 맹아 연구성과를 일본 학계에 소개했다. 이들은 일본의 대표적 역사학 잡지인 〈역사학연구〉에 북한의 논문들을 소개하고, 《조선근대혁명운동사》를 일본어로 번역하여 출간했다. 이들과 가지무라 히데키 · 미야다 세스코宮田節子 등 일본인 소장 연구자, 강덕상 · 권영욱 등 조선인 연구자는 1959년 1월 조직된 조선사연구회를 중심으로 북한과 한국 학계의 연구성과를 검토해 나갔다. 이들은 남한의 연구성과 중에서 김용섭의 논문에 주목하여 여러 차례 소개했다. 이들은 양과 질 면에서 앞서가던 북한의 연구성과에 더욱 관심을 기울였다. 가지무라 히데키는 "현재 일본에서는, 원칙적으로는, 북조선에서 나오고 있는 일국사적 내재적 발전의 관점을 기초로 두는 것이 완전히 올바르다고 생각한다"는 입장을 밝혔다. 그리고 가지무라는 면업, 강덕상은 화폐에 관한 연구를 통해 조선 후기 자본주의 맹아의 발생을 추적했다.[68]

자본주의 맹아에 관심이 있는 동아시아의 사회경제사 연구자들은 영향을 주고받고 있었다. 한국도 예외가 아니었다. 상당수의 한국

---

67 이헌창, 앞의 논문, 101쪽.

68 신주백(2014), "관점과 태도로서 '내재적 발전'의 형성과 1960년대 동북아시아의 지적 네트워크", 〈한국사연구〉, 164호, 330~333쪽 · 345~349쪽 · 363~365쪽.

학자들은 1960년대 후반 들어 일본을 매개로 북한의 연구성과를 접하기 시작했다. 국사학자 이우성은 훗날 이렇게 회고했다.

중국에 뒤이어 우리나라에도 1960년대 중반으로부터 자본주의 맹아론이 차차 도입되어 학계 일각에 새로운 활기를 불어넣었다. 그 무렵 나는 1년간 외지에서의 체류를 마치고 귀국하여 여러 동학同學들과 만날 적마다 맹아론에 관한 연구작업을 적극화할 것을 의논하였다. 69

이우성은 돌려서 말했지만 당시 상황에 관한 안병직의 증언은 훨씬 더 직설적이다.

1960년대 후반으로 기억되는데, 그 무렵 이우성 선생께 한문을 배우는 관계로 긴밀하게 접촉하고 있었어요. 그즈음 선생께서 일본에 1년간 다녀오신 일이 있는데, 그때 일본에 들어와 있던 북한 역사학계의 연구를 모두 복사해서 가져왔습니다. 당시 이 선생의 서고가 내 학습의 보고였어요. 나한테는 완전히 공개해 줬습니다. 지금 고백하면, 당시 나는 북쪽 문헌에 대해 한국에서 제일 잘 알고 있는 사람이었습니다. … 자본주의 맹아론이라든지 그것을 중심으로 하는 연구의 깊이가 남한보다 나았고 논리도 정연했습니다. 70

---

69 이우성(1992), "동아시아 지역과 자본주의맹아론", 〈한국양회공업협회 회보〉, 128권〔이우성(1995), 《실시학사산고(實是學舍散藁)》, 창비, 453쪽, 재수록〕.
70 정재정 · 안병직(2002), "나의 학문, 나의 인생: 안병직", 〈역사비평〉, 2002년 여

김용섭도 자신의 연구가 어느 정도 진행된 뒤에 북한 학자들의 논문을 보았다. 그는 이헌창과의 면담에서 "속續 양안의 연구"(1963년)를 집필한 직후에 북한에서 나온 "19세기 초·중엽의 경제형편"을 일본어 번역본으로 보았다고 말했다. 그는 앞서 언급한 학문적 회고에도 "일본 학자들의 연구를 통해서 서유럽·소련·중국, 우리의 북쪽 등지에서의 연구동향을 접할 수가 있었다"고 적었다.

한국에서 자본주의 맹아를 연구하는 학자들은 북한·일본 등의 자본주의 맹아 연구성과와 함께 외국 학계의 사회경제사에 관한 이론적 연구로부터도 영향을 받았다. 이들은 특히 일본의 마르크스주의 경제사 연구자와 모리스 돕·폴 스위지 등 서구의 마르크스 경제학자를 집중적으로 공부했다.

조선 후기의 농업과 수공업을 연구한 송찬식은 마르크스의 주저主著인 《자본론》, 돕의 《자본주의 발달연구》, 돕과 스위지의 논쟁 등을 정리한 노트를 남겼다. 조선 후기 농촌 수공업을 연구한 권병탁은 일본 경제사학자 오오스카 히사오大塚久雄·다카하시 고하치로高橋幸八郎 등의 글이 담긴 《서양경제사 강좌》, 돕과 코스민스키의 저서 등을 연구에 활용했다. 국사학자 이성무는 1961~1964년 군대를 다녀오니 한국사 연구에 뜻을 둔 동료 학생들이 마르크스주의 역사학에 관심을 갖고 공부하는 것을 목격했다고 훗날 회고했다. 이성무·안병직·송찬식·강만길·정창렬·정석종 등 뒤에 한국사 연구

---

름호, 213쪽.

를 주도하게 되는 젊은 학자들은 1966년 무렵부터 모리스 돕의 저서를 일본어 번역본으로 강독하는 모임을 가졌다. 이런 사실은 1960년대의 자본주의 맹아 연구가 이론적으로는 마르크스주의 경제사학, 실증적으로는 북한과 일본의 연구 동향에 영향을 받았다는 사실을 말해 준다.[71]

### 3) 한국의 근대 · 근대화에 관한 논쟁들

1960년대 후반은 또한 역사학계에서 한국근대사의 주요 연구주제를 둘러싼 논쟁이 본격적으로 시작된 시기였다. 그 가운데 〈신동아〉 1966년 8월호의 '특집: 한국사의 논쟁점'은 한국근대사의 흐름과 기본성격에 관한 중견 역사학자들의 인식을 보여 주었다. 훗날 한국 역사학계를 이끌어 가게 되는 이들의 글에는 한국의 근대화에 관해 이후에 전개되는 논쟁들의 핵심쟁점을 성찰할 때 준거가 될 만한 서술이 들어 있다.

동양사학자인 고병익 서울대 교수는 "근대화의 기점은 언제인가?"라는 글에서 '근대화'를 '서양화'로 정의하고, '근대사의 시점始點'과 '근대화의 기점起點'을 구분했다. 그는 국가와 사회 내부에서 근대적인 것을 지향해서 발전하려는 의욕과 주체적 의식이 작용할 때 비로소 근대화가 시작됐다 말할 수 있다고 보았다. 그런 점에서 일본 등

71 이헌창, 앞의 논문, 86쪽 · 108쪽.

에 문호를 개방한 병자수호조약(1876년) 은 '근대사의 시점'은 될 수 있지만 '근대화의 기점'으로 간주하기는 어렵다는 것이었다. 그리고 1880년대 초반의 개혁, 갑신정변, 갑오경장, 동학사상과 동학란, 독립협회운동 등을 차례로 짚어 보면서 이것들이 "지속성을 갖지 못하고 짧은 시기에 단절되고 말았다는 점에서 현재까지 연결되는 근대화운동의 기점으로 보기는 어렵다"고 주장했다.

그는 특히 일제 식민지 치하에서 '외면상에 나타난 근대화적 변모'에 대해서 "주체성을 완전히 빼앗긴 속에서 이루어져 근대화라기보다는 식민지화의 제諸현상이라고 해야 한다"고 지적했다. 그러면서 3·1운동을 통한 민족적 자각과 그 이후 언론과 교육을 통한 근대적 의식의 급속한 보급을 한민족의 주체적 근대화 과정에서 중요한 진전으로 꼽았다.72

식민지에서 벗어나고 어느덧 20년이 지나서 점차 일제시기가 역사적 이해의 대상으로 넘어가고 있던 당시의 지식인에게 일제시기를 어떻게 이해할 것인가는 중요한 지적 과제였다. 이에 대해서는 홍이섭 연세대 교수가 "일제 통치기간의 성격은?"이라는 글에서 깊이 있게 분석했다. 그는 을사조약으로 통감부가 설치된 1905년 이후를 사실상의 일제 통치기로 보고, 이 시기에 관한 일본인 학자들의 연구와 이를 비판한 연구를 소개했다.

---

72 고병익(1966), "근대화의 기점은 언제인가?", 〈신동아〉, 1966년 8월호, 157~159쪽.

그는 먼저 일본 제국주의의 침략 과정을 '근대 자본주의의 성립 과정'으로 보았던 시카다 히로시와 스즈키 다케오鈴木武雄 등 일본인 학자의 연구와 이에 영향을 받은 서양학자의 저술을 검토했다. 이와 다른 입장에서 일제의 식민지 정책을 원료 획득지, 판매 시장, 투자 시장으로 규정했던 스즈키 쇼베이鈴木小兵衛와 조선 농촌의 실상을 파헤친 히사마 겐이치久間健一의 연구도 짚었다. 이어 일본이 한국을 근대화시켜 주었다는 일본인 학자의 주장을 반박한 이선근·동덕모 등 한국인 학자의 연구성과를 소개했다. 그리고 경성제대 일본인 교수들의 식민지시대 연구를 어떻게 비판하느냐에 우리 현대사에 대한 새로운 이해의 성패가 달려 있다고 지적했다.

이 글에는 일본인 학자 호소카와 가로쿠細川嘉六가 저서 《식민사植民史》(1941)에서 일제의 식민지 정책을 '식민지적 근대화'로 개념화한 사실이 언급됐다. 홍이섭은 식민지시대에 대한 역사적 인식이 현상을 피상적으로 보고 긍정적 발달사관의 입장을 취하며 민족적 주체성을 망각하면 '근대화'라는 관점에 서게 될 것이라고 지적했다. 그러면서 "이것이 계열적으로 어디에 서게 될지는 자명한 일"이라고 경고했다.[73]

앞에서 살펴본 바와 같이 국사학자 가운데 근대와 근대화 문제를 깊이 있게 꾸준히 탐색해 온 천관우는 "또 무엇이 문제인가?"라는 글에서 근대화의 문제에 다시 한 번 천착했다. 그는 이 글에서도 "근대

---

**73** 홍이섭(1966), "일제 통치기간의 성격은?", 〈신동아〉, 1966년 8월호, 190~194쪽.

화와 서구화의 구별을 강조하더라도 적어도 근대화를 먼저 달성한 서구의 자극을 도외시할 수는 없다"며 '근대화'를 사실상 '서구화'와 동일시했다.

그는 근대화와 내셔널리즘(민족주의)이 함께 가면서 서로를 촉진해 주었던 서구와 달리 근대화가 내셔널리즘과 불편한 관계를 맺게 된 것이 한국 근대화의 특수성이자 불행이라고 했다. 근대화와 거리가 멀었던 보수세력이 내셔널리즘의 선두에 섰고, 근대화를 추진했던 신진세력은 일본 팽창주의에 이용당한 경우가 많았다는 것이다. "근대화의 시발이 유감스럽게도 일본의 자극 내지 강요에 최대의 요인을 찾을 수밖에 없는 것이 역사적 사실"이라며, "그 시발이 (타율적이었던 것이 사실인데) 자주적인 데 없었을까 모색하는 것도 내셔널리즘의 한 표현일지 모른다"고 지적했다.

그는 한국의 전통사회에 근대화의 싹이 있었다는 '자본주의 맹아론', '자생적 근대화론'에 대해서도 부정적이었다. "내적 요인이 있었다면 그것이 근대화의 실질적인 추진력으로 얼마만큼의 구실을 하였는가에 착목할 것이오, '발전의 계기'로서 다소의 편린을 발견했다는 것으로 그칠 수는 없지 않을까 한다"며, "우리가 숙명적인 정체론을 받아들일 수 없다 하여 우리의 전근대사회가 여러모로 정체된 면모를 가지고 있었다는 역사적 사실마저 아니라 할 수는 없다"고 주장했다.

이처럼 근대화의 내적 요인을 부정하고 일본에 의한 타율적 근대화의 시발을 인정하는 천관우의 입장은 일제 식민사관의 정체성론에서 벗어나려는 당시 국사학계의 분위기와는 거리가 있었다. 하지만 그는 "우리 역사에 대한 애정 때문에 그 흠결을 감추려는 것은 올바른 애정이 아닐 줄 안다"고 했다.[74]

자본주의 맹아론에 비판적 입장을 취한 것은 동양사학자 전해종 서강대 교수도 마찬가지였다. 그는 중국사 전공자로서 한국사의 연구 동향을 바라보는 입장을 피력한 "한국사를 어떻게 보는가"라는 글에서 다음과 같이 적었다.

> 과거의 그릇된 것을 시정하려는 의욕이 지나치면 그 반동으로 다른 그릇된 방향으로 가버린다. … 정체성의 문제에 대한 반발로 내적 발전의 계기를 사실 이상으로 꾸며 보려는 경향도 경계하여야 한다. … 우리나라 근대화의 계기를 개국開國 이전으로 멀리 더듬어 올라가는 것도 조심스러운 일이다. 한때 중공조차 '명말청초明末清初의 자본주의 맹아'를 운운하였으나 수년 만에 스스로 부정하기에 이르렀다.[75]

〈신동아〉 1966년 8월호의 '특집: 한국사의 논쟁점'이 한국 근대의 기점과 근대화 문제에 관해 중견 역사학자들의 생각을 드러냈다면 그로부터 1년 반 뒤에 한국경제사학회 주최로 열린 '한국사시대구분론' 학술회의는 같은 주제를 고민하던 국사학자와 경제사학자

74 천관우(1966), "또 무엇이 문제인가?", 〈신동아〉, 1966년 8월호, 208~214쪽.
75 전해종(1966), "한국사를 어떻게 보는가", 〈신동아〉, 1966년 8월호, 205쪽.

가 한자리에 모여서 난상토론을 벌인 자리였다. 발표문과 토론문을 모아서 《한국사시대구분론》(1970, 을유문화사) 이라는 단행본으로 출간한 이 학술회의는 1960년대에 우리 학계가 도달한 한국의 근대 문제에 관한 인식의 종합을 보여 준다. 이 회의에서 논의한 성찰과 주장은 그 후 50년 동안 이 주제에 관한 많은 연구와 토론이 진행된 오늘의 관점에서 보아도 예리한 통찰력이 엿보이는 부분이 많다.

'한국사시대구분론' 학술회의는 1967년 12월과 1968년 3월 두 차례에 나누어 열렸다. 1차 회의는 기조발제인 이기백의 "한국사의 시대구분 문제"를 비롯해 ① 고대: "한국 고대사회의 성격과 나말여초羅末麗初의 전환기에 대하여"(김철준), "한국의 노예제 사회 문제"(김병하), ② 중세: "고려 전시과田柴科 체제하의 농민의 성격"(강진철), "한국사상의 중세·근대의 계선界線"(천관우), ③ 근대(1): "한국사에서의 근대의 기점"(유원동), "근대사의 기점 문제와 1860년대의 한국"(이선근), "한국사에서의 근대의 성격"(조기준), ④ 근대(2): "일제(= 식민지) 시대의 역사적 성격"(홍이섭), "일제 통치하의 한국 경제"(김재진) 등 10편의 논문이 발표됐다. 2차 회의는 김영호의 사회로 1차 회의의 발표자들과 이우성·이용희·김종현이 참가한 가운데 종합토론으로 진행됐다.

'한국사시대구분론' 학술회의는 일본인 학자들이 만들어 놓은 식민사관을 극복하고 한국사에 관한 새로운 관점을 제시한다는 목표를 내세웠다. 학술회의를 주최한 한국경제사학회 회장 조기준은 《한국사시대구분론》 서문에서 다음과 같이 밝혔다.

> 일제 시時에는 일인日人학자들이 한국사학계를 지배하고 역사교육을 독점하면서 한국사를 고의로 왜곡하였다. … 해방 후 한국사를 연구하는 다수의 학자들의 노력으로 왜곡된 사실들은 바로잡히고 식민지사관은 일단 배제되었다고 하겠다. 그러나 일인 학자들의 식민지사관은 물러났어도 거기에 대체되는 어떠한 새로운 사관이 태동되었다는 것일까. … 금반 한국경제사학회에서 시대구분 문제를 가지고 토론의 기회를 가지게 된 것은 해방 후 한국사 연구를 뒤돌아보면서 현재의 위치를 살펴보고 금후의 방향을 모색해 보려는 뜻에서 계획된 것이다.[76]

역사연구의 출발점이자 귀결점인 시대구분 문제를 통해서 한국사에 관한 새로운 관점을 모색하겠다는 목적을 내건 이 학술회의는 한국사 전반에 걸쳐 다양한 주제를 다루었다. 하지만 10개의 발표문 가운데 6개가 근대와 관련된 것이었다는 사실에서 드러나듯 초점은 한국에서 근대의 기점과 이행, 발전에 맞추어졌다.

'한국사시대구분론' 학술회의에서 가장 주목되는 발표는 천관우의 "한국사상의 중세·근대의 계선界線"이었다.[77] 앞에서 살펴보았듯이 1950년대 이래 한국의 근대와 근대화 문제를 천착해 온 천관우는 이 논문에서 국사학계의 그동안 연구성과를 반영하여 한층 진전

---

**76** 한국경제사학회 편(1970), "서문", 《한국사시대구분론》, 을유문화사, 1~2쪽.

**77** 천관우의 저서 《한국사의 재발견》(1974, 일조각)에 "한국 근대의 기점 재론(再論)"이라는 제목으로 수록됐다.

되고 심화된 논의를 보여 주었다.

그는 먼저 "최근 몇 해 동안 우리 학계에서도 괄목할 만한 발전을 보이기 시작한 조선 후기 경제사, 특히 자본주의 발생에 관한 실증적 구명은 실학과 더불어 우리 전통사회 자체에서 싹튼 근대적 요소를 한결 실감있는 것으로 보여 주기 시작하였다"며 1960년대 들어 이루어진 자본주의 맹아론 연구의 의의를 인정했다. 하지만 그는 "자본주의 발생의 '전제조건', '기점', '요인', '요소 = 맹아'라는 것, 혹은 '일개一個의 경제형태'라는 것까지도 크게 보아 '사회혁신의 추진력'이 될 만큼 근대적인 것이었다기보다는 중세에서 처리될 수도 있는 성격을 온존한 것이라고 보는 것이 온당할 듯하다"며 자본주의 맹아 자체를 근대적인 것으로 보는 데는 반대했다.

그러면서 그는 한국의 경우 중세와 근대 사이에 과도기를 설정할 것을 제안했다. 임진왜란 직후인 17세기 초에서 18세기 후반기에 이르는 시기에서 시작해 3·1운동이나 민족해방에서 끝나는 시기를 중세에서 근대로의 이행기로 잡자는 것이었다. 그러면서 이행기의 특징과 성격을 다음과 같이 설명했다.

> 이 과도기의 전반은 조선 후기의 대부분에 해당하며 중세적 요소와 근대적 요소의 작용과 반작용—특히 중세의 해체와 근대의 맹아를 그 특징으로 한다고 볼 수 있다. 이 과도기의 후반은, 일본에 의한 식민지화 과정 및 식민지 피지배기에 해당하며, 여기서는 중세적 요소의 해체가 계속 진행되는 한편, 우리 전통사회 자체에서 싹튼 미숙한 근

대적 요소와, 일본의 침략에서 결과된 외견상의 근대적 요소와, 그 침략에 대한 저항 속에서 재정비되는 근대적 요소의 작용과 반작용 — 특히 외래적인 근대적 요소의 압도적인 지배 양태, 그리고 내발적內發的인 근대적 요소의 피지배 및 저항을 그 특징으로 한다.

이 과도기의 전반 부분과 후반 부분은 이와 같이 상당히 이질적이기는 하지만, 개항 이전 상당히 오래전부터 여러 근대적 요소는 미약 완만하나마 맹아 성장한 것과, 우리의 근대사가 일본 강점의 종료로부터 본래의 그것으로 전개되기 시작한 것이, 둘 다 움직이기 어려운 역사적 사실인 데서, 이 두 부분을 아울러 과도기로 삼아보는 것이다.[78]

천관우는 과도기의 전반, 즉 조선 후기에 대해서 '중세적 요소가 압도적으로 큰 과도기'라고 규정했다. 조선 후기에 변화의 주역으로 거론되던 '경영형 부농'(김용섭)이나 '부상대고富商大賈'(김영호) 같은 농업·상업자본가도 서양의 부르주아지나 시민계급처럼 사회변혁적 역량을 갖춘 것은 아니었기에 근대의 '맹아' 내지 '요소'에 불과한 것이요, 크게 보아 중세적이었다는 지적이다.

개항 또는 갑오경장으로 시작되는 과도기의 후반은 일본 제국주의가 외형적인 근대를 한국에 이식하는 과정이었다. 이 글은 그가 앞서 발표했던 글들과 마찬가지로 한국의 근대화에서 일본 제국주의의 역

78 천관우(1970), "한국사상의 중세·근대의 계선(界線)", 《한국사시대구분론》, 을유문화사, 110쪽.

할을 부인해서는 안 된다고 보았다. 그는 '자생적 근대화'를 강조하는 당시 학계의 흐름이 안고 있는 문제점을 다음과 같이 지적했다.

> 지금까지 우리 민족사 가운데서 근대로의 자주적인 발전을 해 온 사실史實을 찾아내고 체계화하는 작업의 중요성에는 역시 아무도 이의가 없겠지만, 근대로의 자주적인 발전을 못해 온 사실을 꺼리는 나머지 역사의 큰 줄기를 왜곡하는 데까지 이를 수는 없다는 말이다. … 근대화 과정의 중요한 일부분이 식민지화 과정과 겹쳤던 우리의 경우, 설혹 우리의 역사가 자주적인 발전만을 기축으로 서술되더라도, 그것이 1945년 이전 몇 세기 동안의 세계사 내지 아시아사와의 관련이 끊어지는 역사가 되어서는 도리어 결과에 있어 한인 독자만을 위한 한민족사에 그치게 되지는 않을까 하는 것이다. 설혹 우리의 역사에서 근대화 과정의 어느 부분이 비자주적이요 비극적이었다 해서, 또 그것을 밝힌다 해서, 그것이 반드시 우리에게 해독을 주는 것만도 아니다. 지금도 명저로 누구나가 일컫는 박은식의 《한국통사韓國痛史》나 왕조 말 지식인들에게 널리 애독되었다는 소남자巢南子·潘佩珠의 《월남망국사》와 같은 것은 바로 이러한 비극적 근대화 과정을 적은 것이 아니었던가.[79]

천관우는 식민사관의 정체성론에 대한 비판이 '자생적 근대화론'으로 나아가는 데는 유보적이었다. 그러면서 '정체성'과 '후진성'을

79 위의 논문, 132~133쪽.

구분해서 볼 것을 제안했다. 동양은 숙명적이거나 선천적으로 진보나 발전이 있을 수 없다는 정체성론은 거부해야 하지만 동양과 서양이 충돌하던 시기에 동양이 후진적이었다는 사실은 인정해야 한다는 지적이었다. 그는 "민족적 우월감이나 자주성만 가지고 이 사실을 인정하지 않는다면 우스운 결과가 되고 말 것"이라고 했다.

그는 한국의 근대가 중세와 성격을 달리한다는 점을 강조했다. 근대사회 내지 근대문화의 주류가 전통적인 그것과는 전혀 다른 토양 위에서 배양되어 왔다는 것이다. 그런 면에서 한국의 전통과 근대의 관계는 '단절을 전제로 한 접목接木'이라는 주장이었다.

천관우는 앞서 여러 글에서 한국의 근대화가 '타율적 근대화'였다고 주장했다. 그리고 이런 생각은 이 시점에도 변화가 없었다. 그는 종합토론에서 "근대라는 것을 영광스러운 광채에 가득 찬 것, 꼭 그렇게 생각해야 할 것이냐 하는 것입니다"라며, "불행한 근대에서 시작해 가지고도 앞으로 잘 살 수 있는 미래가 있을 수도 있는 것"이라고 말했다.

하지만 천관우는 일본 제국주의에 의한 근대화가 한국 민족의 입장에서 온전한 근대화는 아니었다고 지적했다. 신용하의 논문 "일제 식민지 통치기의 시대구분 문제"(〈창작과비평〉 1967년 가을호)에서 "8·15해방 후 돌연히 그(근대사회 성립의 추진요소) 저지요인이 철폐되면서 농지개혁과 공업화의 진전으로 비로소 봉건적 토지소유제도가 완전히 해체되고 산업자본이 확립되었다"는 부분을 인용하면서 "일본 강점시대의 경제에 대해서는 그것이 온전한 의미의 근대라 하기에는 큰 결격 조건이 있었다는 것은 대개가 인정하고 있는 것이 아닌가 한다"고 했다.

그는 개항 이후 한국의 근대화를 추진한 주력 계급을 '내발적內發的으로 싹튼 계층의 후신後身'이라기보다 '일본 자본주의의 자극 속에서 새로 생장生長된 계층'으로 보았다. 이들은 경제적으로는 아직 취약했지만 점차 지적·정신적으로 근대인으로 변화했고, 3·1운동의 주도세력이 됐으며 이후 근대화의 주역이 됐다는 것이다. 따라서 엄격한 의미에서 근대의 기점은 8·15해방이나 3·1운동으로 보는 것이 옳다고 주장했다.

1950년대 초반 이래 20년 가까이 한국의 근대화 문제를 탐구해 온 천관우의 결론이라고 할 수 있는 이 글은 다음과 같이 요약할 수 있다.

① 조선 후기는 경제와 사상 면에서 일부 근대적 맹아가 보이기는 했지만 여전히 중세적 측면이 압도적이었다.

② 한국의 근대화는 개항 이후 서구·일본과 접촉하는 가운데 '서양화'로 이뤄졌다.

③ 한국의 근대화 과정에서 일본의 영향은 절대적이었고, 특히 일제통치기에 외형적 근대화가 진행됐다. 하지만 그것은 한국인에게는 온전한 근대화가 아니었다.

④ 개항 후 외부의 자극에 의해 한국인 내부에서 근대적 계급이 형성됐고, 이들이 3·1운동을 비롯한 근대화운동의 주역이 됐다.

⑤ 한국의 온전한 근대화는 1945년 해방 후부터 본격적으로 진행되고 있다.

천관우가 이 글에서 한국사의 중세와 근대 사이에 '과도기'를 설정하고, 다시 그것을 '전반'(조선 후기)과 '후반'(개항기와 일제시기)으로 나누었으며 한국사의 '정체성'과 '후진성'을 구분한 것은 우여곡절 끝에 진행돼 역사적 성격이 복잡한 한국의 근대화 과정을 사실史實에 입각해 합리적으로 설명하려는 고민의 산물이었다.

그의 글은 오늘의 관점에서 볼 때 아쉬운 부분도 있다. '자주적 근대화'란 개념을 내재적 발전론에 입각한 자본주의 맹아론과 개항 이후 서양문물의 적극적 수용을 추구한 개화운동에 구별 없이 사용함으로써 양자의 역사적 성격 차이가 흐려진 것이 대표적이다. 이는 그가 개항기에 한국인의 손에 의해 추진됐던 근대화 움직임을 보다 정밀하게 분석하지 않은 것과 관련이 있다. 한국근현대사 연구자가 아니었던 그는 자신의 시론적인 주장이 안고 있는 한계를 알고 있었다. 그는 "이와 같은 사실 나열적인 소묘가 근대로의 전진을 구조적으로 설명하기에는 논거가 지극히 부족한 줄 모르는 바 아니지만, 실증적 연구의 진전에 따라, 또 근대의 구조를 깊이 아는 연구자들에 의한 재구성에 따라 이 과도기의 성격이 더 분명해질 것을 기대할 수밖에 없다"고 했다.

그러나 천관우의 주장은 이후 반세기 동안 한국의 근대화와 관련해 진행되는 연구와 논쟁의 주요 요소를 대부분 포함하고 있다. 앞으로 살펴보듯이 1970년대 이후 한국의 근대화 논의는 그가 지적한 여러 측면 가운데 어느 하나를 부각시켜 강조하면서 진행됐다. 그리고 그 과정은 앞서 제기된 주장의 의의를 인정하고 발전시키기보다는 부정하는 방향으로 전개됐다.

하지만 50년이 지난 오늘의 시점에서 천관우의 주장을 돌아보면 그 이후 진행된 모든 논의를 미리 종합한 듯한 생각이 든다. 그런 점에서 천관우의 근대화 논고들은 강렬한 목적의식 때문에 역사적 사실을 외면하는 우를 범하지 않고 그 의미를 끝까지 파고들어 성찰했던 매우 성실한 역사가의 예지叡智를 보여 준다.

《한국사시대구분론》에는 천관우의 논문 이외에도 한국의 근대화와 관련된 흥미로운 논문이 여러 편 들어 있다. 그 가운데 한국근대의 기점을 18세기 후반의 사회경제적 변화로 잡은 유원동과 19세기말 반제反帝·반봉건운동으로 잡은 조기준의 발표가 눈길을 끈다. 이들 논의는 각각 한국근대의 기점과 관련한 당시의 주요 입장을 대표하고 있다.

유원동은 조선 후기에 서울과 일부 도시를 중심으로 이루어진 상공업 발달에서 근대적 변화의 기원을 찾았다. 조선왕조에서 상공업은 국가의 통제 아래 있었다. 그런데 점차 도시의 발달과 국제무역의 활성화 등에 따라 새롭게 형성된 상공업 계층이 자본을 축적했다. 이들은 국가의 통제를 벗어난 수공업자, 농민층 분해에 따라 형성된 임금노동자 등을 고용하여 정부가 아니라 시장을 겨냥한 상품을 생산하기 시작했다.

이들이 국가가 보호하는 육의전六矣廛 등 특권 상업체제에 도전함으로써 초기 자본주의적 현상이 나타났고, 봉건사회는 내부적으로 변혁과 와해의 조짐을 보이기 시작했다는 것이었다. 그는 "도시 및 지방 상인들의 유대와 활동에 의하여 이루어진 자본의 축적, 시장의 발달, 산업의 융성은 곧 이조 봉건적 경제체제를 밑바닥에서부터 뒤흔들게 한 요인이었으며 나아가서는 근대 자본주의에의 발달을 촉진하는 원동력이 됐다"고 했다. 그는 또 실학의 일파로 상공업의 발달에 깊은 관심을 보였던 북학파의 형성, 한글로 된 서민문학의 대두, 회화에서 서민적인 화풍畫風의 등장 등을 그러한 시대적 변화를 반영하는 산물로 보았다.[80]

조기준은 한국 근대의 기점을 조선 후기에서 찾으려는 시도를 비판했다. 국가가 인정한 시전市廛 체제에서 벗어난 난전亂廛의 발생 등은 전통적 상업관계의 해체를 보여 주었지만 그것이 곧 근대적 상업관계의 성립을 의미하진 않는다는 것이었다. '경영형 부농'의 대두 등 농업에 나타난 변화도 일부 지역에서 소규모로 진행된 것으로 근대에 이르는 단초적 형태에 불과했기 때문에 과대평가해서는 안 된다고 했다. 실학도 전통적 질서 내에서 개혁을 추구했고 전통사회를 부정하는 데까지 이르지는 못했다는 것이었다. 그리고 18세기에 나타났던 변화와 발전이 19세기 들어서 지속되지 못한 채 둔화되고

---

80 유원동(1970), "한국사에 있어서의 근대의 기점", 《한국사시대구분론》, 을유문화사, 139~152쪽.

침체되어 개항 무렵에는 서구문화와 우리 전통문화 사이의 격차가 오히려 확대되고 있었다고 주장했다. 그는 "전통적 지배체제는 엄연하게 존속됐고, 경제·사회·문화의 전 영역에서 변화의 싹은 텄으나 혁명은 일어나지 못했다"고 결론지었다.

조기준은 개항 이후에도 근대화가 본격적으로 진행되지 못했고, 오히려 식민지화의 길을 걷게 됐다고 보았다. 그 원인은 근대화의 주역이 될 시민계층의 성장이 미약했고, 집권층에 혁신세력이 적었으며, 혁신 정책을 뒷받침할 국가재정이 빈약했다는 점에서 찾았다. 하지만 한국의 근대화를 가로막은 더 큰 요인은 일본 제국주의의 집요한 침략 정책이었다. 그는 개항기를 '한국 근대사회의 성립과정에서 제국주의의 반동기'로 규정했다.

그는 식민지나 반半식민지로 전락한 아시아의 대부분 국가에서 근대사는 반제 및 반봉건 투쟁의 형태로 나타났다고 주장했다. 개항부터 동학란 이전까지는 전통적 지배층이 외세에 대한 저항을 주도했지만 동학란 이후부터 근대 시민혁명적 성격을 띤 개화운동이 전개됐고, 3·1운동 이후에는 민중적 기반을 가지며 확산됐다고 설명했다.[81] 대표적 경제사학자였던 조기준이 이처럼 한국근대사의 전개에 대해 운동사적 관점을 취한 것이 눈길을 끈다.

이런 관점에 입각해서 그는 한국근대경제사, 특히 일제시기의 경

81 조기준(1970), "한국사에 있어서의 근대의 성격", 《한국사시대구분론》, 을유문화사, 191~211쪽.

제적 변화에 계량적으로 접근하는 경향을 다음과 같이 비판했다.

> 정치적 독립을 상실하고 경제적 자주권을 잃은 민족의 근대사의 기점을 경제적 성장 척도로 논하는 것은 의미 없는 일이다. 식민지의 경제건설을 계량적으로 분석하여 식민지 민족경제의 근대화를 운위할 수는 없다. 그것은 침략국의 외연적인 경제확장에 불과한 것이지, 식민지 민족의 소득수준이나 경제역량의 반영은 아니기 때문이다. … 제국주의 지배로부터의 해방이 없이는 근대화란 공염불에 불과한 것이다.[82]

조기준은 경제발전에 통계적 방식으로 접근하는 성장사학에 대해 시종일관 비판적 입장을 견지했다. 그리고 조선 후기부터 개항기를 거쳐 일제시기, 해방 후에 이르기까지 한국근대경제사 전반을 한국자본주의의 성립과 발전이라는 관점에서 선구적으로 연구했다. 조기준의 연구방법론과 그 성과가 한국의 근대화 논의와 관련해서 갖는 의미는 다음 장에서 자세히 살펴볼 것이다.

---

82 위의 논문, 206~207쪽.

### 4) '자생적 근대화론'과 '로스토우 근대화론'

국사학계를 중심으로 1960년대에 진행된 한국의 근대 기점과 근대화에 관한 논의를 추적하다 보면 같은 시기에 정치권과 사회과학계에서 전개됐던 미국발發 '로스토우 근대화론'과의 관계가 궁금해진다. 두 갈래의 논의가 활발하게 진행된 시기는 거의 비슷했다. 더구나 당시 한국의 지식인 사회는 매우 좁았다.

그렇지만 두 갈래의 논의는 직접적인 상호관련은 없었던 것으로 보인다. 특히 국사학계에서 로스토우로부터 촉발된 한국사회의 근대화 문제에 관해 직접 발언한 사람은 거의 없었다. 한국사회에 근대화론의 돌풍이 불고 있던 1968년에 국사학계의 상황을 이우성은 다음과 같이 설명했다.

> 종래 이 땅의 특수현상으로 '민족주체의식'론과 '근대화'론이 정치지도층에 의하여 먼저 창도되어 왔다. 그러나 아웃사이더의 입장에 있었던 역사학자들은 끝내 그것에 관심을 표명하려 들지 않았던 것이 사실이었다. 그러던 것이 이 5년 동안에 역사학자들은 현실정치와는 직접 관계가 없이 학문적 견지에서 민족주체의식과 근대화의 문제를 도입하여 국사학의 절실한 명제로 삼기에 이르게 되었다.[83]

**83** 이우성(1968), "회고와 전망: 국사", 〈역사학보〉, 39집, 2쪽.

이우성은 역사학계의 논의가 현실정치와 직접 관계가 없다고 했지만 1960년대 후반 국사학계에 급속도로 확산된 자본주의 맹아론이나 자생적 근대화론, 내재적 발전론은 1965년 한일협정 체결과 밀접한 관련이 있었다. 정치학자인 김원 한국학중앙연구원 교수는 "맹아론이나 내발론內發論은 한일 국교정상화 이후 재再식민화의 공포가 내습하는 조건 속에서 자국사에 대한 인식론적 전환 시도 가운데 하나였다. 특히 60년대 중후반이라는 시점은 식민지시기 지식·문화·체계에 대한 '청산'의 요구가 집단적으로 분출했던 시점"이라고 분석했다.[84]

내재적 발전론과 자본주의 맹아론의 선두주자였던 김용섭 역시 한일협정과 식민사관 극복 사이의 관계를 증언하고 있다. 그가 조선 후기 농업사 연구를 시작한 것은 1950년대 후반이었지만 1960년대, 특히 5·16쿠데타 이후 한일회담이 본격적으로 진행되면서 식민사관 극복 문제를 예민하게 인식하게 된 것이다. 그는 회고록 《역사의 오솔길을 가면서》에서 당시 상황을 다음과 같이 적었다.

> 문화인·역사학자들은 나도 포함해서 많은 경우, 당시의 시국과 관련 일정한 목표를 가지고 글을 쓰고, 서로 공감하고 있었다. 그러므로 나는 이때의 운동을, 이렇게 문화인·역사학자들의 문화학술운동으로

---

84 김원(2013), "1960년대 냉전의 시간과 뒤틀린 주체", 〈서강인문논총〉, 38호, 129~130쪽.

부르기로 한다. … 이때의 문화학술운동은 한반도가 남북으로 분단된 상태에서 남쪽만의 한일회담은 안 된다는 반대운동으로 시작되었으나 결국 그것이 실현된 뒤에는 일제가 다시 들어오는 상황에서 무엇을 어떻게 해야 할 것이냐 하는 것이 문제되고, 여기에 역사학자들은 그 대책으로써 문화학술운동을 전개하게 된 것이었다. 그러므로 이때의 문화학술운동은 당시의 시대적 과제를 일제와의 관계에서 아직도 해결 안 된 문제, 즉 일제 강점기에 그들이 침략 정책으로서 깔아놓은 식민주의 역사학을 어떻게 청산할 것인가 하는 문제와, 이와 아울러, 우리의 자주적인 새로운 역사학을 어떻게 건설할 것이냐 하는 두 가지 문제로 압축하고, 그와 관련한 역사 연구를 성찰하고 그 해결방안 진로를 모색하는 운동으로 전개되었다.[85]

한일회담과 그 결과로서의 한일협정은 단순히 한국과 일본 사이의 문제는 아니었다. 동·서 냉전이 심화되는 상황에서 동북아에 한·미·일의 강력한 반공反共 동맹체제를 구축하려는 미국의 입장이 강하게 반영된 것이었다. 하지만 국사학계는 이런 국제정치적 이해보다는 일본의 재침략 가능성에 주목했다. 이와 관련하여 김원은 다음과 같이 지적했다.

60년대를 일국적으로만 보면 미국/동아시아 그리고 개별 국민국가에

---

85 김용섭(2011), 《역사의 오솔길을 가면서》, 지식산업사, 465~466쪽.

관철되는 냉전의 시간이 지니는 의미를 파악하기 쉽지 않다. … 역사학계는 냉전, 동아시아 혹은 세계체제가 일국 내에 관철되는 방식(외세의 국내적 내화)은 거의 인지되지 않고, 발전 단위로서 '일국사적' 시각에서 역사를 해석하려는 경향이 강했다. … 유독 역사학계에서는 한국이란 민족국가를 둘러싼 냉전이란 요소에 대한 천착이 강하게 드러나진 않는다.[86]

자본주의 맹아론, 자생적 근대화론을 펼친 국사학자와 경제사학자들이 당시 지식사회와 정치권을 강타했던 미국발 근대화론에 전혀 관심을 갖지 않았던 것은 아니다. 이들 그룹의 막내로 외국 학계의 이론적 동향에 밝았던 경제사학자 김영호는 로스토우의 《경제성장의 제단계》를 읽었고, 그가 한국에 왔을 때 서울대 특별강연에도 참석했다. 그는 또 김용섭과 강만길 등 자본주의 맹아론을 함께 펼치던 선배 학자들과 로스토우의 이론에 관해서 토론했다. 하지만 이들은 '전통적 사회'와 '도약 단계' 사이에 '선행조건 충족'을 과도기로 설정하는 로스토우의 주장은 전통사회의 뿌리가 약한 아프리카 같은 지역은 몰라도 한국처럼 역사적 축적이 오랜 국가에는 맞지 않는다고 생각했다.

더구나 이들은 이론적으로 마르크스주의적 사회구성체론에 입각해 있었다. 로스토우는 양적 지표를 중시하는 성장사학의 일환이라

86 김원, 앞의 논문, 123쪽.

고 할 수 있다. 따라서 방법론적으로도 이들과 로스토우는 거리가 있었다. "(자본주의 맹아론자들은) 시기적으로 이보다 뒤이기는 하지만 종속이론에 오히려 끌렸다"는 김영호의 증언은 당시 이들의 문제의식과 지향점이 무엇이었는지를 시사해 준다.[87]

그럼에도 자본주의 맹아론이 서구적 근대와 비슷한 싹을 한국의 전통사회에서 찾으려 했다는 점 때문에 미국발 근대화론과 지향을 같이한 것 아니냐는 논란이 벌어진다. 정치학자 김원은 "한국의 경우 60년대 중후반을 전후로 전개된 '신역사운동'이 근대화론과 분명한 대립선을 긋고 있었는가는 논쟁적인 문제"[88]라고 했다. 국사학자 윤해동은 한걸음 더 나아가 "김용섭으로 대표되는 일국적 발전론은 '근대화론'의 '성장론'과도 공통점이 많다. 크게 보면 박정희 정권의 성장 이데올로기와 논리적 기반을 공유하고 있는 것"[89]이라고 했다.

이에 대해 자본주의 맹아론자의 한 사람이었던 강만길은 "자본주의 맹아론 연구들이 1960년대에 나왔기 때문에 일부에서는 그것이 마치 박정희 정권 식의 경제개발론에 자극되었거나 그것을 이론적으로 뒷받침한 것처럼 말하는 경우가 있는데, 그야말로 천만부당한 일이다"[90]라고 반박했다.

---

87 2020년 7월 9일 김영호와 저자의 인터뷰.

88 김원, 앞의 논문, 127쪽.

89 윤해동(2006), "'숨은 신(神)'을 비판할 수 있는가?: 김용섭의 '내재적 발전론'", 〈한국사학사학보〉, 13호, 122쪽.

90 강만길(2018), 《역사가의 시간》, 창비, 169쪽.

1960년대에 '자생적 근대화론'과 '로스토우 근대화론'은 한국 지식인 사회에 큰 영향을 미쳤다. 이는 김윤식이 '두 개의 등불'로 표현한 데서 단적으로 드러난다. 그리고 그 두 개의 등불은 김윤식이 그랬듯이 각각 한민족의 과거와 미래로 연결시켜서 이해하는 것이 자연스러웠다.

그러나 자생적 근대화론을 주창하던 학자들은 그렇게 하지 않았다. 세계사적으로는 자본주의와 사회주의의 이념 대립이 끝나지 않았고, 국내적으로는 서구문명의 수용 방향을 놓고 사회적 합의가 이뤄지지 않은 데서 비롯된 결과였다. 뒤에 살펴보듯이 그들을 대표하는 김용섭은 만년에 입장의 변화를 보였다. 하지만 이런 인식의 지연은 이후 한국의 근대화 과정에 대한 역사적 이해를 둘러싸고 반세기 넘게 진통이 벌어지는 원인의 일부가 됐다.

# 2

# 근대화 논의의 확산과 심화: 1970년대

## 1. '자생적 근대화론'의 확산

### 1) 《조선후기농업사연구》 출간과 그 반향

1960년대에 국사학계의 주목을 받으며 17~19세기 한국농업사 연구에 매진하던 김용섭은 1970년대에 들어서자마자 그동안의 연구성과를 모아 《조선후기농업사연구(I)》(1970)와 《조선후기농업사연구(II)》(1971)를 펴냈다. 《조선후기농업사연구(I) : 농촌경제·사회변동》에는 조선 후기의 농업문제 개괄, 토지소유와 농민층 분화, 지주·소작 관계의 변화, 사회구성의 변동을 다룬 논문 7편이 실렸다. 《조선후기농업사연구(II)》는 농업생산력의 발전, 농업경영의 변동, 농학의 발달을 다룬 논문 5편이 실렸다.

두 권의 단행본에 집대성된 김용섭의 조선 후기 농업사 연구는 '이앙법移秧法(논)과 견종법畎種法(밭)의 보급에 따른 농업생산력 발전 → 상업적 농업의 발달 → 농민층 양극분해 → 새로운 부농층富農層의 대두 → 신분제의 변동 → 실학 등 사상적 변화'를 기본틀로 했다. 이런 구도 속에서 그가 조선 후기에 농촌사회의 변화를 가져온 주역으로 설정한 '경영형 부농'이 봉건적 생산양식을 타도하고 새로운 생산양식을 수립할 수 있는 사회세력으로 부각됐다. 그에 따르면 경영형 부농은 봉건지주가 소유한 농지를 빌려서 농업노동자 등을 고용하여 부富를 축적한 농민층으로, 서양의 중세 말기에 나타난 '자본가적 차지농借地農'에 가까웠다.

《조선후기농업사연구(I)》과 《조선후기농업사연구(II)》에 수록된 12편의 논문 가운데 경영형 부농과 직접 관련된 것은 "양안量案의 연구", "속續 양안의 연구", "조선후기의 경영형 부농과 상업적 농업" 등 3편이었다. 이 논문들은 이 책에서 가장 주목받았고 이후 큰 영향을 미쳤다.

"양안量案의 연구"는 17세기 후반 경상도 의성군 구산면, 전라도 완산군 난전면, 충청도 회인현의 양안(토지대장)을 분석한 것이었다. 그는 이 논문에서 조선 후기 농촌사회에 농민층의 양극분해가 일어났다고 주장했다. 10% 정도의 부농층富農層이 40~50%의 농지를 점유하고, 과반수를 훨씬 넘는 소농층小農層과 빈농층貧農層은 영세농으로 전락하고 있었다는 것이었다. 그런데 이들 부농층에는 이전과는 달리 양반뿐만 아니라 평민과 천민도 섞여 있었다. 조선왕조를 지탱하던 엄격한 신분제가 경제적 측면에서 와해되고 있었던 것이다.

"양안의 연구"가 농지의 소유관계를 분석했다면 "속 양안의 연구"는 농지운영에 있어 지주·소작 관계를 분석했다. 이 논문은 지주와 소작인(전호佃戶) 관계가 경제외적 강제가 부여되는 봉건적 지배에 속에서 벗어나 경제적 관계로 변화되면서 소작권이 성장해 갔다고 했다. 그리고 이 과정에서 토지집적에 의해 부를 축적하는 '지주형 부농'과 달리 농업경영의 합리화를 통해 부를 쌓아 가는 '경영형 부농'이 나타났다고 주장했다. '경영형 부농'은 전체 부농 가운데 5분의 1 내지 3분의 1 정도였다. '경영형 부농'은 양반·평민·천민이 섞여 있었다. 평민이나 천민은 경제적 부를 기반으로 양반 신분으로 상승했다.

이렇게 등장한 '경영형 부농' 개념은 "조선후기의 경영형 부농과 상업적 농업"에서 한층 다듬어지고 발전했다. "속 양안의 연구"가 조선 후기 농촌의 부농을 '지주형 부농'과 '경영형 부농'으로 구분했던 것을 이 논문은 지대를 수취하는 '병작竝作 지주', 지대를 수취하는 한편 농업생산자로도 활동하는 '경영 지주', 농업생산자인 '경영형 부농'으로 세분했다. 여전히 봉건적 지주제가 지배적이라서 '병작 지주'가 중심이었지만 '경영 지주'와 '경영형 부농'이 차츰 늘어났다. 그리고 '경영 지주'는 그들이 이용하는 노동력이 노비奴婢노동에서 고용노동으로 변화하면서 점차 '경영형 부농'으로 전화하는 추세를 보였다. '경영형 부농'은 농법 개량, 경영 확대, 시장을 겨냥한 상업적 농업, 고용노동 이용 등을 통해 경제력을 키워 갔다. 그들은 농촌사회에서 봉건지주층과 대등할 정도의 사회세력으로 부상했고, 지방권력에도 참여했다.

《조선후기농업사연구》에 수록된 논문들은 개별논문으로 발표할 당시 학계 일각에서 '내적 발전의 계기를 사실 이상으로 꾸며 보려는 경향', '과대평가'라는 지적을 받았다. 하지만 김용섭은 애초의 연구 구상을 우직하고 끈질기게 밀어붙였고 큰 학문적 성취를 이루었다. 그는 논문을 묶은 책의 서문에서 "농민층의 동태를 농민들의 주체적 계기에서, 그리고 한국사의 내적 발전 과정에서 파악함으로써 한국사 연구에서 큰 벽이었던 정체성 이론과 타율성 이론을 극복하려고 했다"고 적었다.[1]

《조선후기농업사연구》는 출간 직후 학계의 뜨거운 주목을 받았다. 그 가운데는 연구에 담긴 문제의식은 높이 사면서도 구체적 연구결과에 대해서는 비판적 반응이 적지 않았다. 이는 김용섭의 주장이 워낙 새로운 데다가 그가 이용한 주요 사료史料가 그동안 학계에서 연구 자료로 많이 이용되지 않던 양안과 호적대장이라는 점과도 관련이 있었다.

최초의 본격적인 서평은 국사학자 송찬식 국민대 교수가 1970년 8월 〈역사학보〉 제 46호에 실은 "조선후기의 농업사 연구에 대하여"

---

1 김용섭(1970), "서(序)", 《조선후기농업사연구(I)》, 일조각, 3쪽.

였다. 송찬식은 일찍부터 조선 후기의 경제사 연구를 통해 정체성론을 극복하는 데 관심을 가졌고, 1970년대 들어서는 수공업 연구를 통해 조선 후기의 발전상을 보여 주려고 했다. 그는 이 서평과 비슷한 시기에 쓴 "조선후기 농업에 있어서의 광작廣作운동"이라는 논문에서는 '경작능력 증대, 농민층 양극분해, 경작지 확대, 타조법打租法에서 도조법賭租法으로 지대 형태의 변화' 등 조선 후기 농촌의 변화를 분석했다.

하지만 송찬식은 김용섭의 저서에 대해서는 조목조목 문제점을 지적했다. 그는 김용섭이 특정 시기, 특정 지역의 정태적 단면도를 보여 주는 양안에 대한 연구를 통해 조선 후기의 변화상을 일반적으로 설명하려고 시도하면서 "거의 할 수 있는 모든 추측을 다 했다"고 지적했다. 양안을 통해서 농지 소유 실태는 어느 정도 파악할 수 있어도 농가의 실제 경지면적이나 소득 관계는 파악할 수 없는데도 이를 통해 농가의 경제력을 분류한 것은 무리라는 것이었다. 또 '개간한 농지의 소유주'라는 의미로 양안에 기록된 '기주起主'는 양반이 자기 이름을 쓰기 싫어서 다른 가족이나 노비의 이름을 대신 적는 경우도 적지 않아 농지 소유실태를 보여 주는 데 한계가 있다는 것이었다. 그는 '경영형 부농'과 '지주형 부농'의 구분도 실제로는 양자의 차이가 분명하지 않다며 "경영형 부농의 개념은 너무나 조작적인 것이고, 영국식 차지농의 변형이라는 느낌이 들며 내용도 불확실하고 공소空疏하다"고 비판했다. 2

당시 서울대 경제학과 교수로 한국경제사를 연구하던 신용하는

1970년 11월 〈문학과지성〉 제 2호에 실린 서평 "정체성론의 극복"에서 《조선후기농업사연구(I)》가 '해방 후 우리 학계가 낳은 최대의 문제작의 하나'라며 "그의 작품 속에서 한 역사학자가 식민지 사학의 유산을 청산하려는 자기 시대의 문제의식을 간직하고 혜안을 번득일 때 얼마나 큰 업적을 낼 수 있는가를 발견하고 기쁨에 잠길 수 있다"고 높이 평가했다. 하지만 그는 '경영형 부농' 개념에 대해서는 부정적이었다. 김용섭이 부농을 '경지면적 1결結 이상'이라는 양적 기준으로 규정한 것은 순전히 편의를 위해 주관적으로 분류한 것으로 설득력이 떨어진다는 지적이었다. 더구나 수확의 50%를 지대로 납부해야 하는 가혹한 기생지주제寄生地主制였던 조선 후기에 약간의 소작지 증가가 바로 경제적 부의 증가로 연결될 수는 없다는 것이었다. 그는 "새로운 경영세력 또는 변동의 추진력을 찾는 작업은 경지면적의 양적 크기에 집착하지 않고 경영형태의 질적 차이와 변화에 주목해야 한다"고 요구했다.[3]

김용섭의 연구를 가장 신랄하게 비판한 글은 1971년 9월 〈문학과지성〉 제 5호에 실린 경제사학자 안병직 서울대 교수의 "자본주의맹아론"이었다. 《조선후기농업사연구(II)》에 대한 서평인 이 글은 '경영형 부농'이 당시까지 사용된 역사 용어나 경제사에서 정립된 학술

2 송찬식(1970), "조선후기의 농업사연구에 대하여", 〈역사학보〉, 46호, 98~112쪽.

3 신용하(1970), "정체성론의 극복", 〈문학과지성〉, 2호, 367~372쪽.

개념이 아니라고 지적했다. 그리고 “저자에 따르면 경영형 부농은 자본가적 차지농인데 이를 뒷받침하는 아무런 자료도 제시하지 않고 있다”며 “상상력을 동원할 것이 아니라 구체적인 사례를 들어 설명해 주기 바란다”고 공박했다. 또 “이러한 농업혁명을 수행하던 자본가적 차지농 계층이 조선 말기와 일제 강점기에는 모두 어디로 가버린 것인가?”라며 “저자가 자본주의 맹아 검출에 너무 급급했던 나머지 사실을 실체보다 너무 과장한 것같이 생각된다”고 했다.[4]

‘경영형 부농론’을 핵심으로 하는 김용섭의 주장에 대한 비판은 《조선후기농업사연구》가 출간된 뒤에도 계속됐다. 그 자신이 자본주의 맹아를 연구하면서도 이미 한 차례 김용섭의 연구를 비판했던 국사학자 송찬식은 1973년에 펴낸 《이조후기 수공업에 관한 연구》(서울대 한국문화연구소) 서문에서 조선 후기의 변화상을 과대평가하는 것을 다음과 같이 경계했다.

> 해방 후 우리 국사학계는 일제 강점기의 식민지사학과 정체성이론의 비판 극복에 총력을 기울여왔다 해도 과언이 아니다. 특히 이조 후기사의 연구에 있어서 이러한 경향은 어느 분야에서보다 고조되어 왔다. 그러나 자본주의적 맹아의 논증에 급급한 나머지 지나치게 자본주의적 요소의 성장을 과장하고 미화하는 반면에 이와 반대되는 측면이 외면됨은 어찌할 수 없는 논리적 귀결이었다. 정체성 이론을 비판하고

4 안병직(1971), “자본주의 맹아론”, 〈문학과지성〉, 5호, 616~617쪽.

극복해야 한다는 당위성에 대하여서는 의문의 여지가 없지만 자본주의적 요소를 지나치게 과장 미화함은 식민지 사학에서 이조 후기 사회를 지나치게 정체적인 것으로 묘사하였음과 마찬가지로 교각살우矯角殺牛의 우愚를 범할 위험성이 있다. 우리 학계는 모르는 사이에 이조 후기 사회를 이미 자본주의시대의 문턱 안에 들어선 것처럼 착각하는 부허浮虛한 습속이 생겨났다. 이러한 들뜬 학풍은 일제의 식민지사학과 마찬가지로 우리의 역사를 왜곡시킬 위험성을 내포하고 있다.[5]

김용섭의 연구방법론에 대한 비판은 재일교포 역사학자 안병태도 제기했다. 그는 1975년 간행한 《조선근대경제사연구》(일본평론사)의 머리말에서 다음과 같이 썼다.

이 책에서는 아시아사회, 조선사회의 역사적 사실을 판단하는 것에, 한편에서는 이 나라의 토양 위에 일정한 뿌리를 가진 것처럼 되었다라고도 생각되는 발상과 방법(유럽을 일정의 기준으로 하는 발상과 방법)을 엄격하게 배제하려고 노력하고, 다른 한편에서는 역사발전의 기본적 동인을 자주적·내재적 발전에서 구하는 나머지 구조적 파악을 방해하는 것으로도 말할 수 있는 '부조적浮彫的 방법'은 가능한 피하려고 했다. 그렇기 때문에 저지적沮止的 제諸요인도 시야에 담고 있는 것으

5 송찬식(1973), "서문", 《이조후기 수공업에 관한 연구》, 서울대 한국문화연구소, 4쪽.

로 된다.[6]

안병태가 '자주적·내재적 역사발전을 강조하는 나머지 구조적 파악을 방해하는 부조적 방법'이라고 비판한 것은 주로 김용섭의 '경영형 부농'이었다. 그는 이 책의 제2장 "조선후기의 토지소유"에서 그 같은 사실을 분명히 했다. 그는 조선 후기에 농촌의 양극 분해 과정에서 자소작自小作을 겸영해서 부농富農으로 성장하는 '경영형 부농'이 대두하여 봉건제 사회의 해체에 직접 기여했다는 김용섭의 주장에 대해 '경영형 부농'의 개별사례 검출은 가능하지만 역사적 범주로서는 성립되지 않는다고 주장했다. 하나의 토지에 대해 국가나 지주의 수세권收稅權, 관리인의 도장권導掌權, 농민의 경작권 등이 각각 매매의 대상으로 성립해 있는 중층적 토지소유 관계에서 경작권만을 토대로 한 경영에 의해 부를 축적하는 것은 수탈 관계가 느슨한 일부 궁방전宮房田이나 상업적 농업이 가능한 대단히 비옥한 전답에서만 가능했다는 것이다. 그는 김용섭이 조선 후기의 토지소유 관계를 지주와 소작인으로 단순화한 것이 이런 오류를 낳았다고 주장했다.

《조선후기농업사연구》는 이처럼 그 안에 담긴 파격적인 주장만큼이나 큰 반향을 일으켰다. 하지만 이 책에는 구체적인 연구성과뿐 아니라 이후 수십 년 계속되는 김용섭의 연구방향을 예고하는 중요한 문제의식이 들어 있었다. 그는 이 책의 서문에 다음과 같이 썼다.

---

6 안병태(1975), "머리말", 《조선근대경제사연구》, 일본평론사, ii쪽.

농업국가인 우리나라에서 농업사 연구가 제대로 되면 우리나라의 전 역사를 새로이 체계화하는 데 있어서도 첩경이 될 것이라고 생각했다. 우선 필자의 관심거리가 된 것은 우리나라의 중세사회(전통사회라 해도 좋다)의 해체 과정을 농업·농촌·농민에 관해서 그 내적 발전 과정의 입장에서 해명할 수는 없을까 하는 문제였다.[7]

김용섭은 이후 농업사 연구를 통해 한국사 전체를 체계화하겠다는 당초의 구상대로 작업을 꾸준히 진행했다. 《조선후기농업사연구》를 내놓은 다음에는 18세기 말부터 19세기에 걸치는 시기를 중심으로 농업과 토지문제에 관한 개혁론을 정리했다. 대표적 실학파 학자인 정약용과 서유구의 농업·사회개혁론, 1862년 임술민란 이후 정부와 지배층의 삼정三政개혁론, 고종 때의 토지개혁론, 개화파의 농업론, 광무개혁기의 농업개혁론 등을 차례로 연구했다.

그 결과 김용섭은 이 시기의 농업개혁론이 '지주적 입장의 개혁론'과 '농민적 입장의 개혁론'으로 대별된다고 파악했다. 전자는 토지의 소유구조는 그대로 둔 채 부세賦稅 제도의 개혁을 추진하는 것이었고, 후자는 토지의 소유구조 자체를 바꾸려는 것이었다. 이런 연구성과는 《한국근대농업사연구》(1975)로 묶였다.

김용섭은 한말에서 일제시기에 이르는 기간의 지주제 연구에도 집중했다. 일본 제국주의가 한국을 침탈하는 과정에서 농업문제가

7 김용섭(1970), 《조선후기농업사연구(I)》, 일조각, 4쪽.

어떻게 변화됐는지를 추적하는 연구는 강화 김씨가家, 나주 이씨가, 고부 김씨가, 재령 동척 농장 등에 대한 사례조사로 이어졌다. 그는 《한국근현대농업사연구》(1992)로 묶인 일련의 연구를 통해 우리 전통사회의 봉건적 지주제를 중심으로 한 농업의 모순구조가 일제시기에 자본주의적 모순구조로 질적인 변동을 보이면서 심화됐다고 결론지었다.

김용섭은 한국농업사 연구를 완결하기 위해 연구의 시기를 넓혀서 《한국중세농업사연구》(2000), 《한국고대농업사연구》(2019)를 차례로 출간했고, 한국사 전체를 아우르는 《농업으로 보는 한국통사》(2017)도 썼다. 그가 반세기가 넘는 세월을 바쳐서 이룩한 한국농업사 연구와 그를 바탕으로 한 내재적 발전론은 "광복 이후 가장 영향력 있는 역사이론이었고 그는 자기완결적 학문체계를 구축했던, 우리 사회에서 매우 이례적인 지식인"[8]이라는 평가를 받았다.

농업사를 통해 한국 역사를 체계화하는 것은 한국이 농업국가였던 전근대에는 타당하고 가능한 일이다. 하지만 공업문명을 토대로 한 서양이 물밀듯이 밀려들어 온 개항 이후의 시기까지 농업사를 통해 한국사를 체계화하는 것이 적합했는가는 의문이다. 김용섭은 한국 근대화의 핵심을 '공업화'로 파악했던 당시 사회과학자나 서양사·동양사학자와 차이를 보였다. '경영형 부농론', '두 개의 길 이론'

---

8 김호기(2019), "김호기의 100년에서 100년으로: 〈45〉 김용섭의 '조선후기농업사연구'", 〈한국일보〉, 2019. 1. 7.

등 그의 대표적 주장들이 한국근현대사를 설명하는 기본틀로 충분하지 못한 것은 농업사 일변도라는 관점 때문이라고 할 수 있다.

국사학계 안에서는 한국의 근대를 전통과의 단절로 보는 천관우와 연속성을 강조하는 김용섭의 대비가 두드러진다. 자생적 근대화의 길을 걸어간 영국 등 극히 일부의 서구국가를 제외한 대부분의 국가들은 전통사회의 해체와 발전을 통해 그 내부에서 근대사회가 성립하지 않았다. 전통사회와의 '단절이냐 연속이냐'는 한국의 근대화 과정에 관한 논쟁에서 핵심 쟁점이었다. 김용섭이 그 답을 '연속'으로 미리 내려놓았던 것 역시 논의와 성찰의 폭을 좁히는 결과를 낳았다.

### 2) 주류 학설이 된 '자생적 근대화론'

조선 후기에 자생적 근대화의 싹이 자라고 있었다는 주장은 국내외 학자들의 비판과 지적에도 불구하고 1970년대 들어 급속도로 확산되면서 영향력을 확대해 갔다. 이는 식민사관의 정체성론을 극복하고 민족적 자신감을 회복해야 한다는 시대적 요청이 학문적 엄밀성보다 우선한 데 따른 것이었다. 그 결과로 1970년대 말에 이르면 '자생적 근대화론'은 학문적으로나 대중적으로나 주류 학설의 위치에 올라서게 됐다.

'자생적 근대화론'이 힘을 얻게 된 첫 번째 계기는 유력한 한국사 개설서에 그 내용이 포함되면서였다. 이 무렵 한국사 개설서 가운데 가장 많이 읽히고 영향력이 큰 것은 이기백의 《한국사신론》이었다. 처음 간행될 때부터 '식민사관 극복'을 내걸었던 이 책이 김용섭이 논문을 통해 펼친 주장을 《조선후기농업사연구》가 간행되기도 전에 수용했던 것이다.

이기백이 1961년 펴낸 《국사신론》의 서론緖論은 일제 식민사관의 정체성론을 비판하면서 "현재 중국 학계에서 서구 자본주의의 침투 이전에 이미 중국사회에 자본주의의 맹아가 있었다는 증거를 찾으려고 열심"이라고 썼다. 당시는 아직 한국에서 자본주의 맹아 연구가 본격화되기 이전이었기 때문에 한국에 관해서는 서술이 없었다. 그런데 1967년 간행된 《한국사신론》의 서장序章은 같은 부분에서 "서구 자본주의의 침투 이전에 이미 동양사회에서 자본주의적 요소가 있었다는 증거를 찾으려고 열심"이라고 썼다. 그동안 한국에서도 자본주의 맹아 연구가 상당히 진전된 점을 감안하여 동양사회의 일반적인 현상으로 서술을 바꾼 것이다.

이 같은 변화는 본문에서 더욱 분명히 나타났다. 《국사신론》은 제 5편 "조선왕조"에서 조선 중기를 제 6장 '당쟁의 격화와 제도의 문란'이란 제목으로 설명했다. 그리고 정치적으로는 '사색당파四色黨派의 싸움', 사회경제적으로는 '세제稅制의 혼란과 대동법', '역법役法의 혼란과 균역법'이란 항목을 설정하여 서술했다. 이어 조선 후기는 제 8장 '사회의 혼란'이란 제목 아래 '세도勢道정치', '삼정三政의 문란' '농촌의 피폐', '민란民亂의 빈발', '상공업의 부진' 등의 항목을 설정했다. 전체적으로 볼 때 조선 중기와 후기는 '혼란'과 '부진'의 시기로 그려져 저자 자신이 서론에서 비판했던 정체성론의 틀을 크게 벗어나지 못했다고 볼 수 있었다.

하지만 6년 뒤에 나온 《한국사신론》은 달랐다. 조선 후기의 모습을 담은 제 11장의 제목은 '농촌의 분화와 상업자본의 발달'이었다. 그리고 그 안의 제 4절 '경제적 성장'은 '농촌사회의 분화' 항목을 설정하고 농업기술의 발전, 상업적 농업생산의 발달, 농지경영과 소작료의 변화, 부농층의 대두 등을 서술했다. 참고문헌에는 김용섭의 논문이 "양안의 연구", "속 양안의 연구"를 비롯하여 9편이나 들어 있었다. 그리고 이어 '상업자본의 발달', '수공업의 새 양상'을 서술해서 조선 후기를 생동하고 발전하는 사회로 그렸다. 이제 서장뿐 아니라 본문 내용도 정체성론을 탈피한 것이었다.

달라진 서술은 1976년 간행된 《한국사신론》 개정판에도 이어졌다. 이번에는 제 11장의 제목을 '광작廣作농민과 도고都賈상인의 성장'이라고 붙여서 조선 후기에 나타난 사회경제적 변화의 주역을 보다 분명하게 부각시켰다. 그리고 그 안의 제 3절 '경제적 성장'에 가장 먼저 나오는 '광작농민과 농촌분화' 항목은 '경영형 부농'이란 개념을 사용하지는 않았지만 그 내용은 김용섭이 《조선후기농업사연구》에서 주장한 그대로였다. 역시 참고문헌에는 김용섭의 논문이 대거 소개됐다. 그리고 그 뒤에 '도고상업의 발달', '수공업의 새 양상'을 서술하면서 조선 후기의 사회상을 '성장', '발달' 등의 용어로 설명했다.

'자생적 근대화론'에 입각한 연구성과는 정부가 펴내는 공식 역사서에도 반영됐다. 국사편찬위원회는 1960년대 말에 그때까지의 국사학 연구성과를 종합하는 《한국사》 편찬사업을 확정했다. 전 28권에 이르는 방대한 분량의 《한국사》는 국사학계의 원로, 중진 학자들이 대거 참여하여 1973년부터 1978년까지 차례로 간행됐다.

《한국사》 제 13권 "조선: 양반사회의 변화"는 제 3장에서 조선 후기 사회구조의 변화를 서술했다. 여기에는 '상품경제의 발달', '화폐경제의 발달', '노비제의 붕괴'와 함께 '양반·농민층의 변화', '농업기술의 발달' 등 농업사 연구결과가 반영됐다. 특히 '농민층의 분화' 부분에서는 부농과 영세농으로의 양극 분해, 광작廣作현상, 상업적 농업의 확대, 농지를 빌려서 경작해 부를 축적하는 '차경借耕 부농층'의 대두, 부농층의 신분 상승으로 인한 신분제의 동요 등 김용섭의 연구성과들이 그의 논문을 인용하면서 소개됐다.

1960년대부터 자본주의 맹아론 연구를 진행하던 소장·중견 학자들은 국사학계의 유력 인사들이 '자생적 근대화론'을 적극 지원하고 격려하는 분위기 속에서 공동작업을 통해 집단적 성과를 내놓았다. 그 가운데 1972년 성균관대 대동문화연구원이 학술지 〈대동문화연구〉 제 9집의 전권을 특집 형식으로 간행한 《19세기의 한국사회》는 훗날 '자본주의 맹아론의 완결판'[9]이라는 평가를 받을 정도로 주목받았다. 이 책의 간행 과정은 공동연구를 주도한 이우성이 "책머리에"에서 다음과 같이 밝혔다.

---

9 김건태(2007), "대동문화연구원의 사학사적 위치", 〈대동문화연구〉, 60집, 38쪽.

1960년대 중반에 접어들면서 우리나라에도 차차 자본주의 맹아론이 도입되어 국사학계의 일각에서 새로운 활기가 움트고 있었다. 그 무렵 나는 1년간 외지에서의 체류를 마치고 귀국하여 여러 동학同學들과 만날 적마다 맹아론에 관한 작업을 보다 적극화할 것을 의논하였다. 1969년 가을 어느 날, 김재원 박사와 만난 석상席上에서 고병익·이기백 양씨兩氏도 자리를 함께하여 차년도次年度 연구계획 관계로 의견교환 끝에 나에게 19세기 전반기의 한국사회에 관한 공동연구의 계획을 세우고 그 팀을 짜보라고 종용하였다. 나는 이를 받아들이고 곧 연구목표를 정하는 한편 연구진을 구성키로 하였다. 연구목표는 개항 이전의 우리 사회가 어떤 처지, 어떤 단계에 도달해 있었던 가를 밝히는 데 두기로 하고 연구진은 김용섭(농업 분야), 김영호(수공업·광업 분야), 강만길(상업 분야), 정석종(사회·신분관계) 씨 등으로 구성하게 되었다. 그리고 나는 사상 관계를 담당하기로 했다.[10]

공동연구진은 1970년 5월부터 한 달에 한 번씩 이우성의 성균관대 연구실에서 토론회를 가졌다. 그해 10월부터는 각자의 연구진행을 돌아가면서 보고했다. 공동연구 책임자인 이우성의 건강이 나빠지는 바람에 연구모임은 1971년 2월 중단됐지만 연구진의 연구성과를 모아 《19세기의 한국사회》를 출간했다.

《19세기의 한국사회》에는 "18·19세기의 농업 실정과 새로운 농

10 이우성(1972), "책머리에", 《19세기의 한국사회》, 성균관대 대동문화연구원.

업경영론"(김용섭), "조선후기 수공업의 발전과 새로운 경영형태"(김영호), "도고都賈상업체제의 형성과 해체"(강만길), "조선후기 사회신분제의 붕괴: 울산부 호적대장을 중심으로"(정석종)가 실렸다. 한국이 개항으로 국제사회에 문호를 개방하기 직전인 19세기 초에 사회 각 분야에서 근대적 요소의 싹이 돋아나고 있었음을 주장하는 논문이 4편이나 함께 발표됨으로써 자본주의 맹아론이 그리려 한 조선 후기의 사회상이 뚜렷하게 제시됐다. 그리고 이로써 자본주의 맹아론은 그 학문적 위상을 더욱 굳건히 할 수 있었다.[11]

《19세기의 한국사회》에 수록된 논문 가운데 가장 중요한 것은 역시 김용섭의 "18·19세기의 농업 실정과 새로운 농업경영론"이었다. 1960년대에 그가 이룩한 '경영형 부농'을 중심으로 하는 연구성과를 종합하고 그 바탕 위에서 19세기 초 지식인들의 농업·사회개혁론을 정리한 이 글은 전체 책의 절반 정도를 차지하는 방대한 분량이었다. 그는 정약용과 서유구가 각각 제기한 여전론閭田論과 정전론井田論을 '경영형 부농'의 입장을 대변하는 것으로 해석하고, "다산茶山(정약용)과 풍석楓石(서유구)의 농업개혁론은 중세 말기의 우리 두 지성이 도달한 최선의, 그리고 이 시기 시대사조의 첨단을 가는 개혁안이었다"며 "주자朱子로부터의 탈피, 주자학의 극복은 명분론과 지주·전호제를 기축으로 하는 봉건적 사회경제 질서론의 극복이며 그것은 공론空論으로서가 아니라 현실적 의미를 지닌 개혁안으

11 김건태, 앞의 논문, 36쪽.

로 등장할 수 있었다"고 평가했다.

조선 후기에 스스로 자본주의로 발전해 갈 싹이 농업과 수공업·상업 등에서 발생해서 발달하고 있었다는 '자생적 근대화론'은 1970년대 들어 점차 학계를 넘어서 일반 대중에게 전파됐다. 그리고 이 과정에서 중요한 역할을 한 것은 계간지 〈창작과비평〉이었다. 영문학자이자 문학평론가인 백낙청이 1966년 창간한 〈창작과비평〉은 대학생과 지식인이 많이 읽으면서 영향력을 확대하고 있었다. 잡지의 많은 부분은 시와 소설 등 문학작품이 차지했지만 서양문학 이론과 사회과학 관련 글도 상당수에 이르렀다.

〈창작과비평〉은 1960년대 말부터 한국사와 한국문학 등 한국학 관련 분야에도 관심을 기울이기 시작했다.[12] 1967년 여름호(제 6호)부터 1969년 가을·겨울호(제 16호)까지 조선 후기의 주요 실학자와 그들의 대표저서를 소개하는 '실학의 고전'을 연재한 데 이어 1972년 여름호(제 24호)에 조선 후기 이래 한국이 근대화를 추진해 온 과정을 밝히는 '한국근대사 기획안'을 발표했다. "편집자의 말"은 이 기획의 취지를 다음과 같이 밝혔다.

> 우리나라의 주체적인 근대화가 어떻게 진행되어 왔느냐 하는 문제는 수년래 사학계를 중심으로 여러 분야에서 진지하게 연구·토론되었습니다. 실증적으로나 이론적으로나 그 방면에서 상당한 업적이 나타난

---

12 김현주(2012), "〈창작과비평〉의 근대사 담론", 〈상허학보〉, 36집, 448~466쪽.

것으로 알려지고 있습니다. 일찍이 '실학의 고전' 시리즈와 기타의 여러 논문으로 우리 민족의 역사와 사상을 탐구하는 데 관심을 보였던 본지는, 이에서 한 걸음 나아가 이조 봉건체제와 일제 식민주의를 청산·극복하고 참된 시민적 근대사회를 형성하고자 했던 노력의 과정을 좀더 본격적으로 다루어 보기로 했습니다.

① 민중운동사, ② 경제사, ③ 사회사상사, ④ 문학사의 네 분야에 걸쳐서 앞으로 약 3년 동안 계속될 이 야심적인 기획의 목적은, 첫째 우리 근대사에 관한 기왕의 연구업적들을 문제 중심으로 종합하면서, 둘째 그것을 비전문 일반 독자들에게 알기 쉽게 소개하고, 셋째 그렇게 함으로써 필자·독자·편집자가 삼위일체가 되어 오늘의 우리 현실을 역사적 원근법 속에서 올바르게 이해하자는 것입니다.

이 기획안은 먼저 경제사와 문학사의 차례를 밝히고 민중운동사와 사회사상사는 다음 호에 차례를 밝히겠다고 했다. 경제사의 구성은 ① 이조 후기 농민의 계층분화와 상업적 농업의 전개, ② 이조 후기 상업구조의 변화, ③ 이조 후기 관영수공업의 해체와 매뉴팩처의 발생, ④ 이조 후기 환곡還穀고리대와 봉건지주에의 집중, ⑤ 세계자본주의의 침략과 외국무역, ⑥ 미곡의 국외유출과 방곡령防穀令, ⑦ 이조 말기 객주여각客主旅閣과 국내상업, ⑧ 근대적 화폐 제도의 확립과 화폐 제도, ⑨ 이조 말기 상회사商會社의 설립 과정, ⑩ 구舊한국시대의 근대적 기술 수용, ⑪ 구한국시대의 대일 차관 문제, ⑫ 일본인의 한국 토지수탈이었다.

'한국근대사 기획안'의 경제사 부분은 목차에서 알 수 있듯이 1960년대 이후 국사학계에서 진행된 조선 후기 경제사 연구와 개항 이후의 경제적 변화 과정을 소개하는 내용이었다. 그리고 "우리나라의 주체적인 근대화가 어떻게 진행되어 왔느냐를 살펴보겠다"고 해서 '자생적 근대화론'을 수용하는 입장을 분명히 했다.

〈창작과비평〉이 의욕적이고 야심적으로 내놓았던 이 기획은 당초 계획대로 진행되지는 못했다. 1972년 여름호(제 24호)부터 1974년 가을호(제 33호)까지 7편의 관련 논문이 게재됐을 뿐이었다. 경제사 분야는 "이조후기 상업구조의 변화"(강만길)와 "매뉴팩처의 발생"(송찬식)의 두 편이 실렸다. 문학사 분야는 "조선후기 가면극과 민중의식의 성장"(조동일)과 "시가詩歌의 변이 과정"(정병욱)의 두 편이었다. 민중운동사 분야는 "홍경래란"(정석종), "독립협회"(신용하), "의병운동"(김의환)이 게재됐다.

하지만 이 기획과 별도로 〈창작과비평〉에는 1980년까지 100편 가까운 한국사 관련 글이 실렸다. 이 가운데는 '자생적 근대화론'의 선봉에 선 김용섭의 글이 "18세기 농촌지식인의 농정관"(1968년 겨울호), "정약용과 서유구의 농업개혁론"(1973년 가을호), "조선후기의 농업문제와 실학"(1977년 가을호) 등 3편이었다. 조선 후기 상업사 연구를 통해 김용섭과 보조를 맞추던 강만길, '자본주의 맹아론'이란 개념을 처음 사용했던 김영호, 그리고 이들의 문제의식에 공감하던 국사학자들의 글도 상당수에 이르렀다. 이들이 주장하던 내재적 발전론과 자생적 근대화론은 〈창작과비평〉을 통해 지식대중에 깊

이 파고들어 교양화되었다.[13]

국사학계에서 나온 '자생적 근대화론'의 연구성과는 인접학문 분야에도 영향을 미쳤다. 조선 후기를 변화와 발전의 역동적 모습으로 파악하는 것을 반기고 적극 수용한 것은 옆 동네인 국문학 연구자들이었다. 〈창작과비평〉의 한국근대사 기획이 경제사와 문학사를 함께 다룬 것에서도 드러나듯이 국사학과 국문학에서 파악한 조선 후기의 변화상은 동전의 앞뒤처럼 묶여 있었다.

당시 국사학계의 '식민사관 극복'에 상응하는 국문학계의 시대적 과제는 한국근대문학이 외국문학, 특히 일본문학을 베꼈다는 '이식문학론'의 극복이었다. 한국근대문학사 연구의 개척자였던 임화는 "신문학사의 대상은 물론 조선의 근대문학이다. 무엇이 조선의 근대문학이냐 하면 물론 (서구의) 근대정신을 내용으로 하고 서구문학의 장르를 형식으로 한 조선의 문학이다"라고 주장했다. 백철은 한 걸음 더 나아가 한국근대문학의 기점을 일본문학의 영향이 본격화하는 1920년 무렵으로 잡았다. 한국문학사에서 근대와 전근대의 단절을 고민하던 국문학자들은 국사학계에서 내재적 발전론과 자생적 근대화론이 제기되자 이를 '전통의 계승발전'으로 해석해서 국문학 연구에 적용했다.

이런 움직임의 선두에 선 국문학자는 조동일이었다. 그는 "한국

13 이경란(2010), "1950~70년대 역사학계와 역사연구의 사회담론화", 〈동방학지〉, 152호, 369~379쪽.

사회는 스스로 근대화할 수 없었고, 고유한 의미의 한국문학은 중세로 끝날 수밖에 없었다"는 정체론과 단절론은 일제의 조작이며, 이제는 그런 사상적 노예상태를 청산해야 한다고 주장했다. 그는 김용섭의 농업사 연구와 강만길의 상업사 연구를 참조하고 인용하면서 조선 후기의 문학적 변화를 '중세의 해체와 근대의 싹틈'으로 해석했다. 조선 후기에 새로 부상한 농민층과 상인층이 중심이 된 문학을 '중세 평민문학'으로 정의하고, 이를 중세문학의 결산이자 근대문학으로 발전할 수 있는 가능성의 집약으로 보았다.

〈창작과비평〉에는 이런 관점에서 조선 후기 문학을 정리 소개하는 글이 잇달아 실렸다. 민속인형극, 판소리, 사설시조, 한문단편, 전통극, 가사, 연희물 등에 대한 글이 줄을 이었다. 이들은 조선 후기 문학에서 근대적 요소를 검출하고, 이를 '사회경제구조의 변동→의식의 변화→문학의 변화와 발전'이라는 시각에서 분석했다. 그리고 작가 개인보다 집단적 계층의 동향과 성격이란 관점에서 텍스트를 해석하는 경향을 보였다. 내재적 발전론과 자생적 근대화론이 조선 후기 문학사 연구의 대상과 시기, 주제 선택에서 연구의 전제와 가설, 방법과 절차, 연구 결과에 대한 해석에 이르기까지 큰 영향을 미쳤던 것이다.[14]

'자생적 근대화론'이 한국문학사 서술에 반영된 대표적 결과물은 김윤식과 김현이 함께 쓴 《한국문학사》(1974)였다. 30대 초중반의

14 김현주, 앞의 논문, 467~473쪽.

각광받고 의욕 넘치는 문학평론가 겸 연구자였던 두 사람은 〈창작과 비평〉과 쌍벽을 이루던 계간지 〈문학과지성〉에 1972년 봄호부터 1973년 가을호까지 "한국문학사"를 연재한 뒤 이를 단행본으로 출간했다. 18세기 후반 이후의 한국문학사를 '근대의식의 성장'(1780~1880), '계몽주의와 민족주의의 시대'(1880~1919), '개인과 민족의 발견'(1919~1945), '민족의 재편성과 국가의 발견'(1945~1960)으로 나누어 서술한 이 책은 새로운 감각과 형식으로 집필돼 표준적인 한국근대문학사로 자리 잡고 널리 읽혔다.

김윤식·김현의 《한국문학사》가 18세기 후반에서 한국근대문학의 서술을 시작한 것은 '자생적 근대화론'의 영향이었다. 이 책의 서언은 "전통 문제와 이식문화 문제, 식민지 치하의 문학의 위치 문제, 해방 후의 분단 문제 등을 문학적으로 이해하는 데 우리의 모든 노력을 집중시켰으며, 그 결과 조선 후기의 문학에서부터 근대문학사를 서술하는 것이 가장 타당하다는 결론을 얻었다"고 썼다. 그리고 제1장 "방법론 비판"에서 다음과 같이 그 이유를 밝혔다.

> 우리는 조선사회의 구조적 모순을 문자로 표현하고 그것을 극복하려 한 체계적인 노력이 싹을 보인 영·정조시대를 근대문학의 시작으로 잡으려 한다. 그 이유는 이렇다. 첫째, 영·정조시대에 이르면서 조선사회의 기반을 이루고 있던 신분 제도가 혼란을 일으키기 시작한다. 소위 경영형 부농이 생겨나고, 양반이 소작농으로 전락하는 예도 생겨난다. 그리고 이러한 변화는 그 사회의 모순과 갈등을 해소하려는 한

국사회 자체의 동적 능력이다. 그러한 동적 능력은 조선 후기의 단편 소설들에 분명하게 표현된다.[15]

김윤식과 김현이 쓴 《한국문학사》에 끼친 '자생적 근대화론'의 영향에 대해서는 김윤식이 여러 차례 밝힌 바 있다. 그는 "근대화의 맹아가 18세기 후반에까지 이끌어 올려진다는 이러한 학문적 성과만큼 60년대 인문사회학의 거대 담론이 없었다고 해도 큰 망발은 아닐 터. 고 김현 씨와 밤을 새우며 토론하고 함께 18세기 후반을 기점으로 《한국문학사》를 썼다"고 회고했다.[16] 그는 또 "나하고 죽은 김현이 함께 쓴 《한국문학사》는 실은 김용섭이 처음부터 끝까지 다 쓴 것"이라고 말했다.[17] 한국도 조선 후기에 근대의 씨앗이 내부에서 자생적으로 자라고 있었다는 김용섭의 연구가 있었기에 한국근대문학의 기원을 18세기까지 끌어올릴 수 있었고, 이식문학론을 넘어설 발판을 마련할 수 있었다는 고백이었다.

김용섭의 '경영형 부농설'을 핵심으로 하는 '자생적 근대화론'은 국사교과서에 반영되면서 국민적 교양으로서의 위상을 완성했다. 하지만 이 과정은 쉽게 이뤄지지 않았다. 변화에 미온적이고 보수적인 교과서 편찬의 특성 때문이었다. 그래서 '자생적 근대화론'은

---

15 김윤식 · 김현(1974), 《한국문학사》, 민음사, 33~34쪽.

16 김윤식(2005), "근대를 화두로 삼았던 어떤 세대의 심정고백", 〈한겨레〉, 2005. 12. 30.

17 2006년 5월 26일 한림대 한림과학원 주최로 열린 특강.

1970년대에 조금씩 국사교과서에 들어가기 시작해서 1980년대 초에 이르러 자리를 잡았다.

'자생적 근대화론'이 국사교과서에 들어가게 된 계기는 1969년 한우근·이기백·이우성·김용섭 등 중견 국사학자들이 "중·고등학교 국사교육 개선을 위한 기본방향"이란 보고서를 문교부에 제출하면서 마련됐다. "2세 국민에게 민족 주체의식을 배양시키기 위하여 올바른 국사교육에 필요한 새로운 국사교과서 편찬의 시안을 마련해 달라"는 문교부의 요청을 받아 공동연구 결과물로 제출된 이 보고서는 '국사교과서 편찬시안 작성 기본원칙'을 다음과 같이 제시했다.

첫째, 국사의 전 기간을 통하여 민족의 주체성을 살린다.
둘째, 민족사의 각 시대의 성격을 세계사적 시야에서 제시한다.
셋째, 민족사의 전 과정을 내재적 발전방향으로 파악한다.
넷째, 제도사적 나열을 피하고 인간 중심으로 생동하는 역사를 서술한다.
다섯째, 각 시대에 있어서 민중의 활동과 참여를 부각시킨다.[18]

'내재적 발전론'은 한국사 전체를 내부로부터의 자체적 발전이란 일국사적 시각에서 체계화하는 것을 의미한다. 하지만 그 가장 중요

18 이영호(2011), "'내재적 발전론' 역사인식의 궤적과 전망", 〈한국사연구〉, 152집, 248쪽.

한 내용은 '경영형 부농설'을 핵심으로 하는 '자생적 근대화론'이었다. 다른 학자들에 비해 나이가 적었던 김용섭이 선배들과 함께 문교부 보고서 작성에 참여한 데 이어 그가 주도하던 '내재적 발전론'이 '국사교과서의 기본원칙' 가운데 하나로 포함된 것이었다.

하지만 이때 제출한 '국사교육의 기본방향'은 1974년부터 적용된 제3차 교육과정에 의해 만들어진 국정 국사교과서에는 반영되지 못했다. 새 국정 국사교과서는 조선 후기의 사회경제사에 대한 서술이 종전에 비해 내용이 풍부하고 농업기술, 지주제, 상업적 농업 등을 중심으로 항목이 구성되었지만, 부농과 빈농의 분화, 임노동의 보급, 항조抗租 투쟁, 농업개혁론의 역사적 의미 등 농업생산력 증대에 따른 사회적 변화가 제대로 설명되지 않았다.[19]

국사교과서가 달라진 것은 1982년 제4차 교육과정이 적용되면서였다. 중학교와 고등학교 국사교과서는 한 권에서 두 권으로 늘어났고 하권을 조선 후기에서 시작했다. 고등학교 국사교과서의 경우 조선 후기의 단원은 '근대사회의 맹아'(교육과정), '근대사회의 태동'(교과서 서술)으로 표현했고, 농업과 상공업의 발달, 사회신분제의 변동 등 내재적 발전론과 자생적 근대화론에 입각한 내용이 적극 반영됐다. 이어 1987년 고시된 제5차 교육과정은 조선 후기 부분의 제목을 '근대사회로의 지향'으로 붙였고 '사회변화와 서민의식의 성

19 이경식(1986), "조선후기 농업·지주제 연구의 동향과 '국사' 교과서의 서술", 〈역사교육〉, 39집, 191~193쪽.

장, 양반사회의 동요, 농민의 각성, 부농층과 임노동자·중간계층의 성장', '근대사회로의 이행, 근대사회의 성격, 근대사회의 움직임'을 서술하도록 했다.[20] 1969년에 중견 국사학자들이 제시했던 '내재적 발전방향', '민중의 활동과 참여 부각'이 그들이 원로 학자가 된 뒤에 국사교과서 서술에 반영된 것이다.

---

20 박평식(2013), "조선시대사 연구의 성과와 국사교육", 〈역사교육〉, 125집, 348~350쪽.

## 2. '자주적 근대화론'의 태동

국사학계가 조선 후기의 사회경제적 변동에서 자본주의 맹아를 찾는 작업에 몰두하던 1960~1970년대에 이를 비판적으로 바라보면서 한국 자본주의 발전의 다른 모습을 그리는 학자가 있었다. 1967년 한국경제사학회가 '한국사시대구분론' 학술회의를 주최할 당시 경제사학회 회장으로 주제 발표와 사회를 맡았던 경제사학자 조기준이었다.

조기준(1917~2001)은 일제시기에 함흥농고를 졸업하고 일본 유학을 떠나 상지上智대에서 경제학을 공부했다. 1942년 만주 대동학원 연구원으로 학문 활동을 시작한 그는 광복 후 연희대(현 연세대)와 서울대 교수를 거쳐 고려대 경제학과에 자리를 잡았다. 그는 독일과 미국에서 연구활동을 했으며 독일의 역사학파와 막스 베버 등 비非마르크스적인 경제사 방법론을 한국에 소개했다.

조기준이 한국의 근대화 문제에 관해 처음 견해를 밝힌 것은 〈사상계〉 1959년 2월호에 실린 "한국경제의 근대화과정"이란 글이었다. 그는 근대 초 후진국가가 선진 자본주의를 본떠서 지배체제 및 경제구조를 근대화하는 과정을 3가지 유형으로 나누었다.

첫 번째는 자체 내에서 근대화의 싹이 움트고 시민계급이 형성돼 자신의 힘으로 선진 자본주의를 받아들여 근대화하는 것으로, 서유럽국가들의 경우다. 두 번째는 자체적으로 근대화의 싹이 충분히 움트지 못한 상태에서 봉건적 지배세력 안의 자각분자自覺分子들이 절대주의 정권을 수립하고 선진 자본주의를 받아들여 근대화하는 것으로, 일본의 경우다. 세 번째는 자체 내에 근대화의 싹이나 시민계급도 형성되지 않고, 지배세력이 근대 자본주의에 반동적인 대항을 계속하다가 국외國外의 신세력에 괴멸되고 마는 것이다. 이 경우 식민지 상태에서 근대적 발전이 이루어져도 침략국이 필요한 범위 안에서 진행되며 사회・법제・경제의 각 분야에 전근대적 요소가 집요하게 남게 된다.

조기준은 한국이 세 번째 유형에 속한다고 보았다. 1876년 강화도조약이 체결되고 서구의 문화가 들어올 때까지 봉건질서의 테두리 안에서 수공업자・상인・농민 어느 계층도 자본을 축적하고 경영을 확대할 만한 능력을 갖지 못했다는 것이다. 그는 "자생적 근대화는 고사하고라도 새로운 서구문화의 유입에 당면해서도 이를 받아들일 만한 아무런 터전도 마련돼 있지 않았던 것"이라고 썼다.21

일제 식민사학자들이 주장한 정체성론의 영향마저 느껴지는 이런 인식은 그가 1960년대 들어서 한국경제사 연구를 시작하고 국사학계를 중심으로 농업・상업・수공업 분야에서 자본주의 맹아론이 대두하면서 점차 변화했다. 그는 '한국사시대구분론' 학술회의에서는 조선 후기에 난전亂廛의 발생, '경영형 부농'의 대두, 실학의 출현 등 변화의 싹이 텄다는 것을 인정했다. 하지만 그는 여전히 이런 변화를

21 조기준(1959), "한국경제의 근대화과정", 〈사상계〉, 1959년 2월호, 57~59쪽.

'근대의 기점'으로 삼는 데는 반대했다. 그리고 18세기에 나타났던 변화와 발전이 19세기 들어 오히려 둔화되고 침체됐다고 주장했다.

조기준은 개항 이후에도 내적 근대화 역량의 부족과 일본 군국주의의 침략 정책 때문에 한국의 근대화가 제대로 진행되지 못했다고 보았다. 또 일제시기는 경제의 양적 성장은 일부 이루어졌지만 이는 침략국인 일본의 외연 확장이지 한민족의 경제적 역량이 커진 것은 아니었다고 주장했다.

그후 꾸준히 계속된 조기준의 한국근대경제사 연구는 1973년 출간된 《한국자본주의성립사론》으로 결실을 맺었다. 조선 후기부터 일제시기까지를 두루 다룬 이 책은 그가 1970년대 중반의 시점에서 도달했던 한국의 근대화에 관한 인식을 보여 준다.

《한국자본주의성립사론》의 특징은 개항기와 일제시기 부분에서 일제의 경제침략에 대응하여 성장해 가는 민족자본의 모습을 찾으려 했다는 것이다. 개항기를 다룬 제 2편에는 "개항과 민족상인", "한말의 민족은행", "한말의 근대공업"의 3개 장이 들어 있다. 일제시기를 다룬 제 3편에는 "1910년대의 조선공업과 민족자본", "조선의 공업화와 민족자본", "민족기업체의 실태", "민족기업과 물산장려운동"의 4개 장이 포함됐다. 조기준이 개항 이후의 한국경제사를 '민족자본', '민족기업', '민족상인', '민족은행'의 관점에서 바라본 것은 "일제 침략이란 것은 하나의 여건, 물론 가장 영향력이 큰 여건이었으나 역사의 주체는 어디까지나 한국민족이며 이 민족사의 전개가 역사의 주류를 이루고 있어야 한다"고 생각했기 때문이었다. **22**

한국근대경제사의 전체 흐름에 대한 조기준의 생각은 이 책의 마지막 장인 "한국 자본주의 발전의 제諸문제"에 종합돼 있다. 먼저 그는 18세기 조선사회에 나타난 변화에 상당한 의미를 부여했다. 이는 1959년 〈사상계〉 기고는 물론 1967년 '한국사시대구분론' 학술회의 발표에 비해서도 조선 후기의 근대지향적 성격을 더 적극적으로 인정한 것이었다.

> 한국에 있어서도 서구의 근대문화의 영향을 받기 이전에 사회경제의 내부에서 근대지향적인 여러 요소가 움터나고 있었다. … 이와 같은 변화 속에서 근대 시민계층이 점차 성장하였으며, 18세기의 후반에 이르러서는 이미 무시할 수 없는 사회적 세력에까지 성장하여 갔던 것이다.[23]

그는 이처럼 18세기에 성장했던 조선사회의 자본주의적 요소들이 19세기 초의 세도정치 아래 둔화・저지됐고, 개항 이후에는 일본의 제국주의적 침략을 받아 근대적 발달이 지연됐다고 분석했다. 개항 후 한국의 민족상인은 강력한 국가 금융의 지원을 받는 일본 상인에게 밀려서 점차 활동영역을 잃었고, 자본축적의 기회를 얻을 수 없었다. 조선 정부는 재정난과 일본의 군사적 위협 때문에 민족기업을 지원, 보호하지 못했다. 1905년 통감부 설치로 국정의 실권을 일본

---

**22** 조기준(1973), "서문", 《한국자본주의성립사론》, 대왕사, 7쪽.
**23** 위의 책, 554쪽.

이 장악한 뒤에는 토착자본의 명맥이 단절돼 버렸다.

이 책은 일본 자본주의가 자체 내에서 성장한 시민계급의 자본 축적을 바탕으로 하지 않고 정부 주도로 세워졌기 때문에 내부적 취약점을 안고 있었고, 성립 초기부터 해외 진출을 꾀하는 제국주의적 성격을 지녔다고 분석했다. 일본 자본주의를 지탱하는 정신적 지주는 서구의 자본주의를 뒷받침한 합리주의, 계산성, 시민정신, 신중성이 아니라 초기 중상주의시대의 비합리주의, 투기, 약탈정신, 모험이었다는 것이다. 한국에 진출한 일본 자본이 토착자본의 말살을 기도한 것은 이 같은 일본 자본주의의 속성 때문이었다.[24]

이 책에 따르면 일제시기에 활동했던 한국의 민족기업은 대체로 1920년 전후에 형성됐다. 그 한 그룹은 민족주의에 입각해 운영됐으며, 근대기업가로서의 성공률은 낮아서 주로 고율의 소작료 소득으로 기업을 끌고 나갔다. 보다 경제적이고 영리정신에 투철했던 다른 그룹은 일본 자본과 제휴하거나 거기에 예속되어 기업이윤을 확보했다. 결국 일제시기에 한국의 민족기업은 제대로 성장하지 못하거나 일본 자본주의의 시녀가 되었다.

조기준은 일제시기에 이뤄진 한국의 공업화를 '식민지적 공업화'로 규정했다. 식민지 조선의 경제는 이중구조로 되어 있어서 체제적 약점을 지녔다. 농업의 경우 토지소유 제도는 근대화됐지만 농업경영은 전근대적 소작관계가 대규모로 존속됐다. 그 결과 영세 소작농

---

**24** 위의 책, 555~559쪽.

은 기아수준의 생활에서 허덕였고, 지주는 고율의 소작료에 매달려 근대산업에 투자하기를 꺼렸다. 공업은 일본 자본가가 주도하는 중공업과 조선인이 저임금에 기반해서 운영하는 중소기업이 단절돼 있었다. 또 자본과 기술을 일본에 전적으로 의존하고 있어서 자립적 발전이 불가능했다.

식민지 조선 경제의 이중구조는 광복 후 한반도에 파괴적 영향을 미쳤다. 제 2차 세계대전에서 패망한 일본이 한반도에서 쫓겨나자 한국경제는 즉각 혼란에 빠져 생산이 마비됐다. 더구나 지역적으로 북한에는 공업, 남한에는 농업이 집중된 상태에서 남북 분단은 한국의 생산체계에 괴멸적 결과를 초래했다. 조기준은 "한국 자본주의는 그 성립 과정에서 물려받은 불리한 유산을 안고 해방 후 다시 출발하게 된 것"이라고 결론을 내렸다.[25]

《한국자본주의성립사론》의 다른 특징은 마르크스주의 경제사학의 영향을 강하게 받고 있는 사회구성사학과 로스토우 류類의 경제성장사학에 대한 거부를 분명히 한 점이었다. 저자는 각각에 대해 다음과 같이 서술했다.

> 한국사회경제사는 종래의 방법론을 그대로 이어받고 있는 것이다. 우리는 이 사실을 자본주의 맹아에 관한 연구태도에서도 분명히 볼 수 있으며, 또 오늘날 제기되고 있는 여러 문제 속에서도 느낄 수 있는 것이

---

**25** 위의 책, 565쪽.

다. 농민의 분해라든가 매뉴팩처의 존립 여부 등에서 자본주의의 맹아를 찾으려고 하는 방법론이라든가 노예나 농노 및 계급 대립 속에서 전통사회의 사회경제의 실태를 파악하고자 하는 방법론은 오늘의 한국사회경제사학의 한계성이 드러난 것이라고 하지 않을 수 없다. 26

경제성장 이론이 역사 연구에 도입되어 근대경제사 해명에 크게 공헌하고 있다는 사실을 부인하는 것은 물론 아니다. 그러나 식민지 통치하의 공업화 과정을 해명함에 있어서는 경제성장론적 접근은 문제의 핵심을 흐려 놓고 식민지경제의 본질을 해명하는 데는 별로 도움이 되지 못한다고 믿었기 때문이다. 27

조기준은 이후에도 한국근대경제사 연구를 계속했다. 그리고 그 결과를 담아서 《한국경제 근대화와 기업인》(1982), 《한국자본주의 발전사》(1991), 《한국경제사신강新講》(1994) 등의 저서를 냈다. 그는 기업과 기업인의 활동을 중심으로 한국 자본주의의 발전 과정을 집중적으로 탐구했다.

한국의 근대화 문제를 바라보는 조기준의 최종 입장은 1993년에 발표한 "경제사에서 보는 한국근현대사 문제"라는 논문에 집약돼 있다. 그는 먼저 "탈脫봉건, 반反침략적 근대 개혁은 동양사회에 있어

---

26 위의 책, 29쪽.

27 위의 책, 8쪽.

서의 근대적 발전을 지향하는 시민계층의 과제이며, 이를 실현시키는 과정이 동양근대사 전개의 실상이다. 한국근대사도 개항 이후 이러한 과정을 거쳐 전개되고 있었다"고 밝혔다. 한국의 근대화가 개항 이후에 근대적 발전을 지향하는 시민계층에 의해 탈봉건, 반침략적으로 전개됐다는 관점은 '자주적 근대화론'이라고 부를 수 있다.

이 글에서 조선 후기의 사회경제적 변화에 대한 조기준의 견해는 《한국자본주의성립사론》에서 다시 방향을 바꿔 '한국사시대구분론' 무렵으로 돌아갔다. 그는 "18세기에 이르러 사회경제의 각 부문에서 자본주의적 발전의 양상이 진행되고 있었다"고 인정하면서도, "18세기는 전통사회의 내부에서 움터 나온 큰 변혁의 시기임은 틀림없으나, 이 시기의 변혁은 봉건적 사회경제 체제를 붕괴시키고 근대 자본주의적 체제로 전환시키는 역사적 과업은 달성하지 못한 과도기에 불과했다"고 서술했다. 그는 농업에서 중농中農계층의 성장은 볼 수 없고 농민의 일반적 몰락이 보편화하고 있었다며 '경영형 부농'설을 부인했다.

그는 특히 지대地代의 금납화金納化가 미흡했고 정착되지 않았다는 점을 중시했다. 서구에서는 16세기에 지대 금납화와 물가상승이 결합돼 농촌의 중농층과 도시 상공인층이 성장해서 근대 시민사회의 주역이 됐는데 한국에서는 농촌에서 현물지대가 지배적이었기 때문에 중산층이 성장하지 못했다는 지적이었다.

반면 개항 이후 시기를 보는 조기준의 관점은 더욱 전향적으로 변화했다. 《한국자본주의성립사론》에서 일본 제국주의 침략에 따른 토착자본의 붕괴를 서술했던 것과 달리 이 글에서는 서구 자본주의에 접하면서 한국사회에 일어난 개방과 개혁의 풍조를 중시했다. 조선왕조의 근대개혁에 대해서도 자본·기술·경험의 부족과 일제의 방해 공작으로 제대로 성과를 거두지는 못했지만 개혁 의지는 인정했다. 그리고 외국 사정에 밝은 일부 지식계층이 언론과 교육 활동을 통해 근대적 개혁운동을 전개했음에 주목했다. 특히 1880년대 초부터 상인들이 근대적 회사를 설립하고 상인조합을 결성하면서 근대적 경제활동을 본격화한 데 의미를 부여했다. 그는 "개항 이후 우리나라에서는 '탈봉건'의 개혁운동이 사회 각 계층 및 경제의 각 분야에서 큰 풍조를 이루고 있었다"며, "한국근대사의 전개에서 개혁풍조의 흐름을 경시하고서는 이 시대의 성격을 올바로 이해할 수 없다"고 주장했다. 28

개항 이후의 농업 분야에 대한 해석도 눈길을 끈다. 그는 개항 이후 정부와 민간에서 활발하게 일어난 개혁 정책에서 소외된 부분이 농업이었다고 지적했다. 토지소유나 농업경영에서 아무런 개혁이 이뤄지지 않았고, 대외무역이 크게 확대되면서 가장 큰 피해를 본 계층이 농민이었다는 것이었다. 갑오농민봉기는 이처럼 봉건적 질서에서 탈출할 기회가 주어지지 않았던 농민들이 '탈봉건'의 기치를 들고 일으켰다고 그는 주장했다.

28 조기준(1993), "경제사에서 보는 한국근현대사 문제", 〈국사관논총〉, 50집, 161~166쪽.

이 글에서 또 하나 주목되는 것은 일제시기의 민족기업에 대한 보다 적극적인 해석이다. 그는 "민족사의 단절론은 침략자의 시각이고, 민족사의 연면성連綿性 주장은 민족사의 시각에서 보는 역사인식"이라며, "일제하에서도 사회 각 분야에서 한민족의 반제反帝, 탈봉건의 의지와 활동은 지속되고 있었으니 이 시기는 결코 굴종의 역사로 채색될 수는 없다"고 강조했다.

그는 1920년대 들어 '회사령' 철폐 등에 힘입어 활발해진 한국인의 민족기업 활동을 '경제적 자립에 대한 민족의 각성'이 동인이 됐다고 보았다. 그리고 이 시기의 민족기업을 지주 및 거상巨商에 의한 것과 영세자본에 의한 것으로 분류하고, 후자를 중시했다. 자수성가한 서민 출신의 중소기업인을 주축으로 하는 이들은 강한 의지와 종교적 신념으로 기업활동을 벌였으며, 조선민족의 절대적 성원을 받았다. 그는 "서민 출신의 중소기업적 민족기업들이 근대기업에서 얻은 체험이 해방 후 한국의 근대적 발전의 기반이 됐다"고 평가했다.[29] 식민지기 민족기업의 원류를 '서민 출신의 중소기업'에서 찾았던 것이다.

조기준은 한국근대경제사 연구를 결산하는 이 글에서 다시 한 번 마르크스주의 경제사학과 사회구성체론을 비판했다. 특히 이번에는 마르크스주의 경제사학의 변형으로 1980년대 한국 지식인 사회를 강타했던 종속이론을 지목해 그 문제점을 다음과 같이 지적했다.

---

29 위의 논문, 167~172쪽.

종속경제 혹은 주변부 자본주의 이론은 역사 진행 과정에 있어서의 발전적인 요인이 무시된 비역사적 이론에 서 있다. 종속이론에 입각한 사회구성체론은 역사의 흐름을 외면하는 경직된 사회침체론이며, 발전을 향하여 개척하고 노력하는 인간의 의지를 경시한 침체사론에 불과하다. 종속 및 주변부 자본주의론은 제2차 세계대전 이후 과거의 저개발 상태에 서 있던 민족국가들의 경제발전 과정을 보면 그 이론적 근거는 점차 상실되고 있는 것이 오늘의 실정이다. 한국 자본주의는 주변부적 종속이론에서 볼 것이 아니라 국제분업적 관계에서 이해해야 한다는 견해가 오늘에는 많은 동조자를 얻고 있다.[30]

개항부터 일제시기를 거쳐 해방 후에 이르는 경제적 변화를 자본주의 발전을 중심으로 민족사의 연면성과 근대화라는 입장에서 파악한 조기준의 연구는 국사학계는 물론 경제사학계에서도 동조와 지원을 별로 받지 못하고 외롭게 만들어 낸 지적 고투苦鬪의 산물이었다. 또 주로 기업사에 초점을 맞추어 경제와 산업 전체를 조망하지 못한 한계도 있었다. 하지만 개항 이후의 경제적 변화와 그 역사적 의미를 집중 탐구한 조기준의 실증적 연구는 조선 후기에서 광복 후까지 한국의 근대화 과정을 깊이 있게 성찰한 천관우의 담론적 논설과 함께 2000년대 들어 본격적으로 전개되는 '자주적 근대화론'의 토대를 놓았다고 할 수 있다.

30 위의 논문, 172~173쪽.

# 3

## 도전에 직면한 '자생적 근대화론': 1980~1990년대

달이 차면 기우는 법인가. '자생적 근대화론'이 국사학계는 물론 인접학문 분야로 확산되고, 지식인에게 큰 영향을 미치는 것은 물론 국사 개설서와 교과서에 실려 국민의 교양이자 상식이 된 1980년대에 이르러 이에 대한 거센 비판이 제기됐다. 그리고 이번 도전은 '자생적 근대화론'이 처음 대두한 1960년대 이후 학계에서 산발적으로 나오던 연구방법론이나 연구성과에 대한 학술적 비판의 차원을 넘어섰다. 다음 세대의 학계를 이끌어 갈 후배들로부터 집단적이고 이념적인 차원에서 문제가 제기된 것이다. 더구나 그런 도전은 좌파와 우파 양쪽에서 모두 터져 나와 '자생적 근대화론'에 선 연구자들을 곤혹스럽게 만들었다.

## 1. 왼쪽에서의 도전: 민중사학의 비판

1970년대에 민주화운동의 세례를 받으면서 학문의 길에 들어서 새로운 역사관을 모색하던 진보적인 젊은 연구자들은 1980년대에 들어서자마자 '자생적 근대화론'에 대한 도전을 조용히 제기했다. 1960년대 이래 국사학계에서 '자생적 근대화론'의 진지 역할을 하던 한국사연구회는 1981년에 한국사의 주요 연구성과를 정리하고 앞으로의 연구방향을 모색하는 《한국사연구입문》을 펴냈다. 그 가운데 조선시대를 서술한 '중세사회 II'의 가장 앞부분에 실린 총론 격의 무기명 글에 다음과 같은 구절이 들어 있었다.

> 한동안 식민사학의 극복이라는 발상 아래, 18세기쯤 하여 현저히 진행하는 이 같은(농업 · 상공업 · 신분제의 변화: 저자) 사실을 곧 자본주의적 양식의 맹아 현상으로 연결시켜 파악하는 시각, 혹은 이 시기 전체의 역사 사실을 고찰함에 있어서도 그러한 현상이야말로 필연적인 경과점인 것으로 미리 전제해 놓고 나서는 시각이 더러 유행하였다. 그러나 이후로도 길이 만연하는 국가적인 것의 강인한 침식 작용, 지배체제의 중층적인 구조에서 생겨나 이제는 극대화의 길로 치닫고 있던 사회적 모순의 중층성, 그래서 중세 말기 한국에 있어서 역사운동의 본질적인 측면은 그러한 맹아 현상에서보다도 오히려 민란民亂의 성격에서 찾아야 하지는 않을 것인가.[1]

'자생적 근대화론'에 대한 이런 비판은 안병태가 이미 제기한 바 있었던 '부조적 방법론'에 대한 불만으로 읽을 수도 있다. 하지만 조선 후기에 나타난 변화의 본질을 민란에서 찾는 점으로 보아 자본주의적 근대로의 이행을 필연적 과정으로 설정한 자생적 근대화론에 대한 비판으로 해석하는 것이 보다 적절할 것이다.

은밀하게 복류伏流하던 '자생적 근대화론'에 대한 비판은 소장 연구자들이 '과학적 · 실천적 역사학'을 내걸고 조직적이고 집단적인 학술운동을 시작한 1980년대 후반에 이르러 표면화됐다. 젊은 한국사 연구자들의 모임인 근대사연구회가 집단토론의 결과를 담아서 1987년 펴낸 《한국 중세사회 해체기의 제 문제》는 조선 후기사 연구를 사학사적으로 검토하면서 다음과 같이 지적했다.

> 조선 후기사 연구의 내재적 발전론이 오늘의 현실에서 가지는 의미는 무엇인가 하는 점이다. 물론 사회구성체론적인 인식에 토대를 둔 조선 후기사 연구는 한국사의 발전 과정에 대한 합법칙적인 인식, 현실 사회에 대한 사회구성체적인 인식, 그리고 근대화의 길에 대한 계급론적 인식 등을 제고시킬 수 있었다고 여겨진다.
>
> 그러나 그러한 기여는 현실적으로 크게 가시화되지는 않았다. 그것은 60 · 70년대 이러한 입장의 내재적 발전론이 당시의 정치 · 사회 현실에 대한 관심에서 출발했다기보다는 학문적 관심에서 출발했던 것

1 한국사연구회 편(1981), 《한국사연구입문: 중세사회(II)》, 지식산업사, 261쪽.

이기 때문에 불가피한 것이기도 했다. 그러나 현실 속에서 충분한 실천성을 확보하지 못했다고 하는 바로 그러한 측면에서 이 이론은 80년대 이후 비판의 대상이 되고 있다.[2]

소장 국사학자들이 '자생적 근대화론'을 비판하는 이유였던 "실천성을 확보하지 못했다"는 관점은 한 해 뒤인 1988년 국사학자 이세영이 발표한 "현대 한국사학의 동향과 과제"라는 글에서 보다 자세하게 되풀이됐다. 1980년대 후반 잇달아 발족한 진보적 학술단체들이 연합해 개최한 학술회의에서 발표한 이 글은 익명으로 쓴 앞의 두 글과는 달리 소장 국사학자가 자기 이름을 걸고 쓴 것이었다. 그런 만큼 보다 과감하고 명확하게 입장을 밝혔다.

이 글은 "한국사학의 실천성이라는 관점에서 사학사 정리를 하려는 것은 1980년 이후 사회변혁운동의 질적인 비약이 한국사학으로 하여금 새로운 과제 설정과 전망을 요구하고 있기 때문"이라며, "현단계 한국사학의 당면과제가 반제反帝 민족민주 사학의 건설임을 논증하는 것이 될 것이며, 보다 구체적으로 말하면 민중을 중심으로 역사를 파악하며, 사회구성체론과 계급결정론에 의하여 역사발전을 설명하는 과학적 역사학의 수립이 될 것"이라고 주장했다. '사회구성체론과 계급결정론', 즉 마르크스주의에 입각한 민중적 관점에서 역사를 해석하며 사회변혁운동에 얼마나 기여하느냐라는 실천성

---

2 근대사연구회 편(1987), 《한국 중세사회 해체기의 제 문제》, 한울, 46쪽.

을 역사학에 대한 평가기준으로 삼겠다는 것이었다.

그리고 이런 관점에서 '4·19혁명과 6·3투쟁 이후에 대두한 역사학'에 대하여 "식민사학의 정체성론과 타율성론을 부정하고 한국사를 주체적으로 발전적 입장에서 파악하려는 것으로 … 식민사학을 극복하고 나아가서 긍정적 한국사상史像을 갖게 하는 데 기여하였다"고 그 의의를 인정하면서도, "이때에 제창된 민족사학은 일제 지배에서의 민족사학과 해방공간의 신민족주의 사학의 출발 전제였던 실천성을 방기하였다"고 비판했다. 역시 '실천성 결여'를 문제점으로 지적한 것이다. 그러면서 "실증사학과 소부르조아적 신민족주의 사학의 세례를 받고, 전쟁의 부정적 체험을 체질화한 전후세대의 연구자들에 있어서 그것은 어쩌면 당연한 것이었는지도 모른다"며 '실천성 결여'를 연구자 개인이 아니라 세대의 문제로 돌렸다.

이 글은 1960년대 이후 국사학계의 주류가 된 '민족사학'을 문화주의 사관, 근대화론적 시각, 사회구성사적 시각의 세 종류로 나눴다. 내재적 발전론에 입각한 '자생적 근대화론'은 이 가운데 두 번째와 세 번째에 관련된다.

근대화론적 시각에 입각한 내재적 발전론은 근대사회는 곧 자본주의 사회(시민 사회)라는 전제 위에서 조선 후기를 중세사회의 해체기이자 근대사회로의 이행기로 보고 그 속에서 근대지향적 요소를 밝히고자 했다. 이세영은 이에 대해 "역사발전에 대한 진화론적 이해 이상의 것일 수 없다"며 "변혁주체의 설정에서 부르주아적 계급성을 드러냈다"고 비판했다. 근대화론적인 자본주의 맹아론은 "60·70

년대의 현실 속에서 이른바 '조국 근대화'와 고도성장을 미화하는 근대화론에 추수追隨하는 이상의 의미를 가질 수 없었다"는 것이다.

사회구성사적 시각의 내재적 발전론 역시 비판을 피해 갈 수 없었다. 이세영은 사회구성사적 시각에 입각한 연구가 "한국사의 주체적·내재적 발전 과정을 '합법칙적'으로 파악하고 체계화하려 했으며 계급론적 분석이 사회운동사와 연결됨으로써 '근대사회 = 자본주의 사회'라는 전제를 극복하고 또 다른 근대사회로의 발전방향을 제시할 수 있었다"며 상대적으로는 긍정적으로 평가했다. 하지만 다음과 같이 그 한계를 지적했다.

> 그러나 그것은 사적 유물론을 연구방법론의 차원에서 원용하는 정도에 머물렀고, 또 내재적 발전론의 입장에 선 연구경향 일반이 그렇듯이 일차적으로 조선사회 정체론의 극복에서 출발했기 때문에 한국근현대사에 대한 민족적·민중적 발전의 전망을 가질 수 없었다. 그러한 측면에서 그것은 80년대 이후 내재적 발전론에 대한 비판 속에서 실천적 역사학으로서의 한계가 지적되고 있다.[3]

이세영은 각 시각을 대표하는 학자를 직접 거론하지는 않았다. 하지만 내용과 문맥으로 볼 때 근대화론적 시각의 내재적 발전론은

3 이세영(1988), "현대 한국사학의 동향과 과제", 《80년대 한국 인문사회과학의 현단계와 전망》, 역사비평사, 81~86쪽.

유원동, 사회구성사적 시각의 내재적 발전론은 김용섭을 각각 가리키는 것으로 판단된다.

이세영이 제시한 대안은 '민중사학'이었다. 그에 따르면 민중사학은 역사를 과학적 변혁이론에 입각하여 분석·설명하고, 역사적 사실을 통하여 그 시대의 사회구조를 정확히 인식한 위에서 그 사회의 모순구조를 파악하며, 모순 해결의 주체로 민중을 설정한다. 이러한 민중사학은 한국사회의 변혁운동을 민중에 의한 민족해방운동으로 파악하는 데서 실천성을 확보하고자 한다. 그리고 민중사학은 1970년대 중반 이후 민족민주운동을 간접·직접 체험한 젊은 연구자들에 의해 모색 중에 있다고 밝혔다.

이세영은 1995년 "현대 한국사학의 발전"이라는 글에서 다시 한번 내재적 발전론에 대한 비판을 시도했다. 그는 1960년대 이후 식민사관의 극복을 내세우며 대두한 문화사학, 분단극복사학, 사회경제사학 등 여러 갈래의 역사학을 뭉뚱그려 '현대 민족주의 사학'으로 이름 붙이고 이들이 "식민주의 사학을 극복하고 나아가서 새로운 한국사상像을 세우는 데 크게 기여하였다"고 평가했다. 하지만 뒤이어 다음과 같이 그 한계를 지적했다.

> 대부분의 연구자들에게 '내재적 발전론'과 근대화론에 의해 파악한 한국사의 최종단계는 분단과 반공의 틀 안에서 자본주의화하고 있던 남한이었다. 분단과 자본주의 사회 남한이라는 상황을 어느덧 '역사의 현실'로, 즉 역사발전의 한 단계로 받아들이고 있던 것이다. 따라서

그러한 성과들은 결과적으로 근대화지상주의를 내걸고 치닫고 있던 권력 국가체제의 역사적·이데올로기적 기반을 제공하는 결과를 가져왔다.4

1980년대 후반에 '민중성·실천성 부족'이라고 표현됐던 '자생적 근대화론' 비판은 이 글에 이르러 좀더 명확하게 서술됐다. 자생적 근대화론이 조선 후기 이후의 역사발전을 자본주의로의 변화로 파악했다는 것이었다. 그리고 그렇게 함으로써 결과적으로 남북한이 분단된 상황에서 자본주의적 발전을 이룩한 남한과 근대화지상주의를 통해 권력을 정당화하는 독재정권을 뒷받침하는 이념적 기반을 제공했다는 주장이었다.

이세영은 1960년대 이래의 역사학이 "학계의 보수적 혹은 중도적 역사가들에 의해 주도됐다"며, "그것은 '반反식민주의 사학'일 뿐, 새로운 역사이해를 보여 주는 것은 아니었다"고 결론지었다. 그러면서 1980년대 들어 역사와 사회 발전의 주체로 설정된 민중의 계급적·민족적 해방을 추구하는 '민중적 민족주의 사학'이 대두하여 '과학적·실천적 역사학'을 통해 그 같은 한계를 돌파해 나가고 있다고 주장했다.5

1960~1970년대에 자본주의 맹아론과 자생적 근대화론을 이끌었

---

4 이세영(1995), "현대 한국사학의 발전", 《한국역사입문》①, 풀빛, 32쪽.

5 위의 논문, 36~40쪽.

던 사회구성사학을 비판한 소장학자는 이세영만이 아니었다. 국사학자 이영호 또한 1994년 "해방 후 남한 사학계의 한국사 인식"이란 글에서 비슷한 견해를 나타냈다. 그는 이 시기에 국사학계를 대표했던 민족사학론을 '민족문화론'과 '내재적 발전론'으로 나누고, '내재적 발전론'을 다시 '사회구성사적 경향'과 '근대주의적 경향'으로 구분했다. 그리고 사회구성사적 경향에 대해 다음과 같이 지적했다.

> 자본주의 맹아 연구는 주로 조선 후기에 한정되었고, 개항기를 거쳐 일제시기로 이어지는 근대이행의 논리를 창출하는 데까지 연결되지는 못했다. 뿐만 아니라 그 자본주의의 맹아는 고전적 형태의 근대자본주의로 성장할 수 있는 것으로 상정되었다. 식민지화되어 버린 사회의 자본주의 맹아가 아니라 근대자본주의 사회로 성장할 자본주의의 맹아가 논의되었던 것이다.[6]

이와 비슷한 지적은 김용섭과 가까웠던 국사학자 정창렬도 일찍이 제기한 바 있었다. 그는 1984년에 발표한 "한국학연구 반세기: 근세사(조선 후기 편)"라는 글에서 다음과 같이 썼다.

> 정면에서 대립되고 있는 양자(정체성론과 내재적 발전론: 저자)는 공통

---

6 이영호(1994), "해방 후 남한 사학계의 한국사 인식", 《한국사》 23권, 한길사, 192~193쪽.

되는 면도 있었다고 생각된다. 조선 후기시대가 일정한 전환을 거쳐서 이르게 되는 그 다음의 단계가 자본주의 사회로 파악되었다는 점에서 양자는 공통됐다. 그러나 객관적인 실체로서의 한국근대사의 내용이 자본주의 사회였다고는 생각되지 않는다. 조선 후기에서 다음 단계인 근대사로의 전환은, 한국이 타율적으로 세계 자본주의 체제에 편입됐다는 조건에 말미암은 것이었고, 그 객관적인 조건은 조선 후기에는 없었던 것이지만, 한국근대사에서는 존재하지 않았던 '자본주의의 성립'이라는 것을 유일한 기준으로 하여 조선 후기시대의 역사발전 모습을 구성하는 것은 어딘가 미흡하다는 느낌을 금할 수 없다.[7]

한국근대사의 전개 과정을 자본주의로의 발전으로 파악하는 자본주의 맹아론에 불만을 가졌던 정창렬은 후배들이 민중사학을 제창하고 나오자 적극 호응했다. 그는 1989년에 쓴 "한국에서 민중사학의 성립・전개 과정"이란 글에서 다음과 같이 지적했다.

조선 후기사 연구, 개항기 연구에서는 자연히 부르주아 계급 또는 근대 시민계급의 성립과 성장이라는 면에 지나치게 무게를 두게 되는 것은 필연의 일이었다. 부르주아 이외의 계층 또는 계급은 부르주아들에게 보조적 역할을 하는 것으로서만 인식・파악되는 경향이었다. 따라

7 정창렬(1984), "한국학연구 반세기: 근세사(조선 후기 편)", 〈진단학보〉, 제 57호, 96~97쪽.

서 민중은 혹 언급되더라도 사회운동의 주체로서 인식되지는 않았다. 자본주의 맹아론과 그 연장으로서 개항기를 개화기로 파악함은 한국 근현대사에서 제국주의의 지배를 한국민족의 반제 민족해방 투쟁의 구체적 역사 과정에서 파악·인식할 수 없었다는 한계를 지니는 것이었고, 따라서 그것은 한국근대사의 역사 진실을 밝히기에는 한계가 있는 것이었다.[8]

이처럼 1980년대 후반에 대두한 민중사학론자들이 '자생적 근대화론'을 비판하고 나선 이유는 그것을 주도한 김용섭이 주로 조선 후기와 개항기의 농업사 연구에 집중하면서 식민지화 이후와의 연결 문제를 충분히 밝히지 않았기 때문이었다. 한국사에서 자본주의 맹아를 찾는 '경영형 부농론'은 조선 후기와 개항기를 대상으로 부르주아적 요소의 형성과 발전에 대한 탐구에 집중했고, 이런 자세는 민중적 관점과는 거리가 있다고 받아들여졌다.

김용섭의 역사연구는 사회구성체론에 입각해 있었다. 사회구성체론은 한 사회가 물질적 토대를 이루는 하부구조와 정신적·제도적 요소들의 상부구조로 이루어지며, 하부구조가 상부구조를 규정한다고 보는 시각이다. 이런 관점은 마르크스와 엥겔스에게서 시작돼 발전하면서 마르크스주의 경제사학의 기본틀이 됐다. 한국에서

8 정창렬(1989), "한국에서 민중사학의 성립·전개과정", 《한국민중론의 현 단계》, 돌베개〔정창렬(2014), 《정창렬저작집》Ⅲ, 선인, 430~431쪽, 재수록〕.

마르크스주의라는 표현을 사용하기 어려웠던 일제시기 이래로 '사회구성체론', '사회구성사학', '사회경제사학'이 마르크스주의 경제사학을 대신하는 용어로 자리 잡았다.

사회구성체론에 입각한 마르크스주의 경제사학은 인류 역사의 발전이 '원시 공산사회 → 고대 노예제사회 → 중세 봉건사회 → 근대 자본주의사회 → 현대 사회주의사회'의 5단계로 진행된다고 파악했다. 제 2차 세계대전 종전 후 중국과 북한, 그리고 일본의 좌파 역사학계에서 붐을 이루었던 자본주의 맹아 연구는 동아시아의 자본주의와 사회주의 이행에 대한 설명을 위한 것이었다.

이들이 말하는 자본주의 맹아는 사회주의로의 이행을 전제했다. 서구 자본주의 열강이 밀려오기 전에 아시아국가에서 싹텄던 자본주의 맹아는 제국주의에 의해 뭉개져 제대로 발전하지 못했으며, 제국주의가 패망한 뒤 이들 국가는 자본주의를 거치지 않고 사회주의로 바로 이행했다는 것이었다.

그런데 스스로를 "평범한 역사학자에 지나지 않는다"[9]고 한 김용섭은 사회주의로의 이행 전망을 명확히 하지 않았다. 그는 조선 후기 이래의 농업사 연구에 몰두하면서 정치사회적 변화에 대해서는 직접적 언급을 별로 하지 않았다. 이 부분에 대한 그의 견해는 1988년 발표한 논문 "근대화 과정에서의 농업개혁의 두 방향", 1992년 출간한 《한국근현대농업사연구》의 서론과 결론 등에 개략적으로

9 김용섭(2011), 《역사의 오솔길을 가면서》, 지식산업사, 235쪽.

정리돼 있다.

흔히 '근대화의 두 개의 길' 이론으로 알려진 김용섭의 주장에 따르면 조선 후기에서 개항기에 이르는 동안 농업의 근대화를 놓고 두 갈래의 개혁론이 대립했다. 하나는 토지소유 관계는 그대로 두고 부세賦稅 제도만 바꾸자는 것으로 지주의 입장을 반영했다. 다른 하나는 토지소유 관계까지 바꾸자는 것으로 농민의 입장을 대변했다. 전자는 당시 집권세력, 후자는 재야에 있던 실학자들의 주장이었다. 임술민란, 갑신정변, 갑오개혁, 갑오농민전쟁, 대한제국 수립 등 정치적 격변이 이어질 때마다 두 개의 농업개혁론은 부침을 거듭했고, 결국 조선왕조는 전자의 손을 들어 주었다. 양전지계量田地契사업을 골자로 하는 대한제국의 '광무개혁'은 지주층을 중심으로 한 농업 근대화 정책을 채택했다.

조선왕조가 망한 뒤 일제가 지주제 강화를 통한 수탈 정책을 전개하면서 농촌사회는 극심한 변화를 겪었다. 조선인과 일본인 대지주들은 토지 매입과 고리대 등을 통해 토지를 집적해 대농장경영을 확대했고, 그 과정에서 농토를 잃은 무전無田농민이 속출했다. 몰락 농민은 국내에서 화전민이 되거나 만주와 시베리아 등으로 유이민이 되어 떠났다. 농촌에서는 1920년대 이후 이런 수탈에 저항하는 소작쟁의가 광범위하게 일어났다.

일제의 통치 아래 농촌의 지주제가 일본 자본주의 체제에 편입됨에 따라 농민운동은 종전의 반봉건적 성격에다 반일·반자본주의적 성격이 더해졌다. 이는 당시 전 세계적 조류를 타고 식민지 조선에까지 밀어닥친 사회주의 사상과 연결됐고, 농민운동은 사회주의 농업의 건설을 지향하게 됐다.

일제시기 한국인들이 제시한 농업문제 해결방안은 민족주의 진영의 지주 입장과 농민 입장, 사회주의 진영의 농민 입장 등 3가지로 분류된다. 첫 번째는 지주제의 부분적 통제와 농촌진흥운동을 통해 농민생활을 개선하려고 한 일제의 정책과 비슷한 것이었다. 두 번째는 소작농민의 지위를 파격적으로 개선하고 전면적 토지개혁에 가까운 방안을 모색하는 것으로 사회민주주의적 성격을 띠었다. 세 번째는 일본 자본주의와 지주제를 전면적으로 타도하는 민족해방투쟁을 통해 사회주의 농업을 건설하려고 했다.

김용섭에 따르면 일제시기에 농업문제 해결방안은 계급적 이해관계와 정치적 자세의 차이 때문에 하나로 수렴되지 못했다. 그리고 해방 이후 민족주의 진영의 방안들은 남한에서 농지개혁으로, 사회주의 진영의 방안은 북한에서 토지개혁으로 각각 실현됐다. 그는 이렇게 해서 만들어진 농업체제의 분열과 남북 분단을 해소하고 통합하는 것이 한민족이 당면한 역사적 과제라고 주장했다.

한국근현대사의 흐름에 대한 김용섭의 설명은 '근대 자본주의→현대 사회주의'라는 마르크스주의 경제사학의 5단계 발전론과는 차이가 있었다. 그는 개항기와 일제시기를 거치면서 '경영형 부농'에 의한 자생적 근대화가 좌절된 뒤 지주층 중심으로 일제의 식민화에 부응하며 진행된 파행적 근대화 과정에 비판적이었다. 하지만 1980년대 후반에 대두한 민중사학처럼 '민중사관'을 전면에 내세우면서 사회주의로의 이행 전망을 명시하지는 않았다.

김용섭은 민중사학자들과 달리 '위로부터의 근대화' 전망을 완전히 차단하지 않고 조금 열어 놓았다. 이는 그가 만들어 낸 '경영형 부농' 개념의 논리적 귀결이라고 할 수 있다. 그가 한국근현대사의 전개를 '신국가 건설운동'으로 파악할 때 '신국가'는 서구적 자본주의 사회에 가까웠다. 심정적으로는 사회주의에 기울면서도 논리적으로는 자본주의를 받아들이지 않을 수 없는 긴장과 모순이 '김용섭 사학'에 존재했다. 그는 정치적으로는 사회민주주의를 통해 그런 긴장과 모순을 돌파하려고 했다. 그리고 이런 긴장이 있었기에 그는 뒤에 살펴보는 것처럼 2000년대 들어 문명사적 관점에서 한국사를 조망하는 새로운 시도를 할 수 있었다.

사회학자 김호기는 '김용섭 사학'의 이 같은 이중적 성격을 포착하고, 이를 '사실판단'과 '가치판단'의 차이와 충돌로 설명했다.

> 사실판단의 관점에서 내재적 발전론은 '심층적 실증'에 바탕해 조선 후기에서 현대사에 이르는 자본주의적 역동성을 주목하고, 가치판단의 관점에선 비자본주의적 발전을 암시적으로 옹호한다. 이러한 관점은 근대화 이론보다 마르크스주의 역사이론에 가까운 것이며, 근대의 불가피성을 인정하면서도 근대의 한계를 극복하려는 '비판적 근대주의'로 볼 수 있다.[10]

---

10 김호기(2019), "김호기의 100년에서 100년으로: 〈45〉 김용섭의 '조선후기농업사

김용섭과 달리 자생적 근대화론과 사회주의적 전망의 충돌, 사실판단과 가치판단의 긴장을 깨뜨리고 민중사관에 의한 사회주의 지향을 분명히 하면서 그 방향으로 직진한 인물이 일본의 한국사 연구자 가지무라 히데키梶村秀樹였다.

가지무라 히데키(1935~1989)는 1960년대에 한국근현대사 연구를 시작한 이래 개항에서 광복 후 당대에 이르는 기간을 종횡으로 연구하면서 한국사의 발전법칙, 근현대 사회경제사, 민족해방투쟁사, 재일조선인 문제 등에 관해 많을 글을 남겼다. 그는 1970년대 중반까지는 한국의 자본주의 전개 과정을 중심으로 사회경제사 연구에 집중했고 그 성과를 담은 《조선에서의 자본주의의 형성과 전개》(1977년)를 냈다. 이 책은 개항 이후 조선의 방직업, 일제시기 평양의 메리야스 공업, 1960년대 한국의 '예속자본' 발전 과정 등을 다루었다. 이어 1970년대 중반 이후에는 그가 역사발전의 원동력이라고 본 민중의 동향과 의식의 발전 과정을 주로 연구했다.[11]

가지무라는 한국사 연구를 시작하면서 당시 중국에서 급진전하던 자본주의 맹아론 연구의 영향으로 '내재적 발전론'을 받아들였다. 그는 고교 시절 중국어를 제2외국어로 선택했고, 도쿄대에 입학해서도 중국 민요에 바탕을 둔 연극 제작에 참여하는 등 중국을 선망

연구'", 〈한국일보〉, 2019. 1. 7.

11 아오야기 준이치(青柳純一)(2002), "가지무라 히데키의 학문과 사상", 〈역사비평〉, 2002년 봄호, 236~238쪽.

했다. 당시 일본의 젊은 지식인들 사이에서는 1949년 중국대륙을 장악한 뒤 사회주의 혁명을 급속히 진행하던 중국에 대한 관심이 고조되었다.[12]

가지무라는 한국근대사회경제사를 자본주의 맹아론의 관점에서 연구하면서 동시에 민중적 입장을 분명히 했다. 그는 개항 이후 한국의 부르주아지가 제국주의와 협력하며 종속적 발전의 궤도를 타고 성장해 간 것과 달리 민중은 민족해방이라는 목표를 이어받아서 부르주아지를 극복해 갔다는 것을 보여 주려고 했다. 그의 학문적 목표는 '내재적 사회경제사 발전과 분리된 인민투쟁사가 아니라 그것을 유기적으로 포섭한 인민투쟁사'였다.[13]

당대 중국에 대한 선망과 민중에 대한 신뢰는 자연히 사회주의에 대한 신념으로 이어졌다. 가지무라는 북한의 사회주의적 발전을 확신했고, 남북 분단상황에서 북한에 기울어 있었다. 그는 북한에서 진행되던 자본주의 맹아론 연구의 성과를 일본에 소개하는 데 앞장섰다. 6·25전쟁에 대한 그의 서술은 미국의 침략전쟁이라는 관점에서 일본인들의 반전反戰 평화운동과 재일조선인의 반미운동을 중시했다. 반면 그는 1인 지배체제가 강화되어 가던 북한의 상황에 대해서는 "조선사의 주인공은 조선 인민"이라며 침묵했다. 그는 한국

---

12 강덕상(1997), "가지무라 히데키와 조선근현대사 연구", 〈역사비평〉, 1997년 여름호, 177쪽.

13 아오야기, 앞의 논문, 237쪽.

의 비약적 경제발전이 분명해진 1980년대에도 한국사회가 민중의 지속적인 저항으로 '종속 발전'의 자본주의 체제를 변혁시킬 것이라는 기대와 신뢰를 버리지 않았다.[14]

가지무라가 한국과 일본의 다른 한국사 연구자와 차이가 두드러진 점은 실천성이었다. 도쿄대 대학원 재학시절 학생운동 조직인 전공투全共闘 간부로 활동했던 그는 연구자의 길로 들어선 이후에도 학술 단체나 모임은 물론 각종 사회운동에도 적극적으로 참여했다. 일본 각지에서 열리는 수많은 시민강좌와 교육 모임에 가장 열심히 강사로 참가한 한국사 연구자가 그였다. 그는 또 김희로 사건, 재일조선인 지문 날인 철폐운동 등 재일조선인 차별 반대운동에도 앞장섰다.

가지무라 히데키의 실천성과 사상적 진보성은 한국에서 그를 '일본인의 양심'으로 인식하게 했다. 또 과학적·실천적 역사학을 지향한 한국의 민중사학은 그를 한국근현대사 연구에 중요한 이론적 참조 축으로 삼았다.[15] 이영호는 "일본에서 내재적 발전론의 계기가 아시아 사회주의의 진전과 관련되어 있는 반면, 한국의 내재적 발전론은 처음부터 사회주의적 전망을 지니지 않았거나 내면화되었고, 자본주의 맹아론은 역사적 관념에 머물고 실천적 전망과 연결되지 않았다"[16]고 평가했다.

---

14 조관자(2014), "내재적 발전론의 네트워크, '민족적 책임'의 경계", 《가지무라 히데키의 내재적 발전론을 다시 읽는다》, 아연출판부, 215~235쪽.

15 홍종욱(2014), "왜 지금 가지무라 히데키인가", 위의 책, 10쪽.

16 이영호(2011), "'내재적 발전론' 역사인식의 궤적과 전망", 〈한국사연구〉, 152

그러나 가지무라는 1980년대 들어 일본의 지식인 사회에서 점차 소외돼 갔다. 중국과 북한의 사회경제적 낙후성이 드러나고, 한국·대만의 눈부신 경제발전이 세계의 주목을 받으면서 동아시아 근현대사를 재해석하려는 움직임이 일본 역사학계에서 전개됐다. 하지만 그는 이런 흐름에 부정적이었다. 북한의 현실에 대해서도 많은 일본 좌파 지식인이 비판적으로 변해 간 반면 그는 '일본의 원죄原罪와 그 책임'에서 원인을 구하려는 입장을 포기하지 않았다.

가지무라 히데키의 이런 자세에 대해 조관자는 "사회주의 진영의 체제 붕괴와 시장경제로의 전환을 앞두고 가지무라 역사학은 시대적 변화에 응전할 이론적 원동력을 상실했다"며, "가지무라는 1960년대의 문제의식을 품고서 1980년대를 살았다"고 했다. 그는 가지무라 역사학이 시대에 뒤처지게 된 원인을 "정보와 판단력이 냉전시대의 이념적 당파성에 갇혀서 '현실감각의 낙차'를 드러낸 것"에서 찾았다.17 가지무라는 동구 사회주의의 붕괴가 시작되던 무렵에 세상을 떠났다.

---

집, 263쪽.

17 조관자, 앞의 논문, 219·235쪽.

## 2. 오른쪽에서의 도전: '식민지 근대화론'의 부상

'자생적 근대화론'에 대한 더 심각한 도전은 오른쪽에서 왔다. 진보적 소장 국사학자들의 문제제기는 같은 그룹 안에서의 세대갈등이라고 볼 수 있었다. 그리고 1990년을 전후하여 동구 사회주의가 몰락하는 바람에 사회주의를 지향하는 민중사학이 학계를 넘어 대중적 영향력을 미치는 데는 한계가 있었다. 반면에 경제사학계 일각에서 던진 도전은 역사관과 한국근현대사에 대한 해석을 완전히 달리했기에 훨씬 심각하고 근본적이었다. 게다가 한국경제의 비약적 성장과 성공이 분명해지자 그 기원에 대한 관심이 국내뿐 아니라 국제적으로 고조되면서 힘을 받았다.

소장 경제사학자 이영훈(1951~ )은 1987년 "한국자본주의의 맹아 문제에 대하여"라는 글을 발표했다. 조선 후기 경제사 연구로 박사학위를 받은 지 2년이 지난 그가 쓴 이 글은 1960년대 이래 국사학계와 경제사학계를 풍미해 온 자본주의 맹아론과 자생적 근대화론을 정면 비판하는 신호탄이었다. 그는 한국의 자본주의 맹아론을 연구사적으로 정리한 뒤에 자본주의 맹아론을 대표하는 김용섭의 '경영형 부농론'을 정조준했다. 그는 "김용섭 교수는 농업에 있어서 자본주의 맹아를 구체적으로 제시한 최초의 인물"이라며 "남북한을 통틀어 60년대 맹아론 연구에 있어서 가장 뚜렷한 족적을 남기신 분"이라고 평가했다. 그러면서도 "재일사학자 안병태가 자본주의 맹아론을 부조적浮彫的 수법에 의한 것이라고 비판한 것은 대체로 타당하다"고 했다.[18] 안병태의 지적처럼 '경영형 부농론'을 비롯한 자본주의 맹아론이 일부 역사적 사실을 너무 부각시켜 강조해서 전체상에 맞지 않다는 주장이었다.

이영훈이 대표적인 '부조적 수법'으로 지적한 것은 김용섭이 봉건지대가 해체되는 과도기적 형태로 이해한 '도지賭地' 및 '도지권賭地權'과 경영형 부농을 형성시킨 배경으로 설명한 '광작廣作'이었다. 이영훈에 따르면 도지는 17세기 궁방전宮房田이나 관둔전官屯田에서 국가로부터 지세地稅 수취권을 넘겨받은 궁방이나 아문衙門이 농민에게 거두는 지세이며 반수半收 소작료로 넘어가는 경우가 많았다. 따라서 봉건지대의 해체와는 무관했다. '광작'은 이앙법이 보급되면서 대규모 경영이 가능해짐에 따라 나타난 현상으로 생산성이 낮은 조방적 농업경영이라는 점에서 당시 농학자들로부터 비판받았다. 그 이전부터 줄어들고 있던 '광작' 현상은 일시 부활했다가 다시 소멸해 갔다. 이처럼 역사적으로 쇠퇴할 운명이었던 '광작'에 '경영형 부농'이라는 개념을 부여하여 역사의 발전 주체로서 의미를 부여하는 잘못을 범했다는 것이었다. 그는 또 서구에서 자본주의 맹아의 핵심이었던 농촌공업의 발흥이 조선 후기에는 보이지 않는다고 주장했다.

이영훈의 자본주의 맹아론 비판이 조선사회 정체론으로 돌아가자

---

18 이영훈(1987), "한국자본주의의 맹아 문제에 대하여", 《한길역사강좌 5: 한국의 사회경제사》, 한길사, 55~58쪽.

는 주장은 아니었다. 그는 조선 후기에 나타난 사회경제적 변화상을 상당 부분 인정했다. 그가 김용섭이 이론적 근거를 두고 있는 사적 유물론과 그에 따른 '세계사의 기본법칙'을 부정한 것도 아니었다. 한국사의 내재적 자기발전의 합법칙성을 찾으려는 입장은 그도 마찬가지였다. 이런 점에서 이 글에 나타난 자본주의 맹아론 비판은 '내재적 발전론'의 또 다른 유형이었다고 할 수 있다.

이영훈은 자본주의로의 이행을 역사의 필연적 발전 과정으로 보는 관점에서 탈피하려고 했다. 그는 "자본주의가 후진민족에 대해 식민지적 고통을 가할 때 그것의 극복은 자본주의 자체에 대한 극복으로써 가능했다"며 "조선 말기에 이르기까지 자기발전을 성취해 온 조선의 농민들은 그 발전을 토대로 하여 근대 이후 전개된 민족해방과 그와 관련된 사회변혁의 문제에 어떻게 대응하고 있었던가가 조선사회에 대한 역사 연구의 올바른 관심사이지 않으면 안 된다"고 주장했다. 그러면서 다음과 같이 썼다.

> 그 단선성, 교조성에 기인한 기존의 '세계사적 기본법칙'에 대한 회의가 역사발전의 합법칙성, 궁극적 진보성에 대한 회의로 오해되어서는 곤란하다. 그러한 회의는 오히려 기존의 '세계사적 기본법칙'을 구성케 했던 기본원리나 개념에 대한 충실성을 의미한다. 이러한 자세에서 새로운 '세계사적 기본법칙'이 어떻게 재구성되고, 그에 따라 조선사회의 역사적 성격과 조선 후기의 사회경제적 발전의 역사적 의미가 어떻게 재규정될 것인지는 앞으로의 과제다. 19

조선 후기의 사회경제적 변화가 기존의 '세계사적 기본법칙'에 따라 설명되지 않으니 새로운 '세계사적 기본법칙'을 만들겠다는 야심찬 소장 경제사학자의 포부와 선언은 이영훈이 이 무렵 아직 사적 유물론에서 벗어나지 않았음을 보여 준다. 오히려 자신이 사적 유물론을 교조적이고 단선적으로 추종하지 않고 그 기본원리와 개념에 더 충실하다는 자부심을 엿볼 수 있다.

이영훈의 '경영형 부농론' 비판은 다음 해인 1988년 저서 《조선후기사회경제사》(한길사)에 수록된 제 2장 "경영형부농론·도지론 비판"으로 이어졌다. 앞의 글이 자본주의 맹아론에 대한 이론적·실천적 비판이었다면 이 글은 '경영형 부농론'에 대한 실증적 비판이었다. 그는 김용섭이 연구에 이용한 조선 후기 양안量案을 다시 검토하여 김용섭이 자료의 작성시기를 잘못 해석했고, 따라서 18세기 초 이래의 경영형 부농 성립설은 근거를 잃게 된다고 주장했다. 그리고 농민들의 토지소유와 경영분화를 분석한 결과 김용섭의 주장과는 달리 경영상층의 몰락, 농민경영의 영세화, 농민분화의 균등화 추세가 조선 후기 농업에 보편적으로 나타난 현상이었다는 것이다.[20]

이영훈의 자본주의 맹아론과 경영형 부농론 비판은 그의 스승인 안병직이 1970년대 초반 김용섭의 연구에 제기했던 "실증성이 부족

---

19 위의 논문, 63쪽.

20 이영훈(1988), "경영형부농론·도지론 비판", 《조선후기사회경제사》, 한길사, 80~95쪽.

하다"는 비판의 연장선에 있었다. 그에게 농업사 중심의 조선 후기 경제사 연구를 권한 사람이 안병직이었다. 안병직과 이영훈을 중심으로 하는 일군의 경제사학자들이 김용섭이 쌓아 올린 자본주의 맹아론과 자생적 근대화론의 성채를 무너뜨리기 시작한 것이다.

이영훈의 글에서 알 수 있듯이 그는 이 무렵 여전히 '역사발전의 합법칙성'과 '궁극적 진보성'을 신봉하고 있었다. 그러나 바로 그 시기인 1980년대 중반 안병직은 본인의 표현을 빌리면 "연옥煉獄을 통과하는 지적 고통을 겪으면서" 역사관의 근본적 전환을 감행하는 중이었다. 그리고 그 결과는 1989년 말 "중진자본주의로서의 한국경제"라는 글을 통해 처음 세상에 드러났다.

안병직(1936~ )의 이 글이 실린 곳은 〈사상문예운동〉이라는 잡지였다. 1989년 가을 창간된 〈사상문예운동〉은 동구 사회주의 붕괴를 접한 운동권이 '주체적 변혁사상의 형성'을 내걸고 각종 좌파이론의 세계적 흐름과 그 의미, 한국에의 적용 가능성을 집중적으로 탐색했다. 안병직의 글이 학술지가 아니라 운동권 잡지에 실렸다는 것은 각별한 의미가 있다. 그의 사상과 역사관 전환이 이론보다 실천의 차원에서 이뤄졌다는 것을 말해 주기 때문이다.

안병직은 이 글에서 1980년대 후반에 격렬한 '사회구성체 논쟁'을 거치면서 진보적 사회과학계의 지배적 학설이 된 신식민지 국가독점자본주의론을 비판하며 한국경제를 세계 자본주의에 종속성을 가지면서도 독자적 발전의 길을 걷는 중진 자본주의로 파악하자고 제안했다. 종래에는 (반)식민지, 주변부, 신식민지에서는 정상적 자본주의 발전이 불가능하다고 생각했지만 한국을 비롯한 신흥공업국들NICs: Newly Industrializing Countries의 출현으로 이들 국가에서 독자적 자본주의가 전개되고 있다는 사실을 부정할 수 없게 됐다는 주장이었다. 그는 일본 경제사학자 나카무라 사토루中村哲의 '중진 자본주의론'과 자신의 한국근현대사 연구를 종합해 저개발국가들의 자본주의 발전 과정에 대한 새로운 시각을 제시한다고 밝혔다.[21]

안병직에 따르면 정통적 자본주의 발전단계론은 자본주의가 '상업자본주의 → 산업자본주의 → 독점자본주의 → 국가독점자본주의'로 발전한다고 본다. 그런데 이런 자본주의 발전단계론은 자생적 자본주의 발전의 길을 밟은 국가들에 적용될 뿐 식민지나 주변부를 경험한 나라에는 맞지 않다. 그래서 이들 나라에 적합한 이론으로 나온 것이 '신식민지 국가독점자본주의론'이다. 신식민지 국가독점자본주의는 이전 단계가 없기 때문에 발전단계론이 아니라 유형론만 있을 뿐이다.

하지만 주변부에서 현실의 자본주의는 '저개발국 → 중진 자본주의 → 선진 자본주의'로 발전한다고 안병직은 주장했다. 한국을 포함한 저개발국은 중진 자본주의를 거쳐 선진 자본주의로 발전한다는 것이다. 이들 국가의 자본주의 발전은 처음에는 종속성을 동반하지만 점차 그것을 극복하면서 독자적으로 발전하게 된다.

안병직은 한국의 자본주의 발전이 세계 자본주의 체제와 시장에

21 안병직(1989), "중진자본주의로서의 한국경제", 〈사상문예운동〉, 2호, 8~11쪽.

포섭되면서 시작됐다고 설명했다. 1876년 개항 이래 한국을 둘러싼 국제적 환경은 '불평등조약 체제(1876~1910) → 식민지 체제(1910~1945) → 종속 체제(1945~1960) → 국제적 분업 체제(1960년 이후)'로 변화돼 왔다. 한국인들은 각 시기에 주어진 조건을 최대한 이용하여 자본주의를 발전시켰다.

이 글은 한국에 자본주의가 본격적으로 자리 잡은 시기는 일제 식민지기였다고 주장했다. 일제에 의해 한국의 전통사회가 파괴되고 근대적 제도가 이식됐으며 그렇게 열린 공간을 이용해 자본가와 노동자 등 근대계급이 성장했다는 것이다. 개항 이전 한국사회는 생산력과 상업의 발전, 실학을 비롯한 문화의 발달 등이 상당한 수준에 있었지만 세계 자본주의의 침략에 대항할 만큼 성숙하지는 못했다. 그 결과 한국은 개항기에 자주적 근대화에 실패하고 말았다.

일제시기에 한반도에서 형성된 자본주의는 일본 자본주의의 일부분이지 한국 자본주의는 아니었다. 하지만 식민지 자본주의를 통해 길러진 한국인의 자본주의 건설 능력은 광복 후 독자적인 자본주의 경제발전의 원동력이 됐다. 1960년대 이후 한국경제는 값싸고 풍부한 양질의 노동력, 후발성의 이익, 권위주의적 정치체제에 의한 강력한 경제개발 정책이 결합돼 고도성장을 거듭하면서 서서히 종속에서 벗어나 중진 자본주의로 도약했다.

한국 자본주의의 종속성을 부인하고 독자적 발전을 통한 선진 자본주의로의 발전 가능성을 전망한 안병직의 글은 큰 충격을 던져 주었다. 그가 1960~1970년대 운동권의 이념적 대부代父 역할을 하면서 사회주의로의 전망을 이론적으로 확산시켜 왔기 때문이었다. 운동권의 후배 이론가들은 그의 글을 맹공했고 그의 변신과 사상적 전향을 질타했다.

안병직의 사상전환은 한국 자본주의의 현실에 대한 인식변화에서 비롯했지만 그 발전 과정에 대한 역사적 이해에도 근본적 변화를 가져왔다. 그는 1990년대 들어 중진 자본주의론의 관점에서 한국근현대사에 대한 새로운 해석을 시도했다. 이와 관련하여 그가 처음 발표한 글은 1993년 〈경제사학〉 제 17집 별집에 실린 "무엇을 연구할 것인가"였다. 이 글은 한국 자본주의는 세계 자본주의가 전개되는 과정에서 거기에 종속됐다가 자립하면서 독자적 전개를 보게 됐고 따라서 그 연구를 위해서는 일국사적 시각뿐 아니라 세계체제론적 시각을 아우르는 복안적複眼的 시각이 필요하다고 지적했다. 그리고 일제 식민지기와 광복 직후의 대미對美 종속기는 자본주의가 자생적으로 발전하지 않은 나라에서 자본주의의 본격적 전개를 위한 '필수적 선행先行시기'라고 주장했다.[22]

안병직은 이후 한국근현대사 연구의 새로운 관점에 대한 천착을 계속해서 심화시켜 갔다. 그 가운데서도 1995년 전국역사학대회에서 발표한 "한국에 있어서의 경제발전과 근대사연구"와 〈창작과비평〉 1997년 겨울호에 실린 "한국근현대사 연구의 새로운 패러다임"이 주목된다.

---

22 안병직(1993), "무엇을 연구할 것인가", 〈경제사학〉, 17집 별집, 2~4쪽.

앞의 글에서 안병직은 '침략과 저항'이라는 대립구도를 강조해 온 한국근대사 연구를 '침략(수탈)과 개발'이라는 새로운 관점에서 접근하자고 제안했다. 일제 식민지기는 침략과 저항, 수탈과 저개발이 맞서기만 하는 무대가 아니라 수탈과 개발이 교차하는 장이었다는 것이다.

그가 말하는 '개발'은 '식민지 개발'과 '조선인의 자기 개발'이라는 이중 의미를 지녔다. 전자는 일제시기에 세계적으로 유례가 드문 고도성장이 이루어졌고, 이는 일제가 이식하고 건설한 근대적 제도와 사회기반시설에 힘입은 결과였다는 것이다. 후자는 조선의 경제구조가 자본주의적으로 변화하면서 한국인도 자본가, 노동자, 농민 등 근대계급으로 발전해 갔다는 주장이었다. 안병직은 1960년대 이후 한국이 보여 준 급속한 경제발전의 역사적 기원을 이들에게서 찾았다. 그는 "한국의 경제발전은 자생적인 것이 아님은 물론 독립운동을 담지했던 민족세력이 그 주체가 되었던 것이 아니었다"는 폭탄 발언을 던졌다.[23]

뒤의 글에서는 훗날 안병직을 대표하는 학문적 상징이 된 '캐치업 catch-up(따라잡기) 이론'이 처음 선을 보였다. 그는 "한국현대사의 발전 방향은 자본주의적 발전밖에 없다는 것이 명백하게 됐다"며, "경제발전이란 시각을 가지고 조선 후기, 일제시대 및 해방 이후를 일

23 안병직(1995), "한국에 있어서의 경제발전과 근대사연구", 〈제 38회 전국역사학대회 발표요지〉, 127~135쪽.

관되게 파악해야 한다"고 주장했다. 즉, 한국 자본주의는 자생적으로 발전한 것이 아니라 이식자본주의의 전개 과정이며, 산업구조로 볼 때는 그 중추가 농업 → 경공업 → 중화학공업으로 변화하면서 선진국을 따라잡아 왔다는 것이다.

이 글에서 안병직은 한국의 경제성장 과정에서 개방체제와 근대식 제도가 갖는 중요성을 강조했다. 그리고 두 가지 모두 내부적 요인이 발전한 것이 아니라 외부적 강제에 의한 결과로 인식했다. 개방체제는 제국주의 열강, 특히 일본의 압력에 의해 만들어지고 유지됐으며, 근대적인 재정·토지 제도는 대한제국이 실패했지만 일제는 성공적으로 도입했다고 주장했다.

안병직은 한국근현대사를 한국인이 경제발전 중심으로 새로운 삶을 개척해 온 과정으로 이해하고, 일제시기를 '독립 후의 자본주의적 발전을 위한 약간의 조건'을 마련한 기간으로 파악하자고 제안했다. 그는 자신의 주장이 던질 충격을 예상하고 있었다. 그는 "이러한 시각의 제시는 한국근현대사학계에서 일종의 파천황破天荒일지도 모르겠다"고 했다. 하지만 그는 "한국근현대사가 '민족정기'라는 이데올로기로부터 해방되지 않는 한 과학으로서 성립할 수 없다"며 "제국주의에 대한 비판이나 식민지 유제의 청산이라는 과거지사에 연연하지 말자"고 주장했다. 중진 자본주의 발달의 국내적·국제적 조건을 역사적으로 연구하고 식민지기를 한국현대사의 남아 있는 핵심과제인 선진화와의 논리적 일관성 아래서 연구해야 한다는 것이었다. **24**

안병직이 1990년대 들어 잇달아 내놓은 주장은 1980년대 중반 이전의 그를 기억하는 사람에게는 충격이었다. 자신의 과거 주장을 거의 완전히 뒤엎는 것이었기 때문이다. 한국근현대사에 대한 그의 이전 인식을 잘 보여 주는 글은 1975년 펴낸 《3·1운동》에 들어 있는 "3·1운동 이해의 전제조건"이다.

이 글은 일제시기의 한국경제를 바라보는 시각을 근대화설, 자본주의설, 식민지 상인자본주의설로 나누었다. 첫 번째는 경제의 양적 성장을 중시하는 입장에서 식민지 아래 한국경제가 근대화 또는 공업화됐다고 본다. 두 번째는 식민지도 본질적으로는 서구의 고전적 자본주의와 다를 바 없다는 입장이다. 세 번째는 봉건 경제에서 자본주의 경제로 이행하는 과도기로 파악한다. 3가지 시각은 세부적 차이에도 불구하고 식민지하의 한국경제가 서구의 고전적 자본주의가 밟은 길을 따라서 걸어가는 것으로 생각한다는 점에서는 동일하다. 또 민족적 인식이 결여돼 있거나 약한 것도 공통이다.

안병직은 이런 관점들에 반대하고 식민지 경제는 독자적 길이 있다고 주장했다. 세계사적 의미에서 자본주의 경제에 속하면서도 자본주의로의 발전을 봉쇄당하고 있기 때문에 새로운 발전의 길을 모색하지 않을 수 없다는 것이었다. 그는 식민지 경제의 상황을 '식민지 반半봉건사회 경제'라고 이름 붙였다. 이 체제는 식민지에 침투한

---

24 안병직(1997), "한국근현대사 연구의 새로운 패러다임", 〈창작과비평〉, 1997년 겨울호, 39~58쪽.

자본주의 경제부문이 반봉건적 농업부문을 지배하고 있다.

안병직은 '식민지 반봉건 사회경제'를 타파하고 새로운 발전의 길을 추진할 역사적 사명이 민중에게 주어져 있다고 주장했다. 지배층은 자신들의 이해관계를 위해 제국주의와 타협하는 성향이 있기 때문이다. 그는 "아시아의 참다운 근대사는 민중운동의 역사이며 민족주의의 역사"라며 "진보적 · 저항적 민족주의는 민중에 의해 추진돼 왔다"고 주장했다. 그는 명시적으로 새로운 발전의 길이 무엇인지 밝히지는 않았다. 하지만 다음과 같은 구절을 보면 사회주의를 지향하고 있었음을 어렵지 않게 알 수 있었다.

> 아시아의 민족주의는 지배층과 민중 사이의 이해관계의 대립을 은폐하는 '자유세계'니 '근대화'이니 하는 관념적 신어新語들로 표현된다. 아시아 민중이 만약 공허한 사이비 민족주의에 속지 않으려면 추상적이고 공허한 내용의 이데올로기를 배척하고 구체적이며 일상생활에 절실한 요구를 내세워야 한다. 이것만이 아시아 민족주의의 건전한 발전을 보장할 수 있을 것이며 자기 민족의 발전과 세계평화 노력에 기여할 수 있는 유일한 길이 될 것이다.[25]

'근대화'와 '자유세계'를 지배층의 이해관계를 민족주의라는 포장으로 은폐하기 위한 '관념적 신어新語'로 비판하면서 민중의 절실한

---

**25** 안병직(1975), "3 · 1운동 이해의 전제조건", 《3 · 1운동》, 한국일보사, 42쪽.

요구를 거기에 대비시키고 있다. 아시아의 민중은 지배층의 그런 공허한 사이비 민족주의를 배척해야 한다는 것이다. 당시 '근대화'와 '자유세계'가 미국이 펼치는 자본주의 세계전략의 핵심구호였음을 생각하면 안병직의 사상적 입장이 파악된다.

1990년대의 안병직은 식민지는 고전적 자본주의의 길을 걸어가지 않는다고 본 점에서 1970년대의 안병직과 달라지지 않았다. 하지만 식민지나 종속국에서는 자본주의 발전이 불가능하다고 생각했던 1970년대와 달리 한국을 비롯한 주변부에서 캐치업 방식에 의한 자본주의 발전이 진행됐다고 판단한 점에서 완전히 시각이 변했다. 그리고 더 이상 '민중이 중심이 되는 민족주의'를 주창하지 않았다. 오히려 그런 시각이 경제발전을 핵심으로 전개돼 온 한국근현대사를 올바로 이해하는 데 방해가 된다고 주장했다.

안병직의 '전향'은 그가 여러 차례 밝혔듯이 1980년대 전반 이후 한국경제에 대한 인식변화와 일본의 경제사학자 나카무라 사토루의 영향이 겹쳐서 이뤄진 것이었다. 그는 국사학자 정재정과의 대담에서 당시 상황을 이렇게 회고했다.

> 1970년대 말에는 국제수지의 파탄 때문에 한국 자본주의가 붕괴될 거라고 생각했습니다. 그런데 1980년대에 와서 한국경제가 다시 살아나는 겁니다. 내가 현실을 잘못 본 것 아니냐는 의구심을 갖기 시작했습니다. 그래서 한국경제를 재검토해야겠다고 생각하면서도 그 계기를 찾지 못하고 있었습니다. 1984년에 우연히 일본 〈역사평론〉에 실린

나카무라 씨의 중진 자본주의론을 읽어봤습니다. 그걸 읽고 엄청난 쇼크를 받았어요. 앞으로의 세계는 자본주의 세계다, 닉스NICs가 세계 자본주의의 제 3파동이라고 했더라고요.[26]

안병직은 1985년부터 2년간 도쿄대에서 강의하고 공부할 기회를 가졌을 때 나카무라 사토루와 학문적으로 교류하면서 그의 중진 자본주의론을 집중적으로 검토했다. 그리고 이를 한국경제사, 나아가 한국근현대사 이해와 연결하는 작업에 착수했다. 그 결과가 1980년대 말부터 그가 발표한 글이었다.

나카무라 사토루가 중진 자본주의론을 처음 발표한 것은 1983년 12월 일본의 학술지 〈역사평론〉 제 404호에 실린 "근대 세계사상史像의 재검토"라는 글이었다. 그는 "1970년대 이후는 역사의 커다란 전환기에 접어들었으며 종래의 마르크스주의 역사학의 이론적 틀에서는 예상하지 못했던 문제가 차례차례로 일어나고 있다"며 "현대를 역사학적으로 파악하는 데는 마르크스주의 역사학의 이론이나 방법을 상당히 근본적으로 재편성하지 않으면 안 되는 것이 아닌가라는 생각이 점점 강하게 들었다"고 밝혔다.

그가 '예상하지 못했던 문제'라고 언급한 것은 1960~1970년대 한국 · 대만 · 홍콩 · 싱가포르를 비롯한 '신흥 중진 자본주의국'의 부

**26** 정재정 · 안병직(2002), "나의 학문, 나의 인생: 안병직", 〈역사비평〉, 2002년 여름호, 221~222쪽.

상이었다. 급속도로 공업화하고 고도 경제성장을 거듭해서 저개발국에서 중진 자본주의국으로 탈바꿈한 이들 나라는 세계 자본주의 체제 내에서 종래 불가능하게 생각돼 온 저개발국의 자본주의화와 국민경제 형성이 가능하다는 것을 보여 주었다. 따라서 이 경험을 역사적으로 설명할 필요가 제기된 것이었다.

나카무라는 '저개발국 → 중진 자본주의 → 선진 자본주의'라는 새로운 자본주의 발전단계론을 제시했다. 그리고 이 같은 발전은 세계사적으로 3번의 계기에 의해 크게 영향 받았다고 설명했다. 첫 번째는 자본주의 세계시장이 처음 형성된 16세기였다. 두 번째는 영국의 산업혁명에 의해 시작된 산업자본주의가 세계에 전파돼 오늘날과 같은 세계시장이 확립된 19세기 중기였다. 세 번째는 다국적 기업 등에 의해 세계의 조직화가 고도로 발달한 20세기 후반이다.

이런 세계사의 흐름을 타고 영국을 시작으로 유럽국가들과 미국·일본 등이 차례로 중진 자본주의에서 출발해 선진 자본주의로 발전했다. 그리고 드디어 저개발국에서 출발해 중진 자본주의에 들어서는 데 성공한 신흥공업국들NICs이 출현한 것이다. 그는 세계 자본주의 체제 내에서 저개발국의 발전코스는 자본주의 중진국화가 자연스럽고, 사회주의화는 밑으로부터의 혁명에 의해 이를 절단한다고 보았다.

나카무라는 저개발국의 중진 자본주의화가 가능했던 것은 미국의 정책 때문이라고 설명했다. 제 2차 세계대전 종전 후 소련과의 냉전에 직면하게 된 미국은 저개발국도 자본주의 발전이 가능하다는 사실을 보여 주려고 했다. 케네디 대통령이 의욕적으로 추진한 그 노선을 뒷받침하는 이데올로기가 로스토우로 대표되는 근대화 이론이었다. 1960~1970년대 미국의 정책은 커다란 성공을 거두었다. 그리고 저개발국의 자본주의 발전은 무역과 투자를 비약적으로 확대시켜서 미국을 비롯한 선진 자본주의국에도 유리하게 작용했다.[27]

나카무라는 이어서 1988년 그가 편저編著한 《조선근대의 역사상》에 실린 글과 1988년 3월 학술지 〈새로운 역사학을 위하여〉 제190호에 발표한 "근대 동아시아사상史像의 재검토"에서 중진 자본주의론을 한국근대사 해석에 적용했다. 그리고 한국 경제발전의 기원이 일제시기까지 거슬러 올라간다고 주장했다. 그는 《조선근대의 역사상》의 머리말에서 "동아시아 NICs 연구에서 역사적 시각이 극히 약하다. 한국 자본주의의 역사적 조건을 분명히 하는 것은 NICs 연구를 새로운 수준으로 끌어올리기 위해 꼭 필요한 것"이라고 했다. 이어 본문에서 "1930년대 중반 이후 한국에서 식민지 자본주의 사회가 형성되었다"며 "식민지 자본주의는 그 고유의 모순 때문에 좌절하지 않을 수 없었지만 국내에 있어서 전前자본주의적 생산양식의 해체, 자본주의적 제諸관계의 발달, 세계시장에의 종속 등 전후 종속자본주의화의 기초조건이 만들어졌다"고 썼다.[28]

---

**27** 나카무라 사토루 저, 안병직 역(1991), "근대 세계사상(史像)의 재검토", 《세계자본주의와 이행의 이론》, 비봉출판사, 51~53쪽.

**28** 나카무라 사토루 등 편(1988), 《조선근대의 역사상》, 일본평론사, ii·22쪽.

그는 또 "근대 동아시아사상史像의 재검토"에서 토지조사사업(1910년대), 산미産米증식계획(1920년대~1930년대 전반), 전시戰時공업화(1930년대 후반~1940년대 전반) 등 일제시기의 경제발전이 해방 후 한국 경제발전의 '역사적 전제'가 됐다고 주장했다. 토지조사사업은 한국에서 전근대적 토지소유 관계를 폐지하고 근대적 토지소유를 만들어 냈으며, 그것에 의하여 농촌에 대한 상품경제의 급격한 침투, 농민층 분해, 지주제의 발달, 저임금 노동력 창출의 기반을 조성했다고 보았다. 산미증식계획은 농지와 농업기술의 개량, 농업의 상품생산화, 식민지 지주제의 고도 발달을 촉진하여 한국에서 식민지형型의 본원적 축적이 상당히 이루어졌다고 이해했다. 이런 기초 위에 일본 독점자본이 한국에 진출해서 공업 부문을 중심으로 식민지 자본주의가 급속도로 진전됐고, 이에 따라 조선인 자본도 형성・발전하면서 식민지 경제 전체를 끌어올렸다는 것이다.

하지만 나카무라는 1960년대 이후 한국 경제발전의 기원을 일제시기까지 소급할 때 발생하는 문제점을 인식했다. 그가 저개발국의 중진 자본주의 발전이 제 2차 세계대전 종전 후 미국의 세계 정책 때문에 가능했다고 하면서 한국의 경우 경제발전의 기원을 일제시기까지 끌어올리는 것은 부자연스러웠다. 그래서 그는 "현대 한국경제의 역사적 전제로서는 1945년 해방 이후의 문제가 보다 직접적이며, 또 여기서의 파악 방법은 식민지기에 관한 유일한 파악방법도 아니라는 것을 밝혀 둔다"고 했다. 그러면서 1930년대에 이미 식민지에서 현지 자본의 발전을 억압하고 정치적 자유를 인정하지 않는

'일본형 자본주의'와 저개발국가들의 자본주의적 공업화, 정치적 독립을 인정한 뒤에 정치적·경제적으로 종속시켜 가는 '미국형 자본주의'의 대립이 시작되고 있었으며 후자가 저개발국가들의 지지를 받기 쉬워서 국제적 우위에 설 수 있었다고 분석했다. '일본형 자본주의'가 지속성에 심각한 결함을 안고 있었다는 사실을 인정한 것이다.[29]

이영훈의 자본주의 맹아론·경영형 부농론 비판, 안병직의 한국 근현대사에 대한 관점 전환, 나카무라 사토루의 이론적·역사적 검토 등에 의해 형성되기 시작한 한국의 근대화에 대한 새로운 시각은 1990년대 후반 들어 체계화됐다. 그것을 본격적으로 보여 준 글은 이영훈이 1996년 발표한 "한국사에 있어서 근대로의 이행과 특질"이었다. 그는 이 글에서 안병직의 새로운 관점을 받아들여 조선 후기부터 일제시기까지 한국사의 전개를 경제적 변화를 중심으로 종합 정리했다.

이 글은 한국사에서 근대로의 이행이 일국사一國史를 단위로 고립적으로 이루어지지 않고 식량·원료 조달이나 상품 판매 면에서 세계시장과 세계체제를 전제로 했다고 지적했다. 그러면서 한국사에서 근대는 서유럽적 근대가 개항 이후에 '이식'됐다고 주장했다. 하지만 문자 그대로의 단순한 이식은 아니고 '한국적 전근대'와 '이식

---

29 나카무라 사토루 저, 안병직 역(1991), "근대 동아시아사상(史像)의 재검토", 앞의 책, 174~175쪽.

근대'의 접합에 의해 '한국적 근대'의 고유구조가 생겨났다고 보았다. 전통으로부터 적극적 대응을 받는 가운데 이식의 토착화가 가능했다는 것이다.[30]

이영훈은 이 글에서 다시 한 번 자본주의 맹아론을 비판했다. 자본주의로 이행하는 가장 기초적 국면인 농촌공업의 성립이 실증된 적이 없고, 농업에서도 양극분해의 추세나 부농의 성장이 장기 시계열時系列의 사례로 입증되지 못했다는 것이다. 자신의 연구에 따르면 오히려 상층 경작농이 감소하고 균등한 규모의 하층 소농이 증대하는 경향을 보였다고 주장했다. 그러면서 조선 후기의 사회경제적 변화를 '소농小農사회의 성숙'으로 요약하고 이를 자본주의 맹아론과 경영형 부농설에 대한 대안으로 제시했다.

개항은 조선 후기의 사회경제와 전혀 유형을 달리하는 서유럽적 근대와의 접합을 알렸다. 곡물시장의 확대에 성공적으로 편승한 지주들이 급속히 성장하면서 근대화를 주도했다. 이영훈은 김용섭이 주장한 '근대화의 두 개의 길' 이론을 비판하면서 "자본주의 발전에는 지주·부르주아의 노선 하나뿐이었다"고 주장했다. 한국사의 경우 개항기에 형성된 지주·부르주아들의 이익을 사유재산 제도 확립 등으로 보호하면서 근대화를 추동해야 했다. 갑오개혁 때 그런 지향이 단초적으로 시도됐지만 대한제국이 수립되고 황제의 무한전제專制가 선포되면서 좌절됐다는 것이다.

---

30 이영훈(1996), "한국사에서 근대로의 이행과 특질", 〈경제사학〉, 21권, 77쪽.

근대적 제도를 수립하여 한국에 자본주의가 발전할 수 있는 토대를 놓은 것은 일본 제국주의였다. 식민지 초기에 근대적 화폐・금융・재정 제도가 이식되고 토지조사사업에 의해 근대적 사유재산 제도가 확립되면서 식민지 자본주의가 발전하기 시작했다. 일본과의 수출입 및 일본 자본의 유입 등에 힘입어 연평균 3.7%의 고도성장을 기록했다. 식민지 내부시장이 확대되면서 조선인 기업가도 성장했다.[31]

한국 자본주의의 기원을 일제시기에서 찾은 것은 한국과 일본의 일부 경제사학자만이 아니었다. 미국 하버드대의 한국사 담당 교수인 카터 에커트도 박사학위 논문을 토대로 1991년 발간한 《제국의 후예*Offsprings of Empire*》에서 같은 주장을 폈다. 일제시기에 대표적 한국인 기업이었던 경성방직의 자본축적과 기업성장 과정을 추적한 이 책은 도입부에서 조선 후기부터 일제시기까지 한국경제사의 전개와 그에 대한 연구를 총평했다.

에커트는 먼저 자본주의 맹아론을 신랄하게 비판했다. 자본주의 맹아론이 조선시대의 한국이 경제적으로 정체했다고 본 식민사관을 바로잡았다는 점에서 의의는 있지만, 유럽은 물론 일본의 전근대에 견줄 만한 규모의 상품화폐 경제가 조선사회에 있었다는 것을 실증하지 못했다는 것이다. 그러면서 그는 매우 유명해지는 비유를 던졌다. "그들은 헛되이 오렌지 나무에서 사과를 찾는 데 열중했다고 결

31 위의 논문, 90~98쪽.

론지을 수밖에 없다."

그는 한국의 근대 산업기술이 외부에서 수입됐다는 점에서 한국 자본주의의 성장을 말할 수 있는 것은 1876년 개항 이후라고 주장했다. 특히 1910년 일본의 식민지가 되면서 한국에서 자본주의의 본격적인 발전이 시작됐다고 했다. 조기준처럼 일제시기에 성장한 일부 한국인 기업을 '민족자본'으로 보는 시각에도 반대하면서 이들이 일본의 의도적이고 고의적인 장려에 의해 육성됐다고 했다. 그는 "일본 제국주의는 한국 자본주의 발전에 최초의 원동력을 제공했고", "한국 자본주의는 일본의 지배 아래서 일본 정부의 원조를 받아 첫 싹을 틔우게 됐다"고 주장했다.[32]

---

**32** 카터 에커트 저, 주익종 역(2008), 《제국의 후예》, 푸른역사, 27~32쪽.

## 3. 식민지 근대화론을 둘러싼 논쟁

1990년대 들어 한국·일본·미국의 학계에서 한국사의 '자생적 근대화론'을 부정하고 '식민지 근대화론'을 제기하는 유력한 흐름이 대두했다. 그리고 그것은 세 나라에서 모두 치열한 논쟁을 낳았다. 이 논쟁은 오늘의 관점에서 보아도 중요한 쟁점을 많이 포함하고 있다. 그리고 2000년대 이후 한국의 근대화 문제를 놓고 전개되는 새로운 담론들과도 밀접한 관련이 있다. 그런데 그 심도와 의미에 비해서 별로 알려지지는 않았다.

### 1) 일본: 고바야시 히데오小林英夫와 하시야 히로시橋谷弘의 비판

'식민지 근대화'를 둘러싼 논쟁은 '식민지 근대화론'의 발상지라고 할 수 있는 일본 학계에서 먼저 제기됐다. 경제사학자 고바야시 히데오小林英夫는 1990년 6월 학술지 〈역사평론〉 제 482호에 실린 "근대 동아시아사상史像의 재검토"라는 논문에서 나카무라 사토루가 같은 제목으로 2년 전 발표했던 논문을 정면 겨냥했다. 그는 먼저 "지금까지의 식민지 연구의 최대 약점은 전후戰後의 동향을 일단 제쳐 둔 채 1945년에 피리어드를 찍는 스타일이었기 때문"이라고 지적했다. 그런 점에서 나카무라가 동아시아 NIEs(신흥공업경제국)의 역사적 기원을 1960년대 이후에 두는 통설을 비판하고 전전戰前의 기초조건 위에서 형성됐다고 주장했다는 점에서 연구사적 의의를 인정했다. 그런 다음 나카무라의 주장을 다음과 같이 비판했다.

첫째, 나카무라는 1930년대 일본 자본주의에 의한 식민지 조선의 공업화를 강조했다. 식민지 수탈이란 측면이 있지만 이로써 식민지 자본주의가 발전하고 근대적 노동자계급이 형성됐다는 것이었다.

하지만 1930년대의 식민지 공업화는 군사화를 목적으로 한 수입대체 공업화였고, 전후戰後, 특히 1970년대 이후의 공업화는 경제성장에 의한 체제통합이 목적인 수출촉진 공업화라는 점에서 질적 차이가 분명하다. 공업화라는 겉모습만 보면 동일하지만 그 목적도, 수단도 달랐던 것이다. 또 전자가 폐쇄적 일본 제국주의 경제권에 국한됐던 것과 달리 후자는 팍스 아메리카 체제에서 개방경제를 전제로 경제성장과 공업화를 추진했다.

둘째, 이 같은 경제 정책의 차이는 정치권력의 성격차이로 이어진다. 1930년대는 군사대국화를 통해 전쟁의 승리를 달성하려는 파시즘 체제였고, 1970년대는 무역 확대를 통한 경제대국화를 이루려는 개발독재 체제였다. 양자가 국민을 강하게 규제한다는 점은 유사하지만 그 성격은 완전히 달랐다.

셋째, 공업화를 추진한 기업가 집단과 공업화를 가능케 한 기술이전이라는 측면에서도 1930년대와 1970년대는 단절됐다. 재벌이라 불리는 한국의 거대기업은 제 2차 세계대전 이후에 출발했다. 기술도 1930년대의 일본 식민지에서 숙련기술은 일본인이 독점하고, 현지인은 비숙련 기술만을 점유하여 상호 기술이전은 거의 없었다.

반면 1960년대 후반 이후 NIEs국가의 공업화는 엘리트 숙련공뿐 아니라 보조노동자의 수준에도 많이 의존했다. 이를 가능케 한 교육제도의 정비와 보급은 이들 국가가 독립한 이후 이룩한 것이었다.

고바야시는 일부 측면에서 1930년대와 1970년대의 연속성을 발견할 수 있다고 인정했다. 한국의 경우 일본 제국주의가 만든 행정조직과 은행을 비롯한 자금동원 기구는 광복 후에 독립국가에 계승돼 1970년대의 공업화에 활용됐다. 하지만 이들 국가에서 공업화가 본격적으로 출발한 시기가 제 2차 세계대전 종전 이후였다는 점에서 전체적으로는 연속이 아니라 단절로 보는 것이 타당하다고 주장했다.[33]

역사학자 하시야 히로시橋谷弘는 1991년 12월 〈역사평론〉 제 500호에 실린 "한국사에 있어서 근대와 반反근대"라는 글에서 더욱 직설적으로 나카무라의 주장을 비판했다. 그는 1960년대 이후 한국을 비롯한 NIEs국가들의 성공에 가장 큰 원동력은 미국이 추진한 로스토우 노선이었고, 일본 식민지기의 사회구조 변화는 오히려 '부負의 유산'을 남겼을 뿐이라고 주장했다. 식민지기에 형성된 관료, 군인, 경찰은 해방 후에 그대로 이어져 새로운 국가건설에 부정적 영향을 미쳤고, 일본인 자본에 예속됐던 한국인 자본이 특혜재벌로 이어져 경제 면에서도 정상적인 발전에 장애가 됐다는 것이었다.[34]

---

**33** 고바야시 히데오 작, 이해주 · 최성일 편역(1995), "동아시아사상(史像)의 재검토", 《한국근대사회경제사의 제 문제》, 부산대출판부, 18~30쪽.

### 2) 미국: '아툴 콜리 vs 스테판 해거드' 논쟁

일본에서 '식민지 근대화론'을 둘러싼 논쟁이 벌어진 지 몇 년 뒤 미국에서도 비슷한 논쟁이 일어났다. 무대는 개발학 분야에서 세계적인 권위가 있는 학술지 *World Development*였다. 참가자는 미국의 저명한 사회과학자 아툴 콜리 프린스턴대 교수와 스테판 해거드 UC샌디에이고대 교수였다.

콜리는 인도 출신의 비교정치경제학자로 인도를 중심으로 개발도상국가를 연구했다. 그는 1994년 *World Development* 제 22권 9호에 "고도성장 정치경제는 어디에서 왔나? 한국 '발전국가'의 일본 연계성"**35**이란 글을 발표했다.

1960년대 이후 눈부신 경제성장을 이룬 국가들에 대한 사례연구의 하나로 쓴 이 글에서 콜리는 한국의 성공요인이 일본 식민주의의 영향이라고 주장했다. 한국에 대한 일본의 식민통치가 잔인하고 모욕적이기는 했지만 훗날 남한이 고도성장국가로 발전해 갈 수 있는 정치경제 구조를 형성하는 데 결정적으로 기여했다는 것이었다.

그는 '남한 모델'의 특징이라고 할 수 있는 국가와 정치 관계의 3

---

**34** 하시야 히로시 작, 이해주 · 최성일 편역(1995), "한국사에 있어서 근대와 반(反)근대", 위의 책, 부산대출판부, 12~14쪽.

**35** Kohli, A. (1994), Where do high growth political economies come from? The Japanese Lineage of Korea's "Developmental State", *World Development*, 22(9).

가지 요소가 일제 식민지기에 형성됐다고 주장했다.

첫째, 부패하고 비효율적이던 국가기구가 사회를 통제하고 변화시킬 수 있는 고도로 권위주의적이고 침투적인 조직으로 변모했다. 둘째, 국가와 지배층 사이에 생산지향적 동맹이 형성됐고, 이는 제조업과 수출의 상당한 팽창으로 이끌었다. 셋째, 도시와 농촌의 하층계급은 국가와 지배층에 의해 체계적으로 통제됐다. 비록 제2차 세계대전 종전 이후 일본이 한국에서 물러나는 바람에 발전의 흐름이 단절되었지만 상황이 정리되고 남한에 박정희 체제가 들어서자 식민지 시절 만들어진 발전경로로 다시 복귀했으며, 1980년대까지 그 길을 걸어갔다고 그는 주장했다.

콜리는 한국 전문 연구자가 아니었다. 그의 글은 다른 학자들의 1차 연구를 종합해서 분석한 것이었다. 한국어를 못하고 한국의 역사에 대한 이해가 없는 그의 2차 연구는 한계가 있었다. 그는 일제시기의 한국을 분석하면서 식민지라는 상황은 완전히 무시했다. 그렇지만 비교정치경제학의 방법론에 입각한 그의 분석과 주장은 나름대로 객관적으로 보였고, 학계에서 그가 차지하는 위상 때문에 주목받았다.

구미 학계는 한국이 1960년대 이후 성취한 경제성장의 원인에 대해서 박정희 체제의 수출 주도전략, 국가의 산업 정책 개입과 보조금 지급 등에서 찾는 것이 일반적이었다. 그런데 1980년대 중반부터 브루스 커밍스·카터 에커트·데니스 맥너마라 등이 일본 제국주의의 영향을 강조하는 연구를 내놓았다. 콜리의 글은 이들의 연구성과를 받아들여 정리한 것이었다.

콜리의 글이 발표되고 3년이 지난 1997년 동아시아 전문가인 스테판 해거드가 *World Development* 제 25권 6호에 "일본 식민주의와 한국의 발전: 비판"36이란 글을 발표했다. 데이비드 강 다트머스대 교수·문정인 연세대 교수와 함께 쓴 이 글은 콜리의 글을 비판하는 것이었다. 해거드는 앨리스 암스덴 MIT대 교수와 함께 한국 고도 경제성장의 원인에 대한 전통적 견해를 대표하는 학자였다.

해거드는 먼저 콜리의 글이 한국에서 안병직 등에 의해 비슷한 주장이 제기되는 가운데 나왔다는 점에 주목했다. 그는 안병직과 김낙년 등이 일제의 식민지 정책이 한국의 경제적 신화에 충분조건은 아니더라도 필요조건을 제공했고, 1930년대와 1960년대 한국의 경제성장에는 구조적 유사성이 있음을 주장했다고 소개했다.

해거드는 이어 첫째, 콜리가 활용한 일제 식민지기의 경제통계에 의문을 제기했다. 콜리가 일제시기에 농업이 비약적으로 발전했다는 증거로 든 농지면적, 농업생산량과 생산성 등이 정확하지 않고 농가소득과 주요 곡물 소비량 등은 오히려 줄었다는 것이다. 공업의 경우 전체 투자자본의 90% 이상을 일본인이 장악했는데 중화학공업은 더욱 심했다. 한국인 소유의 공장은 일제시기에 오히려 줄어들었다. 노동자도 고도의 기술이 필요하고 수입이 높은 분야는 일본인

---

**36** Haggard, S., Kang, D., & Moon, C. (1997), Japanese colonialism and Korean development: A critique, *World Development*, 25(6).

차지였고, 한국인 노동자의 실질임금은 하락했다. 게다가 중화학공업의 공장은 대부분 한반도의 북부에 위치했기 때문에 한국이 해방된 후 남한의 경제성장에 별로 도움이 되지 않았다. 그는 "1945~1950년 사이의 경제적 혼란, 6·25전쟁의 파괴작용 등을 고려하면 일본 식민주의의 흔적은 1950년대 중반까지 거의 의미가 없어졌다"고 주장했다.

두 번째로 해거드는 대한민국 정부가 일제 총독부의 통치구조를 계승했다는 콜리의 주장을 반박했다. 총독부에 참여했던 한국인은 얼마 되지 않았고, 미군정과 이승만 정부를 거치면서 새로 충원된 많은 한국인 관료가 미국의 지원을 받으며 새로운 보수연합을 구성했다. 더구나 행정은 정치에 종속되게 마련인데 1950년대 이후 한국의 개혁적 정치가들은 일제 관료제와는 아무런 관련이 없었다.

해거드가 제기한 세 번째 논점은 한국의 고도성장을 주도한 자본가 계급이 일제시기에 형성되지 않았다는 것이었다. 1983년 기준으로 한국의 10대 기업집단 가운데 일제시기에 만들어진 것은 단 1개였고, 50대 기업집단 중에는 6개에 불과했다. 일제시기에 차별받고 억압받던 한국인 자본가는 정치적 독립이 가져다준 경제적 기회를 활용하여 극적으로 성장했다. 일부에서 일본 식민주의가 남긴 유산인 적산敵產과 기업경영 경험을 중시하지만 실제로는 한국의 경제성장에 별다른 도움이 되지 않았다.

마지막 논점은 사회계급 관계를 둘러싼 것이었다. 해거드는 일제 식민지 정책이 오히려 한국인의 인적자본 개발을 저해했다고 보았다. 중등 이상 교육의 보급률이 매우 낮았고, 계급 간 불평등을 악화시켜 사회적 갈등을 심화시키는 바람에 장기적 경제성장에 부정적 영향을 미쳤다는 것이다. 광복 후 한국 정부가 농지개혁 등을 통해 사회적 갈등을 완화하고 교육이 급속도로 확대되면서 상황은 비로소 개선됐다고 해거드는 주장했다.

콜리는 *World Development* 같은 호에 실린 "일본 식민주의와 한국의 발전: 답변"[37]이란 글에서 해거드의 비판을 반박했다. 그는 이 글을 쓰는 데 커밍스와 에커트 등의 도움을 받았다고 밝혔다. 해거드의 비판이 데이비드 강과 문정인의 도움을 받아서 작성됐던 점을 감안하면 그와 콜리의 논쟁은 개인과 개인 차원이 아니라 일본 식민주의가 한국에 미친 영향에 대해 견해를 달리하는 두 그룹 사이에 벌어졌음을 알 수 있다.

콜리는 해거드의 첫 번째 비판에 대해 일제 식민지기에 한국의 농업생산량이 상당히 증가했고, 이는 일본이 본국의 농업 정책을 한국에 확산시킨 결과로 나타난 생산성 증대에서 비롯됐다고 주장했다. 한국이 식민지에서 벗어난 뒤에 발생한 경제적 혼란과 후퇴에서 비교적 빨리 회복한 것도 식민지기에 근대산업을 운영하는 방법을 배웠기 때문이라고 했다. 남한은 개발도상국 가운데 그 자신의 과거에서 발전모델을 찾을 수 있었던 매우 드문 경우라는 것이었다.

---

**37** Kohli, A. (1997), Japanese colonialism and Korean development: A reply, *World Development*, 25(6).

그는 해거드가 제기한 두 번째 논점에 대해서는 더욱 단호히 반박했다. 일제가 만든 효율적인 국가기구와 관료체제가 박정희에게 전수돼 경제발전의 토대가 됐다는 것이다. 그는 '발전국가Developmental State'라는 측면에서 볼 때 1910~1979년의 '단기 20세기 한국사'는 1945~1963년의 혼란스러운 '대궐위大闕位, interregnum시기'를 제외하면 그 전후로 국가가 주도하는 경제적 변모에 의해 지배되었다고 주장했다.

콜리는 또 한국이 식민지가 되지 않았어도 스스로의 힘으로 자본주의를 건설할 수 있었다는 주장은 '공상적fanciful'이라고 비꼬았다. 20세기 초 한국의 반反자본주의적 구조를 감안할 때 한국이 독립을 유지했다면 자주적으로 자본주의를 건설하지 못하고 외국의 지속적 압력 아래서 국가 해체, 혼란, 혁명을 겪었을 것이라는 주장이었다. 그는 식민지기에 일본형 자본주의가 한국에 이전됐고, 중요한 한국 기업가 계층이 형성됐다고 했다. 마지막 논점에 대해서 콜리는 일제의 노동 정책이 가혹했지만 마찬가지로 노동계급에 가혹했던 박정희시대 노동관계의 주형鑄型이 식민지기에 형성됐다고 주장했다.

콜리와 해거드의 논쟁은 처음부터 끝까지 평행선을 달렸다. 역사적 이해를 중시하는 해거드와 유형론적 접근을 시도하는 콜리 사이에 생산적 토론은 불가능했다. 일제시기와 1960년대 이후의 한국을 식민지와 독립국가라는 본질적 차이는 무시하고 현상적 유사성만으로 연결시키려 했던 학자가 콜리만은 아니었다. 뒤에 살펴보듯이 한국의 '식민지 근대화론'자도 연구와 논쟁이 진전되면서 점차 비슷한 발상과 주장을 펴게 된다. 양자의 차이는 콜리가 좀더 과감하고 분명하게 주장을 전개했다는 점이다.

하지만 콜리와 해거드의 논쟁은 '식민지 근대화론'과 관련된 많은 쟁점을 드러냈고, 그것을 논리적 면에서 극단적으로 표현했다는 점에서 유익했다. 이들 쟁점은 2000년대 이후 한국에서 전개되는 논쟁에서도 상당 부분 되풀이된다.

### 3) 한국: 신용하 · 정재정 · 김영호의 비판

한국에서도 1990년대 중반부터 '식민지 근대화론'에 대한 비판이 제기됐다. 안병직을 중심으로 한 일부 경제사학자들의 문제제기가 워낙 도발적이었기 때문에 그에 대한 반박도 격렬했다. 국사학계의 한국경제사 연구자를 중심으로 많은 학자가 식민지 근대화론 비판에 나섰다. 그 가운데서 주목할 만한 것은 사회사학자 신용하, 국사학자 정재정, 경제사학자 김영호의 비판이었다.

민족주의 입장에서 한국근대사를 연구해 온 신용하(1937~ )는 1992년 "일본 제국주의 옹호론과 그 비판"이라는 논문에서 한 장章을 식민지 근대화론 비판에 할애했다. 이 논문에서 그가 비판의 대상으로 삼은 것은 일본 학자들이었다. 그는 주로 일제의 초기 식민지 정책을 대표한다고 할 수 있는 토지조사사업에 관한 연구사를 들어 일제시기의 관학자와 이들의 주장을 되풀이하는 당시 일본 학계를 비판했다.

이 논문은 일제의 식민지 정책을 '사회경제적 수탈의 극대화', '한국민족 말살 강행'으로 요약했다. 사회경제적 수탈은 식민지 조선을 일본 공업화를 위한 식량·원료·노동력 공급지, 일본 공업제품의 판매시장, 일본자본 수출에 의한 초과이윤 획득, 만주·중국 침략을 위한 병참기지로 만드는 것이었다. 일제가 한국에 철도를 놓거나 항구 시설을 만든 목적은 착취한 물자와 군대를 수송하기 위해서였다.

일제 식민지 정책의 수탈성은 1910~1918년 실시한 토지조사사업에서 잘 드러났다. 신용하에 따르면 일제는 이를 통해 한국 국토 총면적의 50.4%에 이르는 방대한 토지를 총독부 소유지로 만들었다. 또 경작권, 도지권(부분소유권), 개간권, 입회권(공동이용권) 등 한국 농민이 발전시켜 온 권리를 부정하고 소유권을 절대화함으로써 대다수의 농민을 무無권리한 상태로 떨어뜨리고 지주의 반半봉건적 지위를 옹호했다.

조선총독부 총무과장으로 토지조사사업의 실무 책임자였던 와다 이치로和田一郎는 토지조사사업이 조선왕조의 양전量田사업을 계승했으며, 한국에 근대적 토지사유제를 처음 확립했다고 주장했다. 이에 대해 신용하는 한국에서는 15세기부터 토지사유제가 발달했고 개항 무렵에는 토지가 자유롭게 매매되는 등 정착했다고 반박했다. 또 조선왕조의 양전사업이 토지생산물을 수취하는 조세체계의 정비를 목적으로 한 것과 달리, 토지조사사업은 토지 소유권 자체를 박탈했다는 점에서 성격이 완전히 다르다고 지적했다.

일본의 한국사 연구자 미야지마 히로시宮嶋博史는 1991년 《조선 토지조사사업사의 연구》라는 저서에서 토지조사사업이 "조선에서 근대적 토지소유 제도와 지세地稅 제도를 확립시켰고", "조선사회의 내재적 발전에 따른 근대적 토지변혁의 성격이 기본에 있으며", "한국 농민에게 결코 부정적 결과와 영향을 주지 않았다"고 주장했다. 이에 대해 신용하는 "신진학자까지 과거 일본 제국주의의 식민지 침략 정책과 약탈 정책을 견강부회牽强附會하면서 미화하고 옹호한다"고 비판했다.[38]

일제의 식민지 정책을 전통적 시각의 '수탈론'으로 설명하는 신용하의 입장은 1997년 "'식민지근대화론' 재정립 시도에 대한 비판"이란 글에서 한층 더 이론적이고 체계적으로 전개됐다. 이 글은 일제의 식민지 정책에 의해 한국의 근대화가 이루어졌는지를 검토하기 위해서는 먼저 '근대화' 개념을 명확히 할 필요가 있다고 지적했다. 그리고 근대화를 정치적으로는 독립한 입헌대의立憲代議국가 수립, 경제적으로는 산업자본주의의 공업화, 사회적으로는 근대 시민사회 건설, 문화적으로는 평민·국민 중심의 근대 민족문화 발전으로 정의했다. 이런 관점에 설 때 일제의 식민지 정책은 한국을 근대화시킨 것이 아니라 근대화를 저지했다. 한국의 근대화는 일제에 의해 저지당했다가 1945년 광복 이후 다시 전개되기 시작했다고 그는 주장했다.

---

**38** 신용하(1992), "일본 제국주의 옹호론과 그 비판", 〈한국독립운동사연구〉, 6집, 533~538쪽.

신용하는 식민지기의 경제를 연구할 때는 민족별 구분을 명확히 하고, 한국민족이 독립했을 때와 식민지로 전락한 뒤를 비교해야지 1910년의 지표와 1945년의 지표를 비교하는 방법은 과학적 고찰이 되지 않는다고 주장했다. 식민지 근대화와 공업화를 주장하는 경제사학자들이 일제시기에 한반도에서 이루어진 경제의 양적 성장을 강조하는 점을 반박한 것이다. 그에 따르면 '일본 제국주의의 식민지 정책 부문'과 '한국민족 부문'은 갈등·대립 관계에 있었다. 1930년대 이후의 '공업화'도 일제의 대륙침략을 위한 군수공업에 불과했고, 한국인의 공업 부문은 산업자본주의 이전의 상태에 머물렀다. 농업 부문에서는 일제가 반봉건적인 지주 제도를 엄호하고 있었다.

신용하는 이 글에서 다시 한 번 토지조사사업에 대한 와다 이치로·미야지마 히로시 등의 주장을 반박했다. 일제의 토지조사사업은 일본군의 무력 엄호 아래 진행된 토지수탈 정책이었고, 비유하자면 '한 손에 피스톨을 들고, 다른 한 손에 측량기를 들고 강행한 토지점유 정책'이었다는 것이다.**39**

정재정(1951~ )은 1996년 "식민지 공업화와 한국의 경제발전"이란 글에서 1930년대 이후 한반도의 공업 발흥이 갖는 역사적 의미를 다각도로 분석했다. 그는 특히 1930년대의 식민지 공업화가 1960년대 이후 한국 경제발전의 기반을 이루었다는 주장을 집중적으로 검

**39** 신용하(1997), "'식민지근대화론' 재정립 시도에 대한 비판", 〈창작과비평〉, 1997년 겨울호, 10~19·30~38쪽.

토했다.

그는 먼저 식민지 공업화론이 일제시기, 특히 1930년대 이후 한반도에서 일어났던 사회경제적 변화를 밝혀 주고, 이민족 지배 아래서도 능동적으로 삶의 활로를 개척해 갔던 한국인의 모습을 조명함으로써 식민지시대의 역사를 한국인 본위로 복원하는 가능성을 열었다는 점을 높이 샀다. 또 한국근현대사를 거시적·연속적으로 파악하고 현재적 관점과 세계사적 시야에서 재구성하려는 시도도 긍정적으로 봤다. 그리고 이런 주장이 경제학 이론과 정밀한 실증을 바탕으로 전개되고 있다는 사실을 인정했다. 이런 평가는 전형적인 수탈론적 관점과는 차이가 나는 부분이다.[40]

그러나 정재정은 식민지 공업화론이 몇 가지 중대한 결함을 안고 있다고 주장했다. 첫째, 공업화의 실적과 그로 인한 사회경제적 변화를 과대평가했다는 것이다. 일제 식민지기에 공장 등이 양적으로 성장했지만 소수 일본인이 생산수단의 대부분을 장악하고 있었고, 한국인은 농업 종사자가 70~80%를 차지하고 있어서 공업화가 한국인의 경제생활에 획기적 변화를 가져왔다고 보기 어렵다는 지적이었다.

둘째, 식민지 공업화와 1960년대 이후 한국의 경제발전을 연결하는 것은 무리라고 지적했다. 식민지 근대화론이 식민지 공업화와 한

---

**40** 정재정(1996), "식민지 공업화와 한국의 경제발전", 《일본의 본질을 다시 묻는다》, 한길사, 57~58쪽.

국의 경제발전을 연결하는 핵심고리는 공장·자본·사회기반시설 등 물적 유산, 인력·기술·경영능력 등 인적 유산, 법률·기구·관행 등 제도적 유산이다. 일제가 남긴 귀속재산은 해방 전후의 혼란, 남북 분단, 6·25전쟁 등을 거치면서 상당 부분이 파괴되고 유실됐다. 그 자리를 메운 것은 미국에서 들어온 원조였다. 물적 측면에서 식민지 유산과 한국의 경제발전은 단절됐다고 봐야 한다는 것이었다.

일제시기 교육의 보급이나 한국인 기술자의 양성은 대단한 것이 아니었다. 그나마 한국인 인력이 양성된 것은 일제의 정책 덕분이 아니라 한국인의 교육열, 특히 대한제국기 애국계몽운동 과정에서 폭발한 교육열이 지속됐기 때문이었다. 1960년대 이후 한국의 경제발전은 일제로부터의 해방 이후 한국인의 교육학습열이 비약적으로 향상되고 실현된 데 힘입은 결과였다. 경제발전을 이끈 정치인 박정희와 기업인 이병철·정주영이 식민지기에 사회 경력을 시작했다고 해서 식민지기의 인적 유산으로 보는 것은 옳지 않다. 그들은 식민지기에 체득한 지식과 노하우를 새로운 시대에 맞게 변용했다.

제도적 유산의 경우 개항기 이래 근대적 개혁을 위한 노력이 있었고, 토지·교육 제도가 근대적 방향으로 전진하고 있었다는 점에 주목해야 한다. 이를 무시하고 일제가 한국의 경제발전을 위한 제도적 기반을 만들었다는 주장은 너무 협소한 시각이다.

1960년대 한국의 경제발전이 1930년대 식민지 공업화와 정책방향이나 추진방법에서 외형적 유사성이 있다고 해서 그 영향을 받았다고 주장하는 것은 억측이다. 한국의 경제발전은 한국인이 당시의 세계구조 속에서 선택하고 기울였던 노력의 산물이라는 것을 정당하게 평가해야 한다.[41]

정재정은 2014년 "일본제국의 유산과 남북 분단국가"라는 글에서 일제시기와 해방 이후 한반도 역사의 연결 문제를 본격적으로 분석했다. 그는 이 글에서 일제시기와 연속된 곳은 남한이 아니라 북한이라고 주장했다.

먼저 일제 통치가 남긴 '인적 유산'을 보면 남한에서는 두드러진 친일파조차 처벌하지 못해 이승만 정부의 경제관료 가운데 60.2%가 일제시기의 관료 경력이 있었다. 하지만 이들은 급속도로 교체되어 박정희 정부 초기에는 그 비율이 16.8%로 떨어졌다. 한편 북한은 경찰 등의 친일파는 추방했지만 기술자는 그대로 기용했고, 일본인 기술자를 억류하여 기술을 전수토록 했다.

'물적 유산'은 전쟁경제의 붕괴, 남북 분단, 6·25전쟁의 파괴 등으로 남한에서는 제한된 일부만 1960년대 이후로 연결됐다. 일제 말기에 이미 많은 생산시설이 노후화되거나 부품 확보가 어려워 제대로 작동하지 못했고, 일제가 패망한 뒤에는 연료용 석탄이나 수출용 텅스텐 산업을 제외한 군수용軍需用 광공업은 기능을 발휘하지 못했다. 게다가 일제시기 한반도의 공업 발전은 일본 공업의 연장이었기 때문에 일제가 패퇴한 후 식민지 분업구조가 붕괴되자 공업은 상

41 위의 논문, 59~64쪽.

호 유기적 관련을 잃어버렸다.

일제의 물적 유산이 더 큰 역할을 한 곳은 북한이었다. 일제시기에 중요한 공업 자산의 대부분은 북한 지역에 있었다. 해방 후 북한 지역을 장악한 공산주의 정권은 일제가 남긴 물적 유산을 활용하였다. 그 결과 1950년 북한의 공업 총생산액은 일제 말기인 1944년의 수준을 능가했다.

일제가 남긴 유산이 남한보다 북한에서 연속성이 강했던 것은 제도적 측면도 마찬가지였다. 외견상 일제시기의 법령과 행정기구가 대한민국으로 계승됐다. 하지만 미군정은 일제 말기의 각종 통제를 폐지하고 시장경제를 전면적으로 실시했다. 정치적으로도 전체주의를 해체하고 자유민주주의를 이식하려고 시도했다. 이런 경제·정치 정책의 기조는 미군정의 뒤를 이은 이승만 정부도 마찬가지였다.

이처럼 이념과 체제 면에서 남한은 일제시기와 단절적 혁명을 겪었다. 반면 북한은 일제 말기의 전체주의, 군국주의, 통제경제를 상당 부분 유지했다. 이는 북한이 해방 직후 일제 말기 체제와 비슷한 소련의 통치를 겪었고, 6·25전쟁 뒤에는 일당독재와 사회주의 통제경제에 익숙한 중국과 소련의 영향을 강하게 받은 것과 관련이 있다.[42]

정재정의 글은 종래 식민지 근대화론을 둘러싼 논의가 남한의 경

---

42 정재정(2014), "일본제국의 유산과 남북 분단국가", 《주제로 읽는 20세기 한일관계사》, 역사비평사, 60~77쪽.

제발전에 미친 일제 식민지기의 영향 분석에 집중하던 데서 벗어나 서술범위를 일제의 통치를 받은 한반도 전체로 확대하고, 서로 극명하게 대비되는 길을 걸은 남북한에 일제 통치가 미친 영향을 비교대상으로 삼음으로써 새로운 지평을 열었다. 그리고 일제가 남긴 물적·제도적 유산을 실증적으로 고찰하여 남한은 '단절', 북한은 '연속'으로 보는 입장은 자연히 1960년대 이후 한국의 경제발전을 일제의 유산과 연결시켜 해석하는 관점에 대한 비판으로 이어졌다. 그가 시도했던 일본 제국주의, 남북한, 미국·소련·중국의 영향 관계를 문명사적 관점에서 비교 고찰하는 시각은 일본과 미국에서 진행된 식민지 근대화 논쟁에서도 일부 제기된 바 있었다. 이는 한국의 근대화 과정에 대한 이해를 진전시키기 위해 더욱 발전시켜 나아가야 할 중요한 통찰이다.

1960~1970년대에 조선 후기 경제사에 관한 실증적 연구와 이론화 작업을 통해서 자본주의 맹아론을 정립하는 데 일조했던 경제사학자 김영호는 1997년 "해방 후 한국자본주의의 연속과 단절"이라는 논문을 통해 식민지 근대화론을 다각도로 짚었다. 이 글은 '자생적 근대화론'의 맹장 가운데 한 사람이 그것을 비판하고 나온 식민지 근대화론을 본격 분석했다는 점에 의의가 있었다.

그는 먼저 20세기 한국의 경제적 변화를 '내적 조건'과 '외적 조건'의 상호관계란 관점에서 접근할 것을 제안했다. 식민지시기는 일제의 '침략'이 외적 조건이고, 그에 대응하는 '저항과 개발'이 내적 조건이 된다. 전통적 수탈론은 이 가운데 '침략과 저항'을, 식민지 근대화론은 '침략과 개발'을 강조했다. 두 관점은 정반대의 주장을 펴지만 역사적 사실의 한쪽 측면만 강조하고 다른 측면은 무시하는 닫힌 논리라는 점에서 동일하다.

김영호는 '저항과 개발' 가운데 한쪽만 택일적으로 강조하지 말고 상호모순과 보완관계를 고려하면서 침략과의 상호 관계도 주목하자고 제안한다. 자본주의는 국민경제와 국민국가를 전제로 하기 때문에 먼저 국가를 회복해야 한다는 주장도 개발론과 통할 수 있다. 임시정부운동이나 무장투쟁 등 독립운동은 국민경제를 건설하기 위한 수단으로서의 저항이니 '저항의 제 1형태'이다. 실력양성론에 입각한 민족기업 육성운동이나 교육운동은 '내적 저항, 외적 개발'의 성격을 지닌 것으로 '저항의 제 2형태'이다. 개발 과정에서 노동자와 농민의 지위향상에 노력한 합법적 노농운동은 '저항의 제 3형태'이고, 식민지적 개발의 이면에서 고통받는 민족적 저개발을 타개하려는 비합법적 저항운동은 '저항의 제 4형태'이다.

이런 논의에서 드러나듯 그가 말하는 '저항과 개발론'은 저항과 개발을 양자택일적으로 보지 않는다는 점에서 '침략과 저항론'이나 '침략과 개발론'과 다르다.[43]

식민지에서는 '저항과 개발'이라는 내적 조건의 역할이 현저히 줄어들고 '침략'이라는 외적 조건의 비중이 압도적으로 커진다. 이런

---

**43** 김영호(1997), "해방 후 한국자본주의의 연속과 단절", 《한국근현대의 민족문제와 신국가건설》, 지식산업사, 746~749쪽.

상황에서는 '내적 저항, 외적 개발'의 형태가 제대로 효과를 거두기 어렵다. 식민지 근대화론이나 식민지 개발론은 식민지기의 이런 상황을 애매하게 처리하거나 혼동하는 경향을 보인다.

해방 후 상황은 크게 달라졌다. 한국경제를 새로 규정하는 외적 조건인 미국 헤게모니 아래의 세계 자본주의 시스템은 상대적 자율성을 부여했다. 케인즈적 유효수요 정책에 기반을 둔 '팍스 아메리카나Pax Americana'는 처음으로 식민지 없이 성장이 가능한 메커니즘을 개발했다. 1960년대 이후 한국의 비약적 경제발전은 외적 조건으로서 세계 자본주의 시스템의 '초대invitation'가 있었기에 이루어질 수 있었다. 내적 조건 역시 독립국가가 수립되면서 저항과 개발 사이의 마찰이 훨씬 줄어들어 '저항적 개발'이 가능해졌다.

20세기 한국경제사를 이렇게 분석하면 식민지 경제와 1960년대 이후의 경제발전은 연속보다는 단절의 측면이 강하다. 무엇보다 국가의 복원이 갖는 의미가 중요하다. 해방 후 한국 자본주의는 자본과 노동 등 하부구조가 상부구조를 만든 것이 아니라 국가가 위로부터 하부구조를 재구축했다. 하부구조에 남아 있던 식민지 유산은 해방 후 한국경제의 성장 과정에서 부분적 요소要素수준으로만 기능했을 뿐이다.

이 같은 '매크로macro 면의 단절과 마이크로micro 면의 연속'은 한국경제의 모든 측면에서 확인된다. 자본의 경우, 일제시기의 '원시적 축적'은 제 2차 세계대전의 일본 패전, 해방, 남북 분단과 6·25전쟁을 거치면서 대부분 유실됐다. 1960년대 이후 한국의 공업화는 원조, 차관과 외채, 다국적 기업의 직접투자 등 외국자본에 의존해 달성됐다. 노동 역시 한국의 고도성장을 뒷받침한 양질의 저임금 노동력은 해방 후의 교육 붐을 타고 육성됐다. 근대식 교육은 일제시기에 제도적으로 보급됐다. 하지만 실질적인 교육의 확대는 한말韓末 애국계몽운동기의 민족교육 열기, 더 올라가면 교육을 통해 신분을 상승시키려 노력했던 조선 후기까지 소급할 수 있고 해방 후에는 농지개혁의 파급효과로 촉진됐다. 사회간접자본도 식민지기에 일부 건설됐지만 1960년대 이후 엄청난 추가적 투자가 있었기에 비약적인 경제발전이 가능했다. 44

김영호의 글은 오랫동안 한국의 근대화 문제를 다뤄 온 경륜에 걸맞게 논의의 폭과 깊이를 확장했으며 뛰어난 통찰을 보여 주었다. 식민지기의 '저항'과 '개발'의 관계, 제 2차 세계대전을 전후한 자본주의 세계질서의 변화가 한국에 미친 영향, 식민지기의 공업화와 1960년대 이후 경제발전의 연속성 문제 등에 대해 설득력 있는 분석과 설명에 성공했다.

44 위의 논문, 753~762쪽.

# 4

## 근대화에 대한 새로운 관점의 모색: 2000년대 이후

조선 후기의 자본주의 맹아론을 핵심으로 하는 '자생적 근대화론'의 대두와 확산(1960~1970년대), 이에 대한 비판적 입장에서 출발한 '식민지 근대화론'의 부상과 이를 둘러싼 논쟁(1980~1990년대)의 순서로 진행돼 온 한국의 근대화 논의는 2000년대에 들어와 한층 깊이 있고 폭넓게 전개됐다. 한쪽에서는 식민지 근대화론을 토대로 한 연구가 심화되면서 이를 둘러싼 공방이 더욱 치열하게 벌어졌다. 다른 한쪽에서는 1990년대 이후 세계적인 지적 사조로 떠오른 포스트모더니즘의 영향을 받아 탈脫근대적 관점에서 '자본주의 맹아론'과 '식민지 근대화론'을 모두 비판하는 '식민지 근대성론'이 제기됐다. 그런가 하면 일국사적一國史的 관점을 기반으로 한국의 자생적 근대화론을 이끌었던 김용섭은 새롭게 문명사적 관점에서 한국사를 바라보는 저술을 내놓았다. 그리고 한국의 근대화에 관한 논의들을 종합하려는 야심적이고 어려운 지적 시도도 조심스럽게 진행됐다. 한국의 근대화에 대한 새로운 관점을 모색하기 위해 지금도 현재진행형으로 계속되고 있는 백화제방百花齊放의 흐름과 그 의미를 짚어 본다.

## 1. 식민지 근대화론의 심화와 이를 둘러싼 논쟁

1990년대에 안병직을 중심으로 제기돼 학계와 지식인 사회에 충격을 던졌던 식민지 근대화론은 2000년대에 접어들면서 구체적 연구성과를 내놓기 시작했다. 그 중심에는 안병직이 뜻을 함께하는 후배·제자들과 설립한 낙성대경제연구소가 있었다. 1987년 안병직과 이대근이 기금을 출연하여 출범한 낙성대경제연구소는 한국경제사를 공부하는 학자들의 보금자리로 조선시대부터 현대까지 한국경제의 흐름을 사료와 역사통계에 입각해서 실증적으로 연구했다.

낙성대경제연구소가 2000년대 들어 식민지 근대화론의 입장에서 내놓은 대표적 연구성과는 《수량경제사로 다시 본 조선후기》(이영훈 편, 2004, 서울대출판부)와 《한국의 경제성장: 1910~1945》(김낙년 편, 2006, 서울대출판부)가 있다. 전자는 17세기 이래 인구, 임금, 이자율, 토지가격, 시장의 장기동향 등 한국경제의 흐름을 수량경제사의 방법으로 추적했다. 그리고 이를 토대로 조선왕조가 경제발전을 보장하고 독려할 제도적 뒷받침이 결여돼 정체 국면에 빠졌고, 19세기 중엽부터 심각한 경제위기에 직면했다고 주장했다. 후자는 1910년부터 1945년까지 농업, 임업, 수산업, 광업, 제조업, 도소매업 등 한국의 경제통계를 정비하고 이를 UN이 권고하는 국민계정체계SNA에 맞춰 국민계정 통계를 추계했다. 이는 일제 식민지기에 장기적 경제성장이 있었음을 통계를 이용하여 보여 주고, 이를 인구추계 등과 결합하여 생활수준 또한 향상됐음을 증명하려고 했다. 두 연구성과를 연결하면 조선왕조는 스스로 근대화를 추진할 능력이 없었고, 한국의 근대화는 일제 식민지기에 시작돼 상당한 성과를 거두었다는 결론에 이르게 된다.

낙성대경제연구소의 공동연구가 진전됨에 따라 이에 대한 비판도 본격화됐다. 1990년대 후반에 진행된 식민지 근대화론에 관한 1차 논쟁이 주로 관점과 이론의 공방이었던 데 비해, 2000년대 중반에 벌어진 2차 논쟁은 실증적 연구성과를 놓고 분석적으로 진행됐다. 또 1차 논쟁에 참가한 식민지 근대화론 비판자들이 일제시기에 경제성장이 이뤄졌다는 사실 자체를 인정하지 않는 수탈론적 입장의 국사학자가 많았던 것과 달리, 2차 논쟁은 일제시기 경제의 양적 성장은 인정하면서도 그 의미를 평가절하하는 경제사학자가 주로 비판자로 참여했다.

낙성대경제연구소의 연구결과를 가장 열정적이고 집중적으로 비판한 사람은 경제사학자 허수열(1951~ )이었다. 허수열은 안병직의 제자이자 낙성대경제연구소의 창립 멤버로 한동안 공동연구에도 참여했다. 그러다가 점차 학문적 견해가 달라지면서 낙성대경제연구소를 나와서 독자적인 길을 걸었다. 그러다가 2000년대 들어 옛 동료들을 비판하는 선봉에 섰다.

허수열이 식민지 근대화론을 비판한 첫 번째 글은 1999년에 발표한 "'개발과 수탈'론 비판"이었다. 낙성대경제연구소의 본격적인 연구성과가 나오기 전에 쓴 이 글은 국내학자보다는 미국과 일본 등의 외국학자를 겨냥했다. 하지만 그 내용은 2000년대 들어서 나오는 낙성대경제연구소의 연구결과와도 관련이 있었다.

이 글은 미국의 일본근대사 연구자 마크 피티가 제기한 '개발과 수탈론'을 비판했다. 피티는 일본 제국주의의 한국 지배에서 수탈과 개발은 동전의 양면처럼 모두 역사적 사실이라고 주장했다. 이에 대해 허수열은 일제시기에 경제적 기반이 창출되고 농업과 공업 생산이 증대된 것은 사실이지만, 그것이 한국인의 구매력과 경제적 기회 증대 등 경제적 조건의 개선으로 연결되지는 않았다고 반박했다. 그리고 일제가 남긴 물적 유산과 인적 유산은 해방 후 남북 분단과 6·25전쟁을 거치면서 대부분 사라져서 1960년대 이후 한국의 경제성장에서 큰 의미를 지니지 않는다고 주장했다.

허수열은 일제시기에 일어난 근대적 변화를 모두 일제 지배의 성과로 돌리는 것은 논리의 비약이라고 지적했다. 근대교육과 기술교육의 확대는 일제의 정책에 따른 결과라기보다는 1905년 이후 애국계몽운동과 1919년 3·1운동이라는 두 번의 계기를 거치면서 한국인의 교육 수요가 폭발적으로 증가했기 때문이라는 것이었다. 그는 "일제시기에도 조선인의 저력은 산업·교육·사상과 문화 등의 여러 분야에서 맥맥히 이어져 오고 있다는 것을 받아들여야 한다"면서, "일제시기의 역사가 한국 역사의 일부가 되기 위해서는 '일제의 조선 지배에도 불구하고 조선인들이 주체적으로 대응해 나간 역사'를 보아야 한다"고 강조했다.[1]

허수열은 "'개발과 수탈'론 비판"에 담긴 내용을 더욱 심화하고 확대해서 2005년 《개발 없는 개발: 일제하 조선 경제개발의 현상과 본질》(은행나무)이라는 단행본을 펴냈다. 이 책에는 그 사이에 나온 낙성대경제연구소의 연구결과도 비판 대상에 포함됐다.

그는 일제시기 한반도라는 '지역'에서 이루어진 경제의 양적 성장을 통계적으로 추적하는 낙성대경제연구소의 성장사학을 비판하면서 식민지기의 연구는 '민족'이 더 중요한 기준이 되어야 한다고 주장했다. 식민지 조선에서 개발이 의미를 지니려면 조선인의 개발로 이어져야 하는데 일제시기는 민족 간에 극단적인 생산수단 소유의 불평등이 있었고, 그에 따른 분배의 불평등과 사회적 차별이 발생해 그럴 수 없었다는 것이다. 또 일본의 식민지 지배가 끝났을 때 일제시기의 놀라운 '개발'은 신기루처럼 사라지고 한국경제는 식민지 초기의 상태로 돌아가 버렸다고 했다. 1911년 777달러였던 조선의 1인당 국내총생산은 1937년 1,482달러까지 늘어났다가 1945년에는 616달러로 급락했다.

이 책에 담긴 허수열의 일제시기 경제개발에 대한 분석은 다음과 같이 요약할 수 있다.

첫째, 농업에서 근대적 영농법이 보급되고 투자가 이뤄지면서 농업생산이 증대했다. 하지만 이는 일본인 지주의 성장과 조선인 지주의 몰락 과정이었다. 농업개발로 늘어난 미곡 대부분은 일본인에게 돌아갔고, 조선인의 미곡 수취량은 오히려 줄어들었다.

---

1 허수열(1999), "'개발과 수탈'론 비판", 〈역사비평〉, 1999년 가을호, 161~167쪽.

둘째, 1930년대 이후 급속도로 진행된 공업화 역시 일본인 대자본의 발전 과정이었다. 개발속도가 빠를수록 광공업 부문의 생산수단은 일본인에게 집중되어 갔다. 1943년 이후 일본이 패전 국면에 접어들면서 식민지 조선의 공업은 황폐화해서 후퇴했다. 또 대부분의 공업시설이 북한 지역에 위치해서 해방 후 남한에 도움이 되지 않았다. 그나마 남한에 있던 공업시설도 원료와 관리체제 부족, 6·25전쟁 등으로 파괴됐다.

셋째, 한국은 해방 후 다시 세계에서 가장 가난한 농업국이 됐다. 따라서 일제시기 개발의 유산이 1960년대 이후 한국의 공업화 과정에서 한 역할은 매우 제한적이다. 일제시기와 해방 후 한국경제는 단절적으로 봐야 한다.

허수열은 일제시기의 양적 경제성장을 인정하고 그 성장이 한국인에게 갖는 의미를 물었다는 점에서 1990년대 후반에 식민지 근대화론을 비판했던 수탈론자들과는 달랐다. 그는 "수탈론은 엄연한 현실로 존재하던 개발현상을 논외로 함으로써 일제시대 조선경제를 이해하는 데 한계를 드러냈다"며, "일제시대의 개발문제를 다룬다는 것은 식민지적 개발의 특질을 명백히 하는 것"이라고 했다.[2]

《개발 없는 개발》이 출간되자 낙성대경제연구소는 적극 대응에 나섰다. 경제사학자 김낙년은 허수열의 책이 나온 직후인 2005년 6월 〈경제사학〉 제38호에 서평을 실었다. 그는 "식민지기 조선경제

2 허수열(2005), 《개발 없는 개발》, 은행나무, 29쪽.

에 일어난 변화를 어떻게 평가할 것인가를 둘러싸고 종래 이른바 '수탈론'과 '식민지 근대화론'으로 불리는 입장이 서로 대립하는 구도로 이해되는 경우가 많았지만 그 내용을 들여다보면 제대로 된 논쟁이 이루어진 적은 없었다"며, "《개발 없는 개발》의 출간으로 이러한 상황에 변화를 가져올 수 있는 문제제기가 이루어졌다"고 평가했다. 종래의 수탈론적 인식이 가진 한계를 지적하면서 '수탈'이라는 용어조차 사용하지 않는 허수열이 식민지 근대화론에 대한 소모적 논란에서 벗어나 본격적인 논쟁의 문을 열었다고 인정한 것이다.

김낙년의 서평은 주로 허수열이 일제시기의 통계를 다룬 방식에 대한 비판이었다. 허수열이 '민족'이라는 시각으로 식민지 경제를 평가하려다 보니 경제논리에 어긋나는 논리적·실증적 무리를 범하게 됐다는 것이었다. 그가 일본인 지주와 조선인 지주가 소유한 토지의 생산성 격차를 4.6~5.7배나 된다고 본 것은 근거도 약하고 다른 조사결과와도 맞지 않는다고 했다. 전체 농업생산은 증가했지만 조선인 농가의 수입은 줄었다거나, 공업화의 급속한 진전에도 불구하고 조선인 노동자의 생활수준은 하락했다는 분석은 무리한 가정에 기초하고 있어 실상을 왜곡했다는 것이다.

김낙년은 식민지기 개발유산과 해방 후 경제발전의 연속 문제에 관해서는 물적 자본보다 인적 자본이나 제도가 더 중요하다고 했다. 물적 유산에만 논의를 한정하면 단절을 강조하는 편향을 낳을 수 있다는 것이다. 또 해방 후의 1인당 GDP가 1911년보다 낮게 나와서 허수열이 일제시기의 경제성장이 광복과 더불어 신기루처럼 사라졌

다고 주장한 근거인 매디슨의 추계에 대해서는 근거가 불분명하다고 주장했다.[3]

2005년 5월 전국역사학대회에서 김낙년과 차명수가 발표한 논문 "한국의 경제성장과 소득분배, 1911～40"과 2006년 3월 김낙년 편저로 출간된 《한국의 경제성장: 1910～1945》도 허수열의 주장을 비판했다. 2006년 2월 출간된 《해방전후사의 재인식》에도 김낙년("식민지 시기의 공업화 재론")과 주익종("식민지 시기의 생활수준")이 허수열을 비판한 글이 실렸다.

주익종은 "일제시기에 한국인의 생활수준이 악화됐다"는 허수열의 주장을 정면 반박했다. 그는 "일제시기에 경제규모가 2～3배로 커졌는데도 조선인의 1인당 소득이 정체했다고 본 것은 잘못"이라며 "경제 전체가 2.66배로 성장하고 1인당 소득이 1.87배로 성장했다면 조선인 1인당 소득도 수십 퍼센트 증가했음에 틀림없다"고 주장했다. 그는 또 생활수준 악화의 증거로 제시되는 1인당 곡물 소비량의 감소에 대해 육류, 소채과실, 어패류, 가공식품 등의 소비가 증가하여 1인당 총 칼로리 소비량은 감소하지 않았다고 주장했다. 1920년대 말부터 1940년대까지 식민지 조선에서 출생한 사람의 신장이 지속적으로 감소했다는 연구결과에 대해서는 자신이 같은 데이터를 분석했지만 뚜렷한 경향을 발견할 수 없었다고 주장했다.[4]

---

3 김낙년(2005), "서평: '개발 없는 개발'", 〈경제사학〉, 38호, 211～219쪽.

4 주익종(2006), "식민지 시기의 생활수준", 《해방전후사의 재인식》, 책세상, 118

허수열과 낙성대경제연구소의 논쟁은 허수열이 2006년 "'해방전후사의 재인식'의 식민지 경제에 대한 인식 오류"라는 장문의 글에서 자신의 비판에 대한 낙성대경제연구소 연구자들의 반박을 재비판함으로써 더욱 가열됐다. 이 글에서 개진된 논점은 다음과 같이 요약할 수 있다.[5]

첫째, 일제 식민지기의 경제성장 여부에 대한 분석에서 기초가 되는 인구추계의 경우 낙성대경제연구소의 작업에서 1910~1940년의 인구증가율이 59.3% →33.4%→46.3%로 심하게 변화했다. 이렇게 되면 1인당 GDP, 1인당 소비지출, 1인당 식량소비량 등이 모두 달라진다. 이는 낙성대경제연구소의 주장에 대한 신뢰성을 크게 약화시킨다.

둘째, 일제시기에 조선의 경제가 얼마나 발전했는지를 측정하는데 출발점이 되는 1910년대의 통계가 매우 부실하다. 따라서 적절한 방법으로 보정해야 하는데 낙성대경제연구소가 택한 가설적인 수정보완 방법은 적절치 않다.

셋째, 낙성대경제연구소는 식민지 조선에서 '근대적 경제성장 modern economic growth'이 나타났다고 주장한다. 하지만 일제시기는 '인구의 급속한 증가'와 '1인당 생산의 지속적 성장'이라는 쿠즈네츠

---

~138쪽.

5 허수열(2006), "'해방전후사의 재인식'의 식민지 경제에 대한 인식 오류", 〈역사비평〉, 2006년 여름호.

의 ‘근대적 경제성장’ 개념에 부합되지 않는다. 한국에서 지속적으로 1인당 GDP가 증가한 것은 1960년대 이후였다.

넷째, 낙성대경제연구소는 민족별 분배문제를 본격적으로 연구하지 않았다. 따라서 이 문제에 대한 논지는 가정과 가상에 입각한 것인데 그것은 현실을 무시하는 실험실 속의 사고에 불과하다.

다섯째, 조선인과 일본인의 소득격차가 엄청나게 큰 상황에서 식민지 조선에 거주하는 사람의 소득 평균값의 변화추세로는 조선인의 생활수준을 제대로 규명할 수 없다.

여섯째, 낙성대경제연구소의 추계는 1940년이 종점이다. 1940년대 들어 해방을 거치면서 극적으로 붕괴되는 조선의 경제를 고찰대상에 포함하지 않으면 일제시기 전체를 제대로 평가할 수 없다.

허수열의 재비판에 대해서 김낙년은 반년 뒤 “일제하 조선인의 생활수준은 악화되었을까?”라는 글을 통해 다시 반박했다. 김낙년은 일본인과 조선인이 소유한 논의 생산성 격차가 5배라고 본 허수열의 가정이 비현실적이라면서 이를 당시 현실을 반영한 28.5%로 대체하고 인구증가를 감안하면 1910~1941년 조선인 농민 1인당 쌀 소득은 허수열의 주장처럼 33.2% 줄어든 것이 아니라 8% 증가했다고 주장했다. 그는 또 공업화 과정에서 숙련노동자 등 조선인의 일부 계층은 소득이 증가했지만 농촌이나 도시 하층민의 소득은 끌어올리지 못했다고 인정했다. 하지만 이는 경제개발 초기 국면에서 개발의 효과가 저변에까지 미치지 못해 계층 간 소득격차가 벌어지는 일반적 현상이라고 했다. 6

허수열과 낙성대경제연구소 연구자들의 논쟁은 일제시기의 경제 통계를 보정하고 추계하는 과정에서 서로 다른 가정과 추정이 들어갔다. 따라서 양자는 여러 차례 비판과 반박을 주고받으면서도 견해 차이를 좁힐 수 없었다.

낙성대경제연구소를 중심으로 한 식민지 근대화론의 연구성과는 2016년 말 간행된 이영훈의 《한국경제사》 제 2권에 집약됐다. 20세기 한국경제사를 담은 이 책 제 2권의 기본 관점은 "근대의 이식과 전통의 탈바꿈"이라는 부제에서 드러났다. 서구에서 발원한 근대문명이 일본과 미국에 의해 한반도에 전파됐고, 그로 말미암아 가부장적 질서와 친족집단의 결속 등 한국의 소농小農사회 전통이 재편성됐다는 저자의 지론이 배어 있는 표현이었다.

《한국경제사》 제 2권은 '일본의 조선 지배'로 시작했다. 대부분의 한국사 개설서가 근대를 개항기에서 시작하는 것과 달랐다. 한국의 근대가 일본에 의해 이식됐다고 보는 저자의 관점이 반영된 것이다. 이영훈은 "개항기에 우리 근대문명세력의 활동이 있었지만 나라를 빼앗겼고 그 이후 근대가 본격 이식됐다"는 입장이다. 이영훈은 제 2권의 머리말에서 이 책의 주요 내용을 다음과 같이 요약했다.

1905년부터 40년간 이어진 일본의 지배는 그에 대한 현대 한국인의 모

---

6 김낙년(2006), "일제하 조선인의 생활수준은 악화되었을까?", 〈역사비평〉, 2006년 겨울호.

멸감이나 분노와는 별개로 서유럽에서 발원한 근대문명이 착실하게 이식되는 과정이었다. 그와 더불어 인류가 맬서스의 덫에서 해방되는 대분기大分岐의 역사가 한반도에서도 펼쳐졌다. 그것을 두고 경박하게 제국주의 시혜라고 해서는 곤란하다. 일본이 그러한 변화를 일으킨 것은 한반도를 그의 영토로 영구병합하기 위한, 엄청나게 큰 도둑의 심보에서였다. 맨 먼저 화폐·금융·재정 제도가 근대화하였다. 뒤이어 1910~1920년대에 걸쳐 민법이 시행되고, 각종 재산권에 걸쳐 사유재산 제도가 정비되었다. … 더불어 공장·회사·점포·보험·신탁·거래소 등의 시장기구가 발달하고, 철도·도로·항만·통신 등의 사회간접자본이 확충되었다. 조선과 일본은 하나의 시장으로 통합되었다. 투자가 이루어지고 수출이 증가하자 1인당 소득의 증가가 인구 증가 이상으로 빨라지는 근대적 경제성장이 개시되었다. 1930년대에 들어 일본제국의 판도가 만주와 중국으로 확장되자 그 배후로서 조선에 대한 일본의 투자가 증가하였다. 조선의 북부 지방은 군사적인 중화학공업지대로 변모하였다. …

일본 제국주의가 해체된 이후 한반도의 남부는 미국이 중심이 된 세계체제에 포섭되었다. 신생 대한민국은 일정기日政期에 유입된 근대문명을 충실히 계수하였다. … 해방, 분단, 전쟁으로 이어진 정치적 격동은 1인당 소득수준을 1910년대의 수준으로 떨어뜨렸다. 이후 1940년대의 수준을 회복하는 것은 1960년대 중반에 이르러서였다. … 1963년부터 한국경제가 고도성장의 길에 진입한 것은 노동집약적 경공업이 일본에서 한국으로 건너오는 지경학적地經學的 조건의 변화에 촉발되어

서였다. 이후 한국은 수출을 주요 동력으로 하는 고도성장의 국가혁신 체제를 구축하였다.[7]

이 같은 주장은 몇 가지로 정리할 수 있다. 첫째, 일제시기에 근대적 제도와 기구, 사회간접자본 등이 확립·확충됐고 '근대적 경제성장'이 개시돼 상당 수준에 이르렀다. 둘째, 해방 후 대한민국은 일제시기의 근대문명 도입을 충실하게 계승했다. 정치적 격동으로 경제가 일시 후퇴했지만 1960년대 중반에 이르러 지경학적 조건의 변화에 따라 다시 1940년대의 수준을 회복했다. 셋째, 일제시기와 해방 후는 근대문명의 도입이라는 점에서 동질적이고 연속적이다.

이영훈의 20세기 한국경제사에서 중요한 위상을 차지하는 요소는 일본을 중심으로 하는 동아시아 자본주의의 형성과 발전이다. 그는 일제시기는 물론 해방 후 한국경제도 일본경제와 밀접한 관련을 맺으며 진행됐다고 이해한다. 1910년대에서 1930년대까지 일본 본토를 중심으로 조선·타이완·관동주·만주를 포괄하는 동아시아 자본주의가 구축됐다. 동아시아 자본주의는 세계 자본주의가 제1차 세계대전과 대공황으로 정체와 위기를 겪는 가운데도 이례적인 고도성장을 구가했다. 동아시아 자본주의의 제2중심으로 위치한 조선은 이식된 자본주의 경제체제를 바탕으로 급속한 경제발전을 이루었다. 동아시아 자본주의의 경제순환은 1945년 일본의 패전으로

---

7 이영훈(2016), 《한국경제사》 2권, 일조각, 10~11쪽.

해체됐지만 점진적으로 재건돼 1960년대 이후 한국경제의 고도성장을 지탱했다.

이런 관점에 서면 식민지 근대화론을 비판하는 학자들이 지적한 20세기 전반 일본 자본주의와 20세기 후반 미국 자본주의의 본질적 성격차이에 주목하지 않게 된다. 《한국경제사》 제 2권은 1960년대 이후 한국경제의 고도성장과 대질주를 가능하게 만든 지경학적 환경의 변화를 들면서 세계경제의 지속적 성장, 급속한 기술혁신, 자유무역 등을 언급하면서도 후진국의 경제발전을 유도한 미국의 대외정책과 로스토우는 거론하지 않았다. "세계대전의 종식과 더불어 일본을 중심으로 한 동아시아경제권은 해체되었다. 이후 그에 속했던 일본·한국·타이완 등은 차례차례로 미국이 중심이 된 새로운 세계체제에 포섭되어 갔다"[8]고 기술했을 뿐 이 같은 변화가 지니는 역사적 의미와 그것이 초래한 결과를 분석하지 않았다. 이런 변화가 한국의 경제발전과 근대화에 결정적으로 중요했음을 이미 국내외 여러 학자가 지적했다는 점을 생각하면 아쉬운 일이다.

2000년대 중반 허수열과 낙성대경제연구소 연구자들의 '2차 논쟁' 이후 식민지 근대화론을 둘러싼 더 이상의 논쟁은 전개되지 않았다. 하지만 이 주제에 관심 있는 학자의 글은 간헐적으로 발표됐다. 그 가운데 주목할 만한 것은 경제학자 조장옥이 2017년 발표한 "거시경제학의 눈으로 본 식민지 근대화론"이란 논문이다.

---

**8** 위의 책, 388쪽.

한국경제학회 회장을 역임한 조장옥은 낙성대경제연구소가 수집·정리한 일제시기의 경제통계를 바탕으로 식민지기에 경제성장이 있었는지와 식민지기의 경제성장이 한국의 고도성장을 인과因果했는지를 따졌다. 그에 따르면 식민지시기인 1911~1943년 국내총생산GDP의 연평균 성장률은 남한 지역이 1.31%, 북한 지역이 2.62%였다. 1925년경까지는 남북한 지역이 비슷했는데 그 이후 북한 지역이 남한 지역을 추월하여 1940년에는 33% 더 높았다. 식민지기 남한지역의 경제성장은 서유럽 12개국의 평균보다는 빨랐지만 신대륙 4개국보다는 느렸다. 이 시기 한국의 경제성장은 변동성이 매우 컸다. 특히 1937년 중일전쟁 발발 이후는 매우 심한 변동을 보였다.

조장옥은 경제성장에서 매우 중요한 '선도국 따라잡기catch-up' 현상이 한국의 식민지기에 나타났는지를 점검했다. 식민지 조선은 미국과 1인당 GDP 격차를 좁히지 못했다. 미국에 대공황이 발생했던 1930년대 초반에 일시적으로 따라잡기가 일어나는 듯했지만 1930년대 후반으로 가면서 오히려 격차는 더욱 벌어졌다. 한국경제가 1인당 GDP에서 미국을 따라잡기 시작한 것은 1966년부터였다. 이후 1989년까지 연 평균 8.4%의 성장률을 기록하면서 미국 따라잡기 현상이 계속됐다. 그는 "세계의 최빈국에서 경제성장이 일어나지 않는 것이 아니다. 최빈국과 선도국의 격차가 유지되는 데 문제의 핵심이 있는 것"이라며 "식민지기의 경제성장이 1960년대 이후의 경제성장과 유사하다는 주장은 누구도 할 수 없을 것이다. 두 기간의 경제성장 패턴은 성장률의 시계열 패턴이나 경제 선도국 따라잡기에 있어 너무 다르기 때문에 같은 이론으로 설명할 수 있는 성격이 아니다"고 주장했다.

식민지기의 경제유산이 1960년대 이후의 고도성장을 낳았는지에 대해서는 다른 학자들과 마찬가지로 물적 자본, 인적 자본, 제도적 유산 등의 측면으로 나누어 검토했다. 그의 분석은 다음과 같다.

물적 자본은 1930년대 이후 공업 부문에 투자가 적지 않았지만 대부분 일본 자금이 유입된 것이어서 의미 있는 공업은 일본인이 경영한 데다가 전쟁 기간을 제외하고는 공업이 인구의 3% 미만을 고용했기 때문에 조선인의 생활수준을 개선하는 데는 한계가 있었다. 제2차 세계대전 패전 후 일본이 남기고 간 공업시설은 남북 분단과 한국전쟁을 거치면서 제대로 연결되지 못해서 한국의 고도성장에서 한 역할은 없었다고 봐도 무방하다.

인적 자본의 경우 경제발전에 도움이 되기 위해서는 보편교육이 이루어져야 한다. 하지만 일제 식민지기에 초등학교 취학률은 최고 35%까지 근접했지만 중학교 이상의 취학률은 매우 낮았다. 조선총독부의 교육비 지출은 GDP의 0.4%, 보건의료비 지출은 0.1~0.2% 수준에 머물렀다. 이 정도의 재정으로 대중을 건강하고 유식하게 해 줬다고 주장할 수는 없다. 한국인의 초등학교 취학률은 해방 후 빠르게 증가하여 1965년에 90%를 상회했고, 중등학교 이상 취학률도 상승곡선을 그렸다.

제도의 이식에 대해서는 근대적 자본주의 제도의 도입이 한국인의 힘으로는 불가능했고, 일본의 식민지배 때문에 가능했다고 볼 수는 없다. 그리고 제도가 경제발전의 필요조건이긴 하지만 충분조건은 아니다. 훈련된 노동력과 리더십 등 경제 주체들의 역량이 뒷받침돼야 경제발전이 가능하다.

무엇보다 중요한 것은 일본 제국주의의 각종 제도가 경제발전을 고양하는 성격이 아니었다는 점이다. 일본은 1911~1944년 당시 세계경제 선도국인 미국을 따라잡지 못했다. 일본이 본격적으로 '미국 따라잡기'를 시작하는 시기는 제 2차 세계대전 종전 후 일본을 점령한 미국이 철저한 제도개혁을 실시한 뒤인 1950년 무렵부터였다. 조장옥은 "군국주의 일본의 제도를 그대로 유지했다면 일본과 한국의 고도성장은 불가능했을 것"이라며 "한국의 고도성장이 일본과 유사하다는 이유 때문에 식민지기에 주목하는 것은 시선의 방향이 잘못된 것"이라고 주장했다.[9]

식민지 근대화론을 둘러싸고 1990년대와 2000년대에 벌어진 논쟁은 여러 가지 쟁점을 짚고 토론도 심화됐지만 큰 틀에서 보면 아쉬움을 남겼고 한계를 드러냈다. 그 가운데 가장 중요한 것은 '식민지 근대화 논쟁'이라는 이름에 어울릴 정도로 '근대화'에 대한 본격 토론이 진행되지 못했다는 점이다. 논쟁 초기에 신용하는 '근대화'는 경제적 변화(산업자본주의의 공업화) 뿐 아니라 정치(독립한 입헌대의立憲代議국가 수립)·사회(근대 시민사회 건설)·문화(평민·국민 중

9 조장옥(2017), "거시경제학의 눈으로 본 식민지 근대화론", 〈경제학연구〉, 65권 1호, 6~41쪽.

심의 근대 민족문화 발전)를 두루 의미한다고 지적했다. 하지만 두 차례의 논쟁은 일제시기의 경제성장 유무, 경제성장의 성격, 1960년대 이후 경제발전에 미친 영향 여부 등 경제적 측면만을 놓고 벌어졌다. 이 과정에서 정치·사회·문화 등 근대화의 다른 측면은 전혀 언급되지 않았다.

이는 논쟁에 참가한 인사들이 대부분 경제사학자이거나 국사학계의 경제사 연구자였다는 사실과 관련이 있다. 이들은 이념적 성향과 관계없이 경제결정론에 기울어 있어 정치·사회·문화 등 근대화의 다른 측면에는 별로 중요성을 부여하지 않았다. 또 국사학계의 경우 상당수가 부르주아적 근대화에 큰 의미를 부여하지 않는다는 사실도 영향을 미쳤다.

근대화에서 가장 중요한 부분이 경제적 변화, 즉 산업화인 것은 맞다. 하지만 근대화, 특히 식민지를 경험한 후발국가의 근대화는 그것을 넘어서 국가와 민족의 전면적 변화를 가리킨다. 그런데 낙성대경제연구소의 주장은 경제적 변화와 그것과 관련 있는 제도적 변화의 범주를 벗어나지 않는다는 점에서 '식민지 근대화론'보다는 '식민지 경제성장론'이라는 표현이 보다 정확하다. 일제시기의 경제적 변화가 한국인의 개발이나 경제발전을 가져왔는가를 놓고 논쟁이 벌어진 점을 고려해서 범위를 넓힌다고 해도 '식민지 경제발전론' 이상이 되기는 어렵다.

식민지 근대화 논쟁이 드러낸 두 번째 한계는 일제시기의 경제성장과 1960년대 이후 한국의 고도성장 사이의 관계에 대해 두 시기 경제성장의 유형적 유사성이나 제도와 인적 자본의 연속성을 지적하는 정도에 머물렀다는 점이다. 이는 낙성대경제연구소의 연구자들이 조선 후기나 일제시기 경제사 전공으로 1960년대 이후 경제사를 본격적으로 연구하지 않았다는 사실에서 비롯됐다.

유형론적 접근의 한계는 분명하다. 아툴 콜리나 나카무라 사토루처럼 한국사에 밝지 않은 비교정치경제학자나 경제사학자가 유형론적 접근을 하는 것은 그렇다 쳐도 한국 전문 연구자까지 역사적 배경의 차이를 무시하고 외형적인 유사성을 곧바로 영향 관계로 치환하는 것은 설득력이 떨어진다.

이와 관련하여 일제시기의 경제성장, 특히 1930년대의 식민지 공업화를 낳은 '일본형 자본주의'와 1960년대 이후 한국의 고도성장을 가능하게 한 '미국형 자본주의'의 본질적 차이는 이미 1990년대 초 일본 내의 논쟁에서 지적됐고, 한국에서도 김영호와 정재정 등이 제기한 바 있다. 그런데도 식민지기 경제성장과 1960년대 이후 한국 고도성장의 연결 문제에서 핵심이라고 할 이 부분이 국내의 식민지 근대화 논쟁 과정에서 거의 언급되지 않은 것은 이해할 수 없다. 이는 한국의 경제발전을 세계 자본주의 경제구조의 변화와 관련해서 파악해야 한다는 낙성대경제연구소의 기본 입장과도 어긋난다.

세 번째로 지적할 것은 경제에서도 질적 측면은 제외하고 양적 측면만 따지겠다는 자세이다. 이는 논쟁의 쌍방에서 모두 나타났다. 2차 논쟁 때 낙성대경제연구소를 대표했던 김낙년은 "정신적 측면을 중시한다면 이 시기 생활수준이 나아졌다고 보기는 어려울 것이다.

다만 그 정도는 주관적이어서 수량적으로 계측하거나 비교하기가 어렵다. 여기에서는 논의를 물질적 측면에 한정하기로 한다"[10]고 했다. 낙성대경제연구소를 비판했던 허수열은 "개발이라면 제도와 같은 질적인 변화도 포함시켜야 하겠지만 질적인 문제 중에는 실증이 어려운 것이 많다. 따라서 이 책에서는 실증이 가능한 부분만 다룰 것이다. 물론 실증이 불가능하다고 해서 그것이 중요하지 않다는 뜻은 아니다"[11]라고 했다.

이런 태도는 경제적 변화를 객관적으로 입증할 수 있는 수치를 중시하고 모든 주장을 통계에 입각해 전개하려는 데서 비롯된 것이다. 하지만 중요한 부분이라면 정면으로 직시하고 어떤 식으로든 다루는 방법을 찾아야 한다. 중요하지만 수량적으로 다룰 수 없어서 제외한다면 논의의 폭과 깊이는 제한되고 주장의 설득력도 떨어지게 마련이다. 그런 식이라면 경제사학자들은 총체적 역사 논의에서 제외되거나 극히 제한적인 역할밖에 할 수 없을 것이다.

마지막으로 지적할 것은 식민지 근대화론이 일본 제국주의의 한국 침략을 정당화하는 것은 아니라는 낙성대경제연구소의 주장이다. 김낙년은 "이 시기에 나타난 현상이나 그 인과관계를 밝히는 일과 조선 침략의 부당성을 비판하는 일은 차원이 다른 문제이다. 식

---

10 김낙년(2006), "일제하 조선인의 생활수준은 악화되었을까?", 〈역사비평〉, 2006년 겨울호, 320쪽.

11 허수열(2005), 《개발 없는 개발》, 은행나무, 26쪽.

민지 지배의 부당성은 일제가 조선인의 의지에 반해 주권을 침탈한 데 있는 것이지, 이 시기 조선인의 소득이 줄었거나 늘었다는 사실에 의해 좌우될 수 있는 성격이 아니다"[12]라고 주장했다.

하지만 "일제의 한국 침략은 부당했지만 한국을 근대화시켰다"라고 요약할 수 있는 이 같은 주장은 논리적으로 모순되진 않더라도 설득력이 떨어진다. 현실적으로는 일제에 의한 한국의 근대화라는 결과가 한국 침략의 부당성을 크게 잠식하기 때문이다. 한민족이 스스로 근대화할 능력이 없었다는 주장까지 더해지면 더욱 그렇다. 그리고 식민지 근대화론이 문제가 되는 것은 침략의 정당화 때문이 아니라 일제의 식민통치가 한국을 근대화시켰다는 주장의 사실성 여부 때문이다. 이런 주장은 '논점 일탈의 오류'를 범하고 있으며 문제의 본질을 호도하는 췌언이라는 비판을 받을 수 있다.

---

12 김낙년, 앞의 논문, 332쪽.

## 2. 탈근대적 '식민지 근대성론'의 제기

2000년대 들어 한국의 근대화에 관한 이해와 관련해서 특기할 만한 또 하나의 흐름은 1960년대 이래 국사학계의 주류적이고 지배적인 담론이었던 '자생적 근대화론'과 1980년대 이후 경제사학계 일각에서 이를 비판하면서 제기된 '식민지 근대화론'을 모두 비판하면서 새로운 관점을 모색하는 제 3의 입장이 제시된 것이다. 이들은 '자생적 근대화론'과 '식민지 근대화론'이 대립하지만 근대를 바람직한 지향으로 설정한다는 점은 공통적이라며 '탈脫근대 지향'을 내세웠다. 이런 연구경향은 서구적 근대를 비판하고 넘어서려는 포스트모더니즘을 구舊식민지 지역의 연구에 활용하려는 시도였다.

탈근대적 관점을 한국근대사에 처음 본격적으로 적용한 연구는 2001년 미국 하버드대 출판부에서 간행된 《한국의 식민지 근대성 *Colonial Modernity in Korea*》이었다. 한국 출신의 재미在美 사회학자 신기욱과 미국인 한국사 연구자 마이클 로빈슨이 함께 편집한 이 책은 1996년 미국 UCLA에서 '한국의 근대성, 헤게모니, 정체성: 민족주의적 담론을 넘어서'라는 주제로 열렸던 국제학술회의 당시 발표된 논문을 수록한 것이었다. 1993년부터 공동연구를 진행한 한국과 미국의 연구자 10여 명이 발표자로 참가한 이 학술회의는 미국의 동양학계에서 주목받았다. 그리고 그 발표문을 묶어서 펴낸 단행본은 미국과 한국의 관련 학계에 영향을 미치며 '식민지 근대성' 연구의 기폭제가 됐다.

《한국의 식민지 근대성》의 서론인 "식민지 시기 한국을 다시 생각하며"에서 신기욱과 마이클 로빈슨은 '일본 제국주의의 억압·수탈 대對 한국인의 저항'이라는 이분법으로 파악하던 식민지시기의 한국사를 보다 입체적으로 이해하기 위해 식민주의Colonialism, 근대성Modernity, 민족주의Nationalism의 3자 관계로 바라보자고 제안했다. 일본 제국주의가 한국을 식민통치하면서 활용했던 이념이나 정책과 관련해서는 경제적 지배와 정치적 억압뿐 아니라 식민지인의 자발적 동의를 끌어내기 위해서 행사했던 헤게모니에 주목하자고 요구했다. 근대성은 그것이 세계사의 보편적 경로도 아니고 역사적 필연도 아니라는 전제 아래, 개항 이래 한국인이 근대화와 민족적 정체성의 보존 또는 재구성이라는 이중 과제에 직면했다고 지적했다. 민족주의는 일본 식민지배로부터의 해방이라는 단일한 관점에서 벗어나 식민지기에 정치공동체의 재현을 놓고 경쟁했던 다양한 담론과 정체성을 있었던 그대로 바라볼 것을 주문했다.

식민지시기 역사를 탈근대적 관점에서 이해하자고 주장한 《한국의 식민지 근대성》은 이처럼 다양한 관점과 구도를 제시했지만 결론적으로 그동안 이 시기의 역사서술을 압도해 온 민족주의로부터의 탈피에 초점이 모아졌다. 이런 문제의식은 서론의 마지막 부분에 잘 나타나 있다.

민족주의 거대담론의 볼모로 잡혀 있는 역사 주체들과 침묵을 강요당한 목소리들을 복원함으로써 보다 복잡하고 미묘한 식민지 사회상을 구성하는 자료들을 제공할 수 있을 것이다. … 필자들은 식민지 지배라는 맥락 속에서 근대성의 이중적 성격에 초점을 맞춤으로써 근대성을 역사적 진보로 가치 부여하는 것을 피하고 있다. … 제 1부의 글들은 식민지 맥락에서 근대성의 다양한 양상이 어떻게 등장했는지, 일본이 한국을 식민지로 지배하기 위하여 이들을 어떻게 동원했고, 그것이 어떻게 종종 예기치 않은 결과를 낳았는지 보여 주고자 한다. 제 2부에서는 민족으로부터 젠더, 계급에 이르기까지 다양한 정체성 범주의 형성 과정에 식민지 근대성이 끼친 영향을 분석한다. … 그들은 이 수많은 집합 정체성을 '민족'이라는 이름 아래 포섭하기를 거부한다. 오히려 그들은 식민지적 맥락에서 복수의 정체성과 타협하는 과정에서 나타나는 긴장과 모순에 초점을 맞추고 있다.[13]

식민주의, 근대성, 민족주의의 균형과 긴장을 내세웠던 《한국의 식민지 근대성》은 이처럼 결과적으로 민족주의 비판으로 기울었다. 그리고 그런 성격은 이 책의 마지막 부분에 실린 카터 에커트의 후기 "헤겔의 망령을 몰아내며: 탈민족주의적 한국사 서술을 향하여"로 인해 더욱 강화됐다. UCLA 국제학술회의에 토론자로 참여했던 에커트는 이 글에서 "민족주의 패러다임은 한국의 지적 삶을 너무나

13 신기욱 · 마이클 로빈슨 편, 도면회 역(2006), 《한국의 식민지 근대성》, 삼인, 60~61쪽.

깊이 지배하고 있기 때문에 여타의 가능한 역사 해석방식을 모두 어지럽히고 포섭하며 또는 실제로 말살시켰다"며, "남북한 모두에서 민족주의는 국가권력을 정당화하는 데 사용되거나 탈식민지 이후 민족 건설과정에서 일종의 국가종교로 작용하였다"고 지적했다. 이어 그는 "근대적 역사현상으로서의 민족주의 또는 민족 건설과 민족을 찬양하고 모든 학문적 탐구를 이 목적에 종속시키고자 하는 민족주의적 학문을 구분해야만 한다"며, '다원주의적·귀납적·객관적인 탈민족주의적 한국사 서술'을 주창했다. 그는 또 "탈민족주의시기에 자유주의적 역사가의 목적은 외부로부터 해석을 부과하는 것이 아니라 증거 더미 속에서 설득력 있는 해석을 발견하는 것"이라고 주장했다.[14]

일제 식민지기의 역사연구에서 중립적이고 객관적인 시각을 유지할 수 있는 미국 학계에서 제기된 '식민지 근대성론'은 한국 학계에도 상당한 반향을 일으켰다. 《한국의 식민지 근대성》이 출간된 2001년 말 국사학자 도면회는 이 책에 대한 서평에서 "본서는 기존의 한국 역사학계의 지배적 담론인 민족주의적 역사관에 대해 효과적인 비판을 하고 있다"며, "역사와 민족이라는 이름하에 희생되고 묻혀 버린 수많은 개인들과 집단들을 다시금 되돌아보게 했다는 점에서 한국사학계에는 대단히 귀중한 충격이며 기존의 역사서술을 되돌아보게 하는 계기로 충분하리라 본다"고 평가했다.

14 위의 책, 508~521쪽.

하지만 그는 이 책이 '식민지적 근대성'을 논한다면서도 식민주의보다 근대성의 분석에 치중해서 식민지의 전체 모습을 균형 있게 그리는 데는 실패했다고 주장했다. 국가권력인 일제 총독부의 적나라한 폭력과 강제적 입법, 근대적 제도를 통한 '식민지 근대적 인간'의 주조 과정이 분석 대상에 포함되지 않았고, 식민주의와 근대성을 문화적 헤게모니 개념으로 환원하는 바람에 거기에 포함되지 않는 현상이 연구대상에서 빠져버렸다는 것이다. 또 식민지기의 식민주의 정책 변화와 그에 따른 식민지 생활상의 차이에 주목하지 않은 것도 역사적 사실과 일치하지 않는 분석을 낳았다고 했다. 그 결과 이 책은 처음 내걸었던 것처럼 '식민지 근대성'에 비판적으로 접근하지 못하고 단순히 그 실체를 확인하는 데 그치고 말았다고 지적했다.

도면회의 글에서 특히 눈에 띄는 부분은 《한국의 식민지 근대성》이 식민지기를 '전통'과 '식민지 근대성'이라는 이분법으로 접근하면서 식민지가 되기 전에 존재했던 것은 모두 '전통'으로 파악했다는 비판이었다. 그는 이런 서술이 미국의 한국사학계가 일제 식민지기 이전의 한국을 '백지상태'로 보는 데서 기인한다며 다음과 같이 지적했다.

> 이러한 인식은 시기를 가장 늦게 잡더라도 1894년 농민전쟁과 갑오개혁, 독립협회운동, 국가권력의 근대화, 국가권력에 의한 근대적 정치세력의 억압 등 식민지화 이전 한국사회에 나타나고 있었던 역동적 변화를 간과하는 것이다. 또 식민지시기 총독부 권력이 실시했던 제반

식민주의 정책의 출발점은 농민전쟁을 진압한 개화파 정권이 1894~1895년간에 입법 반포한 600여 건의 법령들로부터 잡아야 한다. 총독부 권력은 대한제국이 그 법령을 실시한(물론 국가권력이 전제화하면서 원래의 법령 정신으로부터 일탈된 형태로 실시되었지만) 궤도 위에서, 이를 그들의 지배에 알맞게 계승 변형시켰을 뿐이다. 다시 말해 일제의 식민지 지배는 갑오개혁 이후에 형성되고 있었던 한국의 근대성을 식민주의적으로 변형시킨 것이다.[15]

이런 지적은 일제 식민지기의 역사를 그 이전의 역사와 단절된 상태로 분석하는 《한국의 식민지 근대성》의 맹점을 날카롭게 파고든 것이다. 1910년대 이후 식민지 조선에서 나타난 근대성을 19세기 말~20세기 초에 한국이 자주적으로 축적한 근대성과의 관련 속에서 파악하는 시각은 한국근현대사를 연속적 과정으로 이해하는 데 도움이 된다. 그리고 '식민지 근대성'의 기원과 성격을 보다 정확하게 파악하는 데도 유용하다. 뒤에 살펴보듯이 도면회는 이 주제를 보다 상세하게 천착하는 글을 3년 뒤에 내놓는다.

사회사학자 박명규는 2002년 12월 《한국의 식민지 근대성》에 대한 서평에서 "서구 학계의 최신이론을 한국의 역사현실과 접맥시킴으로써 한국사에 대한 이론적 논의를 심화시켰다"고 높이 평가했다.

---

15 도면회(2001), "식민주의가 누락된 '식민지 근대성'", 〈역사문제연구〉, 7호, 262~266쪽.

그는 "이론적 개념화에 빠르지 못하고, 새로운 쟁점들에 신속하게 대응하지 못하는 한국의 역사연구 현황에 좋은 지적 자극이라 할 만하다"며 "이 책의 논지에 찬성하는 사람이나 반대하는 사람이나 모두 근대성, 정체성, 식민성과 같은 개념들에 대한 근본적 재조명이 불가피해졌다"고 했다.

하지만 박명규 역시 이 책이 '식민지 근대성'을 내세우면서도 근대성에 치중해서 식민성에 대한 관심이 부차화되지 않았냐는 우려를 나타냈다. 식민성의 정치적·군사적 측면인 권력의 폭압성과 일방성, 인종주의적 차별과 수탈이 소홀하게 처리되고 헤게모니적 지배양식에만 초점이 맞추어졌으며 그 결과로 식민성이 근대성의 한 형태로 취급됐다는 것이었다. 또 분석 시야를 식민 모국인 일본은 넣지 않고 식민지 조선에 국한함으로써 일본 제국 차원의 문제점을 부각하는 데 실패한 것도 한계로 지적했다.[16]

탈근대의 관점에서 일제 식민지기를 바라보는 '식민지 근대성론'은 한국 학계에서도 대두했다. 2006년 11월 젊은 국사학자와 국문학자 들이 펴낸 《근대를 다시 읽는다: 한국 근대 인식의 새로운 패러다임을 위하여》(전 2권, 역사비평사)가 그 신호탄이었다. 이 책의 출간은 2006년 2월 발간돼 사회적 관심과 논란을 불러온 《해방전후사의 재인식》(전 2권, 책세상)이 계기가 됐다. 《해방전후사의 재인

16 박명규(2002), "한국의 식민지 경험과 탈민족주의 사회이론: 접점과 이론", 〈해외한국학평론〉, 3집, 55~61쪽.

식》은 1980년대에 출간돼 한국현대사에 대한 수정주의적 인식을 확산시켰던 《해방전후사의 인식》(전 6권, 한길사)을 비판하면서 그를 대체하는 새로운 역사인식을 내걸었다. 크게 보아서 《해방전후사의 인식》은 '자생적 근대화론', 《해방전후사의 재인식》은 '식민지 근대화론'에 가까운 입장이었다.

《근대를 다시 읽는다》는 《해방전후사의 인식》과 《해방전후사의 재인식》을 모두 비판했다. 이 책은 머리말에서 전자의 민족주의나 민중주의 관점은 '낡은 것'이 됐고, 후자의 국가주의는 퇴행적인 냉전논리라고 주장했다. 그러면서 "《인식》과 《재인식》은 민족과 국가를 나눠 가진 채, 또는 공유한 채 근대를 특권화하는 지적 실천의 일환이었다"고 지적했다. 양자가 주장하는 바는 대척점에 있지만 근대주의와 그 방법론으로서의 실증주의는 마찬가지라는 것이었다.

그러면서 이 책은 근대를 동경의 대상이나 지향해야 할 목표로 이해하는 것이 아니라 근대주의가 내포하는 폭력을 극복하려는 입장에서 바라보는 탈근대적 관점으로 한국근대사에 접근하자고 제안했다. 이런 접근법에 따르면 '식민지 근대'는 근대와 식민지의 양가성兩價性을 동시에 설명하기 위한 문제 틀이고, 제국과 식민지를 관통하는 공시성共時性과 식민지와 후기 식민지(신식민지)를 연결시키는 통시성通時性을 아울러 지닌다는 것이었다.17

《근대를 다시 읽는다》의 문제의식과 방법론은 《한국의 식민지 근

17 윤해동 외 편(2006), 《근대를 다시 읽는다》 1권, 역사비평사, 12~22쪽.

대성》과 비슷했다. 작업과 출간의 순서를 고려하면 영향관계마저 느껴졌다. 하지만 구체적 주장으로 들어가면 《근대를 다시 읽는다》가 훨씬 더 자극적이고 도발적이었다. 《한국의 식민지 근대성》이 학술적 연구 측면이 보다 강하다면 《근대를 다시 읽는다》는 도전적 담론의 성격이 두드러졌다.

대표적인 것이 '친일' 개념을 '협력' 개념으로 바꿔 읽자는 제안이었다. 식민지기 일제 통치권력과의 관계를 '친일親日'과 '반일反日'로 구분해 온 오랜 관행을 버리고, 권력장치에 대한 부분적 동의에 기반한 협력이 있었으며 그 축이 민족이 아니라 계급, 성, 인종, 문화, 언어 등으로 다양하게 확대됐음을 인정하자는 주장은 충격을 던졌다. '민중사'를 폐기하고 다양한 '하위주체subaltern'의 역사를 아래로부터 재구성하자는 주장도 국사학계의 종래 흐름에서 벗어나는 것이었다.

이 책이 표방하는 '탈근대 역사학'의 실체는 편저자의 한 사람인 국사학자 윤해동(1959~ )이 쓴 "식민지 인식의 '회색지대'"라는 글에 극명하게 드러났다. 그는 "제국주의의 식민지 지배는 수탈과 저항이라는 단순도식으로는 설명할 수 없는 부분이 너무나 많다. 그렇다고 제국주의의 지배와 그에 대한 저항의 논리를 근대화라는 단순도식 속에 감추어 둘 수는 더욱 없는 일이다"라며, "민족주의라는 프리즘이나 근대화라는 프리즘만으로는 걸러지지 않는, 식민지배기 대부분을 관통해 왔던 광범위한 회색지대를 이해하기 위해서는 우리는 새로운 프리즘을 사용할 필요가 있다"고 주장했다.

이 글은 '친일' 개념을 '협력' 개념으로 대체하자는 주장을 좀더 자세하게 펼쳤다. 친일 개념은 민족주의적 발상에서 나온 것으로 감정적 분노에 기반을 두고 있고 외연이 매우 불분명하다. 또 일제의 식민통치가 강화되고 동화 정책이 추진되면서 식민지인의 협력이 구조화되고 일상화되지만 그것이 완전한 굴복을 의미하지는 않았다.

이처럼 식민지 민중이 끊임없이 동요하면서 식민통치 권력과 맺는 저항과 협력의 변증법을 파악하기 위해서 고안된 개념이 '식민지적 공공성'이었다. 식민지에서도 참정권의 제한적 확대나 지역민의 자발적인 발의로 공적 영역이 확대됐고, 이를 통해 일상에서 필요한 공동의 문제를 일부나마 제기하고 일정한 영향을 유지할 수 있었다는 것이다.

윤해동은 1930년대 초반 경성 지역에서 일어난 '전기사업 부영화府營化운동'을 그런 예로 들었다. 일제의 지방 제도 개정으로 각급 행정기관에 자문기관이 설치됐고, 공공사업인 전기사업을 민간기업이 독점하여 폭리를 취하는 것을 경성부민들이 이 자문기관을 이용하여 막으려는 움직임이 일어났다. 또 도, 부, 군, 면 등 지방 행정구역을 단위로 열린 각종 대회가 지역민의 불만을 식민권력이나 행정기관에 청원하는 통로가 됐다는 것이다.

이처럼 저항과 협력의 양면적 모습이 교차하는 지점에 위치한 '정치적인 것=공공영역'을 가리키는 개념이 '식민지적 공공성'이다. 그는 이 개념을 통해서 저항과 친일의 이분법이 초래한 식민지기 정치사의 부재나 빈약함을 극복할 수 있다고 주장했다. 일제에 대한 저항행위를 겉으로는 협력의 양태를 띠는 것까지 확대하여 파악함으로써 식민지기 정치사를 복원할 수 있다는 것이었다.[18]

국사학계의 통념적인 일제시기 인식과는 크게 다른 탈근대론자의 식민지기 인식, 특히 '협력론'과 '식민지 공공성론'은 반발과 비판을 불러왔다. 국사학자 지수걸은 윤해동의 저서 《지배와 자치》에 대한 서평에서 "식민지 조선사회에는 '의제적擬制的 공公' 혹은 '사이비 공公'만이 언설로 존재했지 '시민적 공공영역'은 거의 존재하지 않았다"며, "일제시기 지역주민들의 유지有志집단에 대한 기대나 의존도 '공적 신뢰에 바탕한, 공익을 위한 공적 활동'에 대한 기대나 의존과는 거리가 먼 것이었다"고 주장했다. 탈근대 역사학의 도발적이고 해체적인 주장에 대한 기성 국사학계의 의심과 우려는 이 글의 다음과 같은 부분에 잘 나타나 있다.

> ['식민지 근대성론', '식민지 공공성론'(협력론) 등은] 어찌되었든지 식민지 인식의 새로운 지평을 열어 준 대표적 담론이자 방법적 대안들이라 생각한다. 하지만 이 같은 담론이나 연구방법들에 내재한 역편향을 경계하지 않을 경우 일제 강점기를 포함한 한국근현대사 인식은 온통 잿빛으로 화할 가능성도 적지 않다. 가령, 탈근대·탈민족 담론을 적극적으로 수용한 연구들을 보면 복잡성, 혼종성混種性, 양가성兩價性,

18 윤해동(2006), "식민지 인식의 '회색지대'", 《근대를 다시 읽는다》 1권, 역사비평사, 39~51쪽.

양면성, 다양성, 다층성 등의 용어(일종의 방법적 개념)가 자주 눈에 띄는데, 이런 용어들은 잘못 활용되는 경우 포스트모더니스트들의 본래 의도(?)와는 달리, 지배(권력) 담론을 분쇄하는 역할보다는 저항(대안) 담론을 해체하는 역할만을 수행할 가능성이 더 크다.[19]

이 같은 비판에 윤해동은 한발 물러섰다. 그는 "기본적 시민권이 박탈된 상태였던 식민지에 시민적 공공성이 형성될 리 만무하다. 그런 점에서 공공성, 그것도 식민지에서의 공공성을 실체로 간주하는 것은 공공성 논의의 본래적 맥락으로부터도 벗어난 것"이라며, "공공성은 실체로서가 아니라 식민국가(또는 국민국가) 비판을 위한 은유로서의 성격을 가진다. 식민지기 나아가 현대 한국의 대안적 공간과 가치를 상상하기 위한 개념으로 위치 지우고자 하는 것"이라고 주장했다.[20]

하지만 '식민지 공공성'이 역사적 실체가 아니라 식민국가 비판을 위한 은유적 개념장치라는 주장은 또 다른 비판을 낳았다. 사회사학자 이준식은 "실재하지 않은 공공성은 역사학의 영역 밖에서 다루어야 할 문제"라며, "가치로서의 식민지 공공성을 상정하고 난 후 실제로 존재하던 저항과 친일마저도 해소해 버리려는 데는 동의할 수 없

---

19 지수걸(2007), "'지배와 자치'에 대한 논평", 〈역사와 현실〉, 63호, 371~376쪽.
20 윤해동(2007), "'식민지 인식의 회색지대'를 위한 변증", 〈역사와 현실〉, 66호, 425쪽.

다"고 주장했다. 그는 또 "민족주의의 과잉을 비판하면서 역으로 탈민족의 과잉에 사로잡혀 있지는 않은지 되돌아볼 필요가 있다"며 "빈대 잡겠다고 초가삼간을 태우는 어리석음을 계속해서는 안 된다"고 했다. 21

한국의 근대화 과정에 관한 윤해동의 일련의 글 가운데 이색적이면서 파문을 일으킨 것은 2006년 발표한 "'숨은 신神'을 비판할 수 있는가?: 김용섭의 '내재적 발전론'"이었다. 이 글은 한국근현대사 연구의 주류 패러다임인 민족주의를 비판하는 연장선에서 그 이념적 기반인 내재적 발전론을 주도해 온 김용섭을 정면 겨냥한 것이었다. 살아 있는 학자에 대한 실명비판이 거의 없는 우리 학계에서 노老대가의 학문적 성취를 비평했다는 점만으로도 이 글은 화제를 낳았다.

윤해동은 김용섭이 이중적 의미에서 한국 역사학계의 '숨은 신'이라고 규정했다. 그는 학문외적 활동을 거의 하지 않아서 대중으로부터 은폐돼 있지만 그가 제기한 자본주의 맹아론, 식민지 수탈론, '두 개의 길' 이론, 민족국가 수립 이론을 제외하고는 한국현대사학사를 쓸 수 없을 정도로 국사학계에 거대한 영향력을 미쳤다. 그럼에도 그의 학문은 그동안 '믿음'을 바탕으로 하는 성역聖域이었다며, '숨은 신'을 비판하고 그를 신의 영역에서 해방시키는 임무를 자임했다.

이 글에 따르면 내재적 발전론은 '발전의 논리'와 '내재성의 논리'

21 이준식(2008), "탈민족론과 역사의 과잉 해석: 식민지 공공성은 과연 실재했는가", 〈내일을 여는 역사〉, 31집, 209~211쪽.

의 두 부분으로 이루어지고, 두 개가 결합하여 '일국적 발전'이라는 견고한 틀을 만들어 냈다. 그리고 이는 '민족 지상至上', '근대 지상'의 정열을 역사학적으로 뒷받침하고 있다. '분단사학론', '통일 민족주의론' 등 다른 역사학자들의 정치론은 김용섭의 역사 논리에 절대적인 영향을 받고 있다.

이 글에서 특히 주목을 끈 부분은 앞에서도 잠깐 언급했듯이 김용섭의 '일국적 발전론'이 국민국가 건설을 위한 이론이라는 점에서 로스토우로 대표되는 '미국식 근대화론'이나 박정희 정권의 성장 이데올로기와 논리적 기반을 공유하고 있다고 주장한 것이었다. 윤해동은 김용섭이 한우근·이기백·이우성 등 선배 국사학자와 함께 1960년대 말 국사교육 강화작업에 참여한 것을 그가 박정희시기의 민족주의 및 발전론을 공유하고 있었다는 점을 보여 주는 사례로 들었다. 그리고 "내재적 발전론 전략의 존재기반이자 최종목표는 국민 만들기 = 국민화 과정에서의 이데올로기적 기반을 제공하는 것"이라고 결론지었다.

이 글은 또 내재적 발전론의 핵심인 자본주의 맹아론이 오리엔탈리즘을 안고 있다고 주장했다. 서구나 일본 같은 자본주의적 성취를 조선 후기 사회가 이루었다는 주장은 한국도 기회가 주어졌으면 근대 자본주의를 성취하여 '사악한 영웅' 역할을 했을 것이라는 함의가 담겨 있다는 비판이었다. 그런 점에서 자본주의 맹아론은 '반反식민사학적 식민사학'에 지나지 않는다는 것이었다.

윤해동은 김용섭의 내재적 발전론이 한국사의 발전 경로를 서구 근대를 전범典範으로 설명하려는 강력한 목적론에 갇혀 있다고 지적했다. 그리고 1980년대 이후 내재적 발전론은 고착화 과정을 밟아나감으로써 스스로에게 질문할 능력을 상실했다고 주장했다. 그러면서 내재적 발전론이 '지식권력'으로서의 역할을 포기할 때 참신한 대안이 마련되기 시작할 것이라고 결론지었다.[22]

자극적이고 도발적인 글은 논쟁을 불렀다. 김용섭의 제자인 국사학자 김용흠은 2009년 발간한 《역사학의 세기: 20세기 한국과 일본의 역사학》(휴머니스트)에 대한 서평에서 이 책에 다시 수록된 윤해동의 글을 반박했다. 그는 김용섭의 역사학이 '마르크스주의적 도식성'과 '강력한 목적론적 특성'을 지니고 있다는 윤해동의 주장이 '오해'라면서 "김용섭의 역사학을 오랫동안 접해 온 서평자가 볼 때 그의 역사학은 오히려 한국사 연구에서 횡행하고 있는 그 '도식성', '목적론'과의 지난한 투쟁으로 점철돼 있는 것처럼 보인다"고 주장했다.

김용흠은 윤해동의 '내재적 발전론'에 대한 이해가 왜곡과 오해로 점철되어서 일일이 대응하기조차 힘겹다며 실학론, 자본주의 맹아론, '두 개의 길' 이론 등에 대해 설명했다. 그가 특히 분개한 것은 내재적 발전론이 민족주의와 발전주의라는 패러다임을 박정희 정권과 공유하여 '현실비판 의식을 마비시키고', '네이션 빌딩에 동참하

22 윤해동(2006), "'숨은 신(神)'을 비판할 수 있는가?: 김용섭의 '내재적 발전론'", 〈한국사학사학보〉, 14호, 106~130쪽.

고 있었다'는 윤해동의 주장이었다. 그는 "이것은 내재적 발전론에서 추구하는 민족주의와 발전의 개념이 박정희 정권과 전혀 상반된다는 사실을 애써 무시해야만 가능한 주장"이라며, "박정희 정권이 내세운 민족주의와 발전주의는 쿠데타로 집권해 취약한 정권의 정통성을 위장하기 위한 정치선전에 불과했던 것"이라고 주장했다.[23]

1960년대에 김용섭 등 자생적 근대화론자가 박정희 정권과 '민족주의', '발전주의'를 공유하고 있었다는 윤해동의 주장은 논쟁적이다. 이 책의 제1장에서 살폈듯이 자본주의 맹아론 등 '자생적 근대화론'은 로스토우의 '근대화론'이나 박정희 정권의 '경제개발론'과는 사뭇 다른 배경에서 제기됐다. 자생적 근대화론자들이 1970년대 이후 종속이론에 기울어졌다는 경제사학자 김영호의 증언에서 알 수 있듯이 그들은 남한의 자본주의적 발전 가능성에 회의적이었다. 자생적 근대화론자와 박정희 정권이 서로 다른 비전을 가졌지만 크게 보아 민족주의와 발전주의라는 범주에 함께 포함될 수 있기에 탈민족 관점에서는 '초록草綠은 동색同色'으로 볼 수도 있다. 또 자생적 근대화론이 결과적으로 박정희 정권에 역사적 기반을 제공했다고도 할 수 있을지 모른다. 하지만 양자는 현실 인식과 미래 지향에서 명백한 차이가 있었다. 그런 점에서 1960~1970년대의 김용섭이 박정희 정권과 이념을 공유하고 있었다는 주장은 무리라고 생각된다. 오

---

23 김용흠(2009), "역사와 학문에 '건너뛰기'란 없다", 〈내일을 여는 역사〉, 36집, 305~311쪽.

히려 그렇지 않았기 때문에 빚어진 결과에 대한 저자 나름의 분석을 앞에서 제시한 바 있다.

2000년대 들어 미국과 한국 학계에서 잇달아 제기된 '식민지 근대성론'은 '자생적 근대화론'과 '식민지 근대화론'이라는 두 개의 대립하는 거대담론에 가려져 있던 일제 식민지기의 다양한 모습을 미시적으로 조명함으로써 이해의 폭을 넓히는 데 기여했다. 미국 학계의 논의는 식민지기에 나타난 근대성의 복합적 양상과 그에 대응하는 식민지 조선인의 다층적 대응에 주목하게 만들었다. 한국 학계의 문제제기는 친일과 반일이라는 도식적인 이분법을 벗어날 가능성을 보여 주었다.

하지만 양자 모두 시론적 문제제기와 시험적 연구결과에 머물렀고 그 뒤에 더 진전된 연구성과를 내놓지 못했다. 또 '식민지 근대성론' 연구자의 학문적 관심이 대부분 일제 식민지기에 국한돼서 조선 후기부터 개항기를 거쳐 일제시기, 그리고 해방 후로 이어지는 한국 근현대사 전체의 설명틀이 되지는 못했다.

## 3. 김용섭의 문명전환으로의 관점 확대

원로 국사학자 김용섭은 2008년 7월 《동아시아 역사 속의 한국문명의 전환: 충격, 대응, 통합의 문명으로》(지식산업사) 라는 책을 냈다. 한 해 전인 2007년 '문명의 전환과 세계화'라는 주제로 학술원이 주최한 국제학술회의에서 발표한 '한국: 동아시아 역사 속의 문명전환과 세계화'를 토대로 한 것이었다.

이 책은 평생 농업사를 중심으로 한국경제사 연구에 몰두해 온 그가 새로운 문제의식에 입각해서 쓴 매우 이색적인 저서였다. 그동안 견지해 온 일국사적 관점이 아니라 문명전환의 관점에서 한국사를 거시적으로 조감했기 때문이다. 이 책에서 김용섭은 한민족이 태반胎盤문명에서 중국문명을 중심으로 한 동아시아문명으로, 그리고 다시 서구문명을 중심으로 하는 세계문명으로 전환하는 두 차례의 문명전환과 세계화 과정을 밟아 왔음을 설명했다.

김용섭이 한국농업사 연구를 위해 중국, 일본이나 서양의 농업사 연구를 참조한 적은 있지만 문명사나 세계사의 관점에서 한국사를 바라본 것은 처음이었다. 더구나 이 책이 나온 시점이 그가 반세기에 가까운 학문적 고투苦鬪 끝에 만든 '자생적 근대화론'에 대한 비판이 본격화되면서 '식민지 근대화론', '식민지 근대성론' 등이 백가쟁명으로 터져 나오고 다각도로 논쟁이 벌어지던 상황이었기에 그 의미가 더욱 각별했다. 이 책에서 말하는 서구문명의 충격에 대응하고 수용하는 '제 2차 문명전환'은 다름 아닌 한국의 근대화 과정이었기 때문이다. 한국의 근대화 과정을 내재적 발전이 아니라 문명전환이라는 시각에서 접근하는 것은 그에게 새로운 시도였다.

김용섭은 한국사 연구에 뜻을 두게 된 것이 어린 시절의 체험에서 비롯됐음을 밝힌 바 있다. 그는 청소년기, 특히 6·25전쟁 당시에 경험한 민족 내 계급갈등의 기원을 역사적으로 이해하고 싶었다고 했다. 그는 회고록 《역사의 오솔길을 가면서》에 다음과 같이 썼다.

> 세계사적으로는 6·25전쟁을 미·소, 동·서 양 진영 사이의 냉전의 산물로서 '한국전쟁', '조선전쟁'이라 하였지만, 그러나 나는 그것이 국내적으로는 우리 역사 안에서 모순구조의 발로, 따라서 그것은 구한말 이래의 계급 문제, 체제를 달리하는 정치집단 국가 간의 남북전쟁(내전)으로 이해됐다. … 대학원 석사 논문의 주제는 우리 역사에서 모순구조의 문제, 즉 민족 안에서 계급적 대립이 전쟁으로까지 확대되는 문제를 다루어 보려는 것이었다. 6·25전쟁에서 충격을 받고 이 같은 문제를 역사상에서 살피려는 것이었다.[24]

김용섭이 농업사 연구를 평생의 학문적 과제로 삼은 이유는 수천 년 동안 농업국가였던 한국사회의 모순구조와 계급적 대립이 농업 문제에 집약돼 있다고 생각했기 때문이었다. 그래서 그는 조선 후기

---

24 김용섭(2011), 《역사의 오솔길을 가면서》, 지식산업사, 155~156쪽.

체제 변동기, 근대화 과정기, 근현대사회 성립기의 농업을 차례로 연구하여 한국 농업체제의 발전 과정을 구명하려고 했다. 그는 "나의 연구는 애초에 현대 한국의 비극적 체제분단, 남북전쟁을 농업사 측면에서 파악하고 체계화하려는 데서 출발했다"[25]고 밝혔다.

이처럼 김용섭은 평생을 일국사一國史적 관점에서 한국사를 연구해 왔다. 하지만 그가 《한국문명의 전환》에서 그린 우리 역사의 모습은 그동안 탐구해 온 한국사상像과는 사뭇 달랐다.

이 책의 대부분은 중국문명의 수용 과정을 다뤘다. 한민족의 고유문명인 고조선문명이 동아시아에 천하天下체제를 확립한 중국문명과 만나 서로 갈등 대립하면서 중국문명을 수용하여 변화해 가는 과정을 분석한 것이다. 그가 '한민족의 제 1차 문명전환'이라고 부른 이 변화는 역사시대 이전의 상고上古부터 조선시대 중기에 이르는 오랜 기간에 걸쳐 서서히 이루어졌다.

그 과정에서 중국문명과의 관계설정을 놓고 격렬한 내부 충돌이 벌어지기도 했다. 대표적인 것이 고려 중기 김부식과 일연의 대립이었다. 김부식은 중국문명의 철저한 도입을 주장했고, 일연은 우리 고유문명의 존중을 강조했다. 한민족이 내린 결론은 고유문명의 정체성을 유지하면서 중국문명을 받아들여 통합을 이루는 것이었다. 김용섭은 한글 창제와 한글·한자 혼용을 대표적인 예로 들었다.

19세기에 중국 중심의 천하질서가 무너지고 서구문명이 도입되기

---

**25** 위의 책, 162쪽.

시작됐다. 한민족이 동아시아의 중中세계 문명권에서 벗어나 지구적 규모의 대大세계 문명권으로 들어가는 '제 2차 문명전환'이 일어난 것이었다. 이 변동은 근대의 정치·경제·사회·사상·기계문명을 중심으로 한 서구문명과 중세의 화이사상華夷思想을 중심으로 한 유교문명의 대립을 거쳐야 했다.

이 시기에 한민족은 두 측면에서 변화의 조짐이 일어났다. 내부적으로는 화이관華夷觀의 동요, 신분제의 이완, 세계에 대한 시야 확대 등 사회변동의 기반이 형성됐다. 이와 관련해서 특히 중요했던 것은 한글문화의 발달과 보급이었다. 이를 통해 중세적 봉건질서를 부정하는 의식이 서민대중에게 깊숙하고 광범위하게 스며들었다.

외부에서는 먼저 근대국가를 건설한 서구열강이 제국주의와 군사력을 앞세워 동아시아에 밀려와서 서구문명을 받아들이도록 요구했다. 김용섭은 서구문명이 내세우는 자유·평등·박애와 민주주의라는 보편적 가치의 수용이 불가피했다고 보았다. 하지만 외부에서 더 수준 높은 문명을 받아들여 문명전환에 노력하면서도 자신의 정체성을 잃지 않았던 조상의 지혜를 잊지 말아야 한다고 강조했다.

《한국문명의 전환》은 약 200쪽의 분량 가운데 180쪽을 '제 1차 문명전환', 즉 중국문명의 수용 과정에 할애했다. 특히 고조선문명의 시원始原과 역사적 발전 과정, 특성을 밝히는 데 힘을 기울였다. 단군신화에 담겨 있는 고조선 건국 과정에 대한 해석 같은 것은 한국 고대사 연구자들에게 파격으로 받아들여졌다.

이렇게 한민족 역사의 앞부분에 너무 힘을 쏟다 보니 정작 자신의 전문분야라고 할 수 있는 '제 2차 문명전환', 즉 서구문명의 수용을 다룬 부분은 약 20쪽에 지나지 않았다. 그 가운데서도 한국의 근대 문명전환에 대한 설명은 다음과 같이 매우 소략했다.

> 조선에서는 이에 대응하는 변통變通의 논리를 세우지 않으면 안 되었다. 변통의 원칙 이념이 '동도서기東道西器'→'구본신참舊本新參' 등으로 변동하는 가운데, 변법개혁變法改革의 논의가 국민국가 민주공화국을 건설하는 데까지 이르게 되었다. 문명전환, 세계화, 근대화 정책이 급속도로 추구되었다. 그리고 그 결과, 동서 냉전체제의 형성이라고 하는 세계정세의 격변 속에서 남북 분단의 우여곡절을 겪으면서, 남북에 각각 자유민주주의 자본주의의 민주공화국과 인민민주주의 사회주의의 인민공화국이 수립됐다. 26

《한국문명의 전환》을 읽은 사람들은 문명사적 관점에서 볼 때 한국근현대사가 어떻게 설명되는지에 대해 궁금증과 아쉬움을 토로했다. 초판이 나온 지 7년 만인 2015년에 《한국문명의 전환》 신정·증보판을 낸 것은 독자의 이런 요구에 부응하기 위해서였다. 김용섭은 "신정 증보판을 내면서"라는 머리말에서 "(초판이) 제 2차 문명전환은 요점만을 기술한 데다, 해방 후의 사정은 최소한의 설명만으로

26 김용섭(2008), 《동아시아 역사 속의 한국문명의 전환》(초판), 지식산업사, 189~190쪽.

그쳐서 독자들이 아쉬워했다"며, "이 같은 부족한 점을 조정하기로 하였다. (특히) 세인이 많은 관심을 갖는 해방 후 남한의 문명사적 특징, 국가체제에 관해서는 비교적 긴 보충을 하였다"고 밝혔다.

《한국문명의 전환》 신정·증보판은 '제 2차 문명전환'의 불가피성을 보다 명확히 했다. "조선에서는 이러한 제 2차 문명전환에 대응하는 변통變通의 논리를 세우지 않으면 안 되었다"라는 초판 서술의 다음 부분에 "그 변통의 논리는 역사적으로는 근대세계로 가는 시대사조였으므로, 서구문명을 적극 수용하되 빠르면 빠를수록 좋았다. 그뿐만 아니라 그것은 구체제에 연연하는 소小변통이 아니라 앞날을 내다보는 대大변통, 대변혁일수록 좋았다"라는 문장을 추가했다. 서구문명을 적극 받아들여 근대국가를 세우는 대변화가 당시의 시대적 과제였음을 분명히 한 것이다.

그리고 "조선에서는 변통의 논리원칙을 개화기의 동도서기東道西器, 갑오개혁에서 대한제국기의 '구본신참舊本新參' 등으로 변동하는 가운데 난국을 돌파하려 하였으나 이로써 이 시기 문명전환의 파고를 넘기에는 역불급이었다"고 평가했다. '동도서기', '구본신참' 같은 소小변통으로는 제 2차 문명전환이라는 시대적 과제를 달성할 수 없었음을 지적한 것이다.

이런 관점의 변화는 일제 식민지기에 대한 다음과 같은 서술에도 이어졌다.

제국주의 침략 아래에서, 우리는 문명전환에 대한 변통의 논리 전략을, 조선왕조에서와는 달리 새롭게 세우지 않으면 안 되었다. 그 변통의 논리 전략은 일제에 대하여 민족해방을 쟁취하는 한편, 서구문명을 수용하여 국가와 문명을 새롭게 건설할 것을 준비하지 않으면 안 되었다. 다시 말하면 이 양자는 하나의 문제였으므로, 우리는 이를 하나로 결합하여, 민족해방 국가재건을 성취하지 않으면 안 되었다. 27

개항 이후 일제 식민지기에 이르는 우리 역사에서 '서구문명의 수용에 의한 국가재건'을 강조하는 김용섭의 입장은 농업 문제를 중심으로 한 계급갈등의 해소를 최우선 과제로 설정했던 종래 자신의 입장과는 상당히 달라진 것이었다. 또 일제시기의 역사를 독립운동사 일변도로 서술하는 국사학계의 일반적 경향과도 거리가 있었다. '서구문명을 수용하여 국가와 문명을 새롭게 건설하는 것' 또한 '민족해방 쟁취'와 함께 당시 한민족에게 주어진 역사적 과제였으며, '민족해방'과 '국가재건'은 '하나의 문제'였다는 인식은 일제시기에 국내외에서 이와 관련하여 진행된 여러 움직임을 새롭게 해석할 수 있는 가능성을 열었다.

《한국문명의 전환》 신정·증보판에서 가장 눈길을 끄는 것은 김용섭 자신이 머리말에서 밝혔듯이 대한민국의 수립과 발전을 문명사의 관점에서 서술한 부분이었다. 그는 헌법의 제정과 개정 과정에

---

27 김용섭(2015), 《동아시아 역사 속의 한국문명의 전환》(신정·증보판), 지식산업사, 207쪽.

나타난 국체國體의 변화를 분석하여 대한민국의 역사를 문명전환이라는 측면에서 설명했다.

'대한민국 제헌헌법'은 기본정신을 담은 전문前文에서 '사회적 폐습 타파', '민주주의 제도 수립', '각인各人의 기회균등', '국민생활의 균등한 향상'을 명시했다. 그리고 제5조는 "대한민국은 각인의 자유 평등과 창의를 존중하고 보장하며 공공복리의 향상을 위해 이를 보호하고 조정하는 의무를 진다"고 해서 개인의 자유와 자유로운 성장을 보장했다. 동시에 제84조는 "대한민국의 경제질서는 모든 국민에게 생활의 기본적 수요를 충족할 수 있게 하는 사회정의의 실현과 균형 있는 국민경제의 발전을 기함을 기본으로 삼는다"고 해서 복지국가와 균형경제를 표방했다.

이처럼 얼핏 상충할 수 있는 내용이 함께 '제헌헌법'에 담긴 이유에 대해 김용섭은 서구 근대의 자본주의문명을 수용하면서도 그 부정적 측면을 시정하기 위해 사회민주주의 같은 개량된 자본주의를 채택했기 때문이라고 보았다. 그리고 이는 한말韓末과 식민지기 이래 형성돼 내려온 중도적 민족주의자들이 남북 분단 이후의 문제까지 풀어 가려는 정신과 이념을 담은 것이라고 해석했다.

그러나 6·25전쟁을 겪고 나서 사상적 대립이 극심해지면서 제헌헌법의 정신을 유지하는 것이 어려워졌다. 또 전후 복구와 재건, 경제개발과 발전이 시대적 요청이 되면서 이를 이끌어 갈 능력이 있는 경제세력을 법적·제도적으로 뒷받침하고 지원할 필요가 있었다.

1962년부터 1987년까지 일련의 헌법 개정은 이런 필요에 따라 국가와 사회를 철저하게 자본 위주로 개편하는 과정이었다. '1962년 헌법'은 "개인의 경제상의 자유와 창의를 존중한다"고 '경제상 자유'를 명시해서 대기업과 대자본의 자유로운 활동을 보장했다. '1972년 헌법'은 이를 모든 영역으로 확대해서 '자유민주적 기본질서'를 한국 민주주의와 자본주의의 표상으로 내세웠다. 김용섭은 이를 '역사를 소급해 가는 일종의 부르주아 혁명운동'이라고 보았다.

그런 과정을 거쳐 만들어진 대한민국은 이전 수천 년의 한국사회와 완전히 다른 나라가 됐다. 김용섭은 이를 다음과 같이 서술했다.

> '제헌헌법'의 개정 결과는 한국의 전통적 동아시아문명, 농업 위주의 사회를 서구 근현대 자본주의문명, 금융 상공업 중심의 사회로 문명전환시켰다. 20세기 후반 이후는 이 문명전환의 과정이었다. 한국은 대기업 대자본이 그 경제사회를 이끄는 철저한 자본주의국가가 되었다. 그 국가와 정치·경제·사회를 이끄는 가치관 또한 서구의 정치사상, 사회사상으로 교체되고 있다.[28]

김용섭은 이런 문명전환에 대해 부정적이지 않다. 이는 다음과 같은 서술에서 엿볼 수 있다.

> 제2차 문명전환은 전 세계적 규모의 대변환, 대격동이었다. 그 파고

---

**28** 위의 책, 217~218쪽.

는 마치 태평양 저쪽에서부터 밀려오는 해일海溢과 같았다. 그러나 문화전통이 탄탄하고 조직력이 강한 국가들은 중국이 그렇고 일본이 그렇듯이 그 파고를 타고 넘어 문명전환한 건너편 사회에 안착한 듯이 보인다. 한국도 그러하다.29

전 세계적으로 진행된 서구문명으로의 전환은 한국도 예외가 아니었다. 태평양에서 밀려오는 해일을 피하거나 막아낼 수는 없었다. 김용섭의 글에서는 한민족이 우여곡절 끝에 파고를 타고 넘어 제 2차 문명전환에 성공했다는 안도감마저 느껴진다.

그러나 급속한 문명전환은 그것을 주도하면서 혜택을 받는 양지와 소외된 음지를 낳았다. 사회의 양극화가 점차 심각한 문제로 대두했다. 김용섭은 이에 대한 해결책으로 '제헌헌법'을 다시 숙고할 것을 권했다. 그동안의 경제발전이 양자택일, 강자 위주의 논리로 진행된 경향이 있는 만큼 이제는 균형 있는 국민경제와 경제 민주화라는 '제헌헌법'의 정신을 음미하여 양자를 절충하고 종합하는 데서 해결방안을 찾아야 한다는 것이다.

한국사에 대한 일국사적 이해를 이끌어 온 김용섭이 문명전환의 관점에서 쓴 《한국문명의 전환》은 많은 화제를 낳았다. 그가 자신의 평생 연구와는 거리가 있는 이 책에 상당한 정성을 쏟았기에 더욱 그랬다. 하지만 학계에서 이 책을 놓고 의미 있는 공식 논의는 이

29 위의 책, 218쪽.

루어지지 않았다. 그가 국사학계에서 '숨은 신神'이라고 불릴 정도로 커다란 영향력을 갖고 있음을 생각하면 기이한 일이었다.

2008년에 나온 《한국문명의 전환》 초판에 대한 논의는 국사학자 서의식이 쓴 서평이 유일하다. 한국고대사 전공인 그는 '제 1차 문명전환'을 중심으로 이 책의 주요 내용을 자세히 소개했다. 그리고 김용섭이 선진문명의 가치와 사상을 적극 수용하되 우리 고유문명을 상실하지 않고 확대 심화시켜 나간 것을 역설하는 데 주목했다. 그리고 이 책이 고조선문명을 한민족 정체성의 근원으로 본 것을 들어 경주 지역의 사로6촌을 기원으로 하는 신라를 한국사의 정통으로 보는 한국고대사 연구자들을 비판했다.[30]

2015년 출간된 《한국문명의 전환》 신정·증보판은 소장 국사학자 박보영이 서평을 썼다. 이 글은 이 책의 출간이 지니는 의미를 다음과 같이 정리했다.

> 저자는 잘 알려진 대로, 한국사학의 한 시대를 풍미한 '내재적 발전론'의 권위 있는 학자이다. 그가 '조선 후기 자본주의 맹아론'을 통해 식민주의 사학의 어두운 터널을 뚫고 나오는 동안 한국사 연구는 열병을 앓듯 온 힘을 내재적 발전론에 쏟아 부었고, 연구 스펙트럼은 일국사에 함몰된 채 동아시아적 시야를 잃었다. … 이제 과거 한국사 연구의 한

---

30 서의식(2009), "서평: '동아시아 역사 속의 한국문명의 전환'", 〈역사교육〉, 109집, 313~314쪽.

장을 차지했던 저자가 새로운 시야와 새로운 방법론으로, 큰 획으로 서술해 낸 한국사의 새로운 면모를 사학사적 층위에서 살펴보는 것은 의미 있는 작업이라 하겠다. 31

서평은 이어 《한국문명의 전환》이 "민족사이자 문명교류사이며 또한 한국사·동아시아사의 트랜스내셔널 히스토리의 가능성을 가장 담대하게 제시하고 있다"고 평가했다. 종래 국사 서술에서 시도되지 않았던 문명사·문명교류사이자 최근 역사학계에서 활발히 논의되는 지구사Global History의 한 부분으로서 동아시아사에 근접한 '큰 그림'이라는 것이다. 그리고 이 책의 특징을 다음과 같이 요약했다.

기존의 과잉이념적 민족 서사가 아니라 거시적 관점으로 이동과 교류의 측면에서 그 독자성을 잃지 않고 생존해 온, 중국과 변별되는 민족으로서 한민족을 기술한다. 일국사적 관점에서 포착하는 통사가 아니라 동아시아의 거대한 문명전환 과정에서 서로 교류하고 통섭하며 명멸해 간 역사를 통으로 서술해 낸다. 또한 문명론이라는 큰 이야기 아래로 역사 전체를 관통하는 한민족의 고유한 사유와 이념체계를 놓치지 않고 배치함으로써 단순히 상위·하위 문명의 통합과 복속관계에 그치지 않고 중심과 주변을 해체하는 탈중심적 서사를 구사하고 있

31 박보영(2018), "이념을 탈색한 민족주의와 문명사를 통한 새로운 한국사의 모색", 〈동서인문〉, 9호, 202쪽.

다.[32]

정통적인 한국사 연구를 대표하는 김용섭의 만년 저작에서 '트랜스내셔널 히스토리로서의 동아시아사', '중심과 주변을 해체하는 탈중심적 서사', '과잉이념적 민족 서사를 벗어난 거시적 관점'을 읽어내는 것은 학계의 무게에서 어느 정도 자유로운 신진 국사학도이기에 가능했다. 날카로운 문제의식으로 무장한 까마득한 후학의 다음과 같은 발칙한 주장에 노老대가는 어떤 반응을 보였을까.

결국 '내재적 발전론' 또한 국제적 요인과 세계적 연관관계의 유기적 생동 위에 형성되고 맹아로 품어지며, 끝내 발현되는 것임을, 자본의 전지구화가 이루어지는 오늘의 시점에서 발견하게 된다. 일국사의 관점에서 찾는 내재적 요인, 족族이라는 한 문자 텍스트에 부과되는 거대이념으로서의 '민족주의'의 맹아가 아니라, 학문적 고민의 지평을 열고 외재적 시야를 열어 놓을 때 그 정합성과 의미연관을 획득할 수 있다고 하겠다.[33]

32 위의 논문, 210~211쪽.
33 위의 논문, 211쪽.

## 4. 종합화의 시도

### 1) 경제사학자 조석곤

1990년대 들어 일제시기에 대한 새로운 해석으로 경제사학계 일각에서 '식민지 근대화론'이 대두하고 국사학계의 전통적인 '자생적 근대화론'에 입각한 '수탈론'과 논쟁이 벌어지자 양자의 종합을 시도하는 움직임이 나타났다. 이는 낙성대경제연구소의 외곽에 있던 경제사학자 가운데 '식민지 근대화론'에 동의하지 않는 연구자에게서 두드러졌다. 그중에는 앞에서 살펴본 허수열처럼 '식민지 근대화론'에 정면으로 비판적 입장에 선 연구자도 있었지만 '식민지 근대화론'과 '수탈론'을 비교 검토하면서 접점을 모색하는 연구자도 있었다.

일찍부터 이런 문제의식을 갖고 탐구작업을 계속한 연구자는 경제사학자 조석곤(1960~ )이었다. 그는 1997년 발표한 "수탈론과 근대화론을 넘어서: 식민지시대의 재인식"이란 글에서 '수탈론'과 '식민지 근대화론'의 논쟁이 잘못된 대립구도라고 주장했다. 논쟁구도가 상대방을 이해하여 식민지시대의 인식을 심화시키려 하기보다는 상대방을 비판하기 위한 극단적 논리전개로 나아가고 있다는 지적이었다. 그는 "'수탈론'과 '식민지 근대화론'의 문제의식은 모두 정당한 측면이 있음에도 불구하고, 상대방 주장에 대한 비판에 몰두하여 오히려 역사의 실체에 대한 올바른 인식을 방해하고 있는 것은 아닌가 생각된다"고 썼다.

조석곤은 '수탈론'과 '식민지 근대화론'이 또한 모두 일정한 한계와 무리를 보인다고 주장했다. '수탈론'은 일본 제국주의의 식민지 수탈을 자본주의적 수탈이 아니라 지리상의 발견시기에나 있음직한 원시적 약탈로 생각하고 있다는 것이다. 그가 보기에 '식민지 근대화론'은 일제시기에서 자본주의적 요소를 검출하는 방법이 '내재적 발전론'이 조선 후기에서 자본주의 맹아를 찾았던 것과 너무나 닮았다. 식민지 근대화론에 대한 이 같은 지적은 한국에서 자본주의의 기원을 찾아 역사를 거슬러 올라가는 방식이 공통적으로 안고 있는 '부조적浮彫的 방법'의 문제점을 적시한 것으로 매우 날카롭고 적절했다.

그는 이어 일제가 한국을 강제병합한 직후인 1910~1918년에 대대적으로 벌였던 토지조사사업을 놓고 '수탈론'과 '식민지 근대화론'의 주장을 비교 분석했다. 식민지 조선의 모든 경지에 대해 소유자와 지가地價를 확정하고 지적도와 지형도를 작성한 토지조사사업은 일제의 본격적인 식민지 정책이 실시된 첫 번째 대규모 사업으로 당시 압도적으로 농업사회였던 한국에 근본적인 영향을 미쳤다. 전통적 수탈론은 토지조사사업의 토지신고 과정에서 불법적 토지신고가 있었고, 신고하지 않은 땅에 대해서는 토지약탈이 이루어졌다고 주장했다. 또 불법적 소유권 변동에 대해 농민이 이의를 제기했지만 거의 받아들여지지 않았고, 지가 조사를 통해 농민들의 지세地稅 부담이 가중됐다는 것이다. 반면 식민지 근대화론은 토지신고 과정에서 토지약탈이 일어났을 가능성은 거의 없다고 주장했다. 또 지가도 터무니없이 높지는 않았다는 것이다.

토지조사사업 전문가인 조석곤은 이와 관련해, 식민지 근대화론에 가까운 주장을 폈다. 토지신고서의 조작을 통한 소유권 변동은 불가능했고, 분쟁지가 모두 국유로 귀속된 것도 아니며, 결정된 지가가 시가時價를 상회하거나 부과된 세율이 일본보다 높지 않았다는 것이었다.[34] 따라서 그의 글은 "식민지 근대화론과 수탈론의 이항대립二項對立을 넘어서자는 취지였지만 실제 논의에서는 한쪽으로 기울어져 균형을 잡지 못했다"[35]는 평가를 받았다.

조석곤이 1998년에 쓴 "식민지 근대화론과 내재적 발전론 재검토"라는 글은 한 해 전의 글에서 성공하지 못한 균형잡기를 다시 시도한 것이었다. 이 글은 '내재적 발전론'과 '식민지 근대화론'에 대해 또 한 번 각각 중요한 점을 지적했다.

그는 '내재적 발전론'이 조선 후기의 농업문제 해결방안으로 제시했던 '두 개의 길' 이론에서 '농민적 길'은 거의 실현이 불가능한 방안이었다고 주장했다. 그리고 '내재적 발전론'은 개항 후 한국에 이식된 자본주의의 규정력이 강해진 상황에서 농업의 발전과 산업화가 어떻게 연결되느냐는 문제를 고려하지 않았다고 했다.

그는 '식민지 근대화론'은 식민지 자본주의의 물적 · 인적 기반이

---

34 조석곤(1997), "수탈론과 근대화론을 넘어서: 식민지시대의 재인식", 〈창작과비평〉, 1997년 여름호, 361~367쪽.

35 김진균 · 정근식(2003), "식민지 체제와 근대적 규율", 《근대 주체와 식민지 규율 권력》, 문화과학사, 16쪽.

해방 후 한국 자본주의와 연결돼 있음을 입증해야 하는데 남북 분단과 6·25전쟁이라는 단절적 요인이 너무 커 보인다고 주장했다. 그리고 식민지 자본주의와 1960년대의 경제발전이 단지 시간의 흐름 속에서 연이어 나타났다는 점을 들어 인과因果관계를 설정하면 '사후 합리화'의 오류에 빠질 수 있다고 지적했다.[36]

이 글은 '내재적 발전론'과 '식민지 근대화론'이 안고 있는 근본적인 문제점을 다음과 같이 지적했다.

> 식민지시대를 파악하는 관점에서 내재적 발전론은 수탈의 측면을, 식민지 근대화론은 개발의 측면을 강조하고 있다고 할 수 있다. 식민지 당시의 역사적 과제인 민족해방의 관점에서만 국한해서도 안 되지만, 현재 자본주의 발전에 대한 긍정적 평가를 그대로 역 투사하는 방식 또한 곤란하다고 생각한다. 식민지하에서 출현한 각종의 '근대적' 양상들을 정확히 파악하는 데 수탈론이 무력한 것은 두말할 나위도 없지만, 현대의 자본주의 발전 전망을 고정시킨 채 그런 양상들을 평가하려 할 경우에도 '근대'가 강요한 수탈의 측면 역시 파악하지 못할 가능성이 있다.
>
> 수탈이냐 개발이냐는 이분법적 발상 못지않게 유해한 것은 한국근현대사의 발전동력이 내부에 있었느냐, 외부에 있었느냐를 구분하는

36 조석곤(1998), "식민지근대화론과 내재적 발전론 재검토", 〈동향과전망〉, 1998년 여름호, 88~89쪽.

방식이다. 완벽하게 내부 요인만에 의해 근현대사가 이루어진 국가는 없으며, 또 어떤 외부 요인도 내부 요인들과 연결되지 않고서는 효과를 발휘할 수 없다.

한국 자본주의의 역사를 인식하는 기존 방법론이 분절적 혹은 단절적 역사인식의 문제점을 지니고 있다는 점도 지적할 필요가 있다. 내재적 발전론이나 식민지 근대화론 모두 한국근현대사를 일관성 있게 파악하고 있지 못하다. 내재적 발전론은 조선후기에 검출된 역사상을 식민지시대까지 그대로 적용하려 하고 있으며, 식민지 근대화론은 현재의 자본주의의 고성장이라는 관점을 식민지시대에 투영하려 하고 있다.[37]

내재적 발전론과 식민지 근대화론이 수탈과 개발, 내부 요인과 외부 요인을 양자택일적으로 바라보는 문제점에 대한 지적은 매우 적절하다. 또 양자 모두 조선 후기부터 개항기와 일제 식민지기를 거쳐 해방 후에 이르는 한국근현대사 전반을 하나의 이론틀로 설명하는 데까지 나아가지 못했다는 비판은 특히 통렬하다. 전자는 해방 이후 한국현대사에 대한 이해가 부족하고, 후자는 식민지시대 이전의 시기에 대한 인식이 약하기 때문에 그런 결과를 낳았다는 분석 또한 날카롭다. 조석곤은 이 글에서 그가 바랐던 내재적 발전론과 식민지 근대화론의 '균형'을 잡았다고 할 수 있다.

---

**37** 위의 논문, 91~92쪽.

내재적 발전론과 식민지 근대화론을 종합하려는 조석곤의 노력은 계속됐다. 그가 2006년 발표한 "식민지근대화론 연구성과의 비판적 수용을 위한 제언"은 2000년대 들어서 식민지 근대화론이 거둔 연구의 진전을 토대로 논의를 한 단계 더 진전시키려는 시도였다. 이 글은 1990년대 내재적 발전론과 식민지 근대화론 사이의 논쟁을 다음과 같이 정리했다.

> 내재적 발전론은 독립 이후 민족국가 수립이라는 당면과제 수행에서 세계사의 일반법칙이 한국사에도 적용될 수 있음을 보임으로써 민족의 자긍심을 고취하고 결과적으로 한국사회의 자본주의적 성취에 일조했다. … 내재적 발전론의 인식틀이 국민경제 형성기에 적합한 것이었다고 한다면, 1980년대 이후의 한국경제는 이미 그 수준을 넘어서 구조전환기에 돌입하고 있었다. 경험과 인식틀 간의 괴리가 현저해진 것이다. 그럼에도 불구하고 한국사학계는 주류 인식틀에 안주하고 있었으며, 식민지 근대화론에 대한 역사학계의 반응은 비판이라기보다는 거부에 가까웠다.[38]

그는 내재적 발전론이 광복 후 한민족에게 '민족국가 수립', '국민경제 형성'이라는 당면과제가 주어졌을 때 민족의 자긍심을 고취함

---

38 조석곤(2006), "식민지근대화론 연구성과의 비판적 수용을 위한 제언", 〈역사비평〉, 2006년 여름호, 57~59쪽.

으로써 국민국가 형성과 자본주의 발전에 기여했음을 인정했다. 하지만 한국경제와 사회가 본격적인 발전기에 들어선 1980년대 이후에 내재적 발전론은 현실과 경험에 맞지 않는 '낡은 인식틀'이 돼 버렸다. 그럼에도 국사학계는 과거에 안주하면서 변화된 현실에 맞는 새로운 인식틀을 거부하고 있다는 것이었다.

조석곤은 내재적 발전론의 인식틀을 깨뜨리는 증거가 속속 제시되고 있다고 주장했다. 낙성대경제연구소가 펴낸 《수량경제사로 다시 본 조선후기》, 《한국의 경제성장 1910~1945》 등이 대표적이었다. 그는 새로운 증거를 합리적으로 해석하고 결합할 필요성을 강조했다. 이 글은 "양자(내재적 발전론과 식민지 근대화론: 저자)의 합일은 한국사의 총체적 이해에 매우 중요하다. 학제 간 연구의 필요성이 어느 때보다도 시급한 시점"이라고 결론 맺었다.

조석곤은 2000년대 중반 경제사학자들이 벌인 식민지 근대화론에 관한 2차 논쟁에도 관심을 기울였다. 그가 2015년 2월 발표한 "식민지 근대를 둘러싼 논쟁의 경과와 그 함의: 경제사학계의 논의를 중심으로"는 이를 집중적으로 검토한 글이었다. 그는 식민지 근대화론 제 2차 논쟁의 쟁점을 '근대적 경제성장 유무', '생활수준 향상 여부', '해방 후 상속된 유산의 유무'로 요약했다.

조석곤은 첫 번째 쟁점에 대해서 "인구 및 농업 추계방식에 관한 더 믿을 만한 새로운 계열이 나오지 않는 한 쟁점이 완전히 해소되기 어려운 형편"이라며 "식민지기 1인당 소득은 그 증가추세를 부정하기는 어려울지 모르지만 김낙년 계열의 주장보다는 낮을 가능성이 많을 것으로 보인다"고 했다. 두 번째 쟁점에 대해서는 "김낙년 등은 상대적 궁핍화, 허수열 등은 절대적 궁핍화를 주장하고 있다"며 "최근의 연구들은 일제하 생활수준의 악화를 보여 주는 증거들을 제시하고 있다"고 했다. 마지막 쟁점에 대해서는 "식민지기 공업화가 남긴 물적 유산에 대한 평가는 대체로 부정적이고, 일제의 식민지 정부가 발전국가적 성격을 지녔다는 주장에는 낙성대그룹도 비판적"이라며 "김낙년 등이 지적하는 제도 면에서의 연속성은 식민지 축적체제가 장기적으로 안정적인 재생산이 가능했는가라는 근본적인 질문을 간과했다"고 했다. 39

조석곤은 식민지 근대화론과 관련해서 국내 경제사학계에서 별로 언급되지 않지만 중요한 점을 제기했다. 한국의 식민지 경제체제에서 핵심역할을 한 요소는 식민지 지주제였다. 식민지 조선에서 지주제는 1930년대 중반 이후 가격조건의 유리함이 점차 사라지고 소작료율이 하락하면서 쇠퇴하기 시작했고, 1940년대 전시통제기에 접어들면서 큰 타격을 입었다. 그는 이 같은 사실을 근거로 식민지 경제체제의 장기 지속성과 일제시기 근대적 경제성장 여부에 의문을 던졌다. 40

내재적 발전론과 식민지 근대화론을 종합하려는 조석곤의 노력은

39 조석곤(2015), "식민지근대를 둘러싼 논쟁의 경과와 그 함의: 경제사학계의 논의를 중심으로", 〈역사문화연구〉, 53집, 51~63쪽.

40 위의 논문, 62~67쪽.

연구사와 논쟁의 정리라는 방식으로 진행됐다. 두 입장의 논리구조를 분석하고 장단점을 드러낸 뒤에 이를 평가했다. 이런 작업을 통해 각각이 거둔 성취와 문제점을 밝히는 데 상당히 성공했다. 하지만 자신의 독자적 연구를 토대로 새로운 방향을 제시하는 데까지 나아가지는 못하고 다양한 이론에 입각한 가설을 제기하는 수준에 머물렀다. 이런 의미에서 그의 작업은 아직 현재진행형이라고 할 수 있다.

### 2) 국사학자 도면회

앞에서 살펴보았듯이 '식민지 근대화론'과 '식민지 근대성론'은 모두 일제 식민지기에 분석을 집중하다 보니 그 전사前史에 해당하는 개항기에 충분한 관심을 기울이지 않았다. 식민지기의 역사가 이전과는 단절된 채 마치 백지상태에서 펼쳐지는 듯이 인식했던 것이다. 《한국의 식민지 근대성》에 대한 서평에서 이런 문제점을 지적했던 국사학자 도면회가 이 주제를 집중적으로 파고든 것이 2004년 쓴 "자주적 근대와 식민지적 근대"라는 글이었다.

도면회(1960~ )는 개항 후 조선 정부가 근대화를 시작하는 1880년대부터 조선이 사실상 일본의 손아귀에 들어가는 1905년 통감부 설치 이전까지를 '자주적 근대' 수립이 추진됐던 시기로 보았다. 이 시기는 주로 일본을 통해 수입된 서양의 근대성에 입각해서 근대적 사회경제구조를 만들려는 움직임이 일어났다. 이 시기 중에서도 조선사회의 근대화가 본격적인 궤도에 오르는 것은 1894년 7월 갑오개혁부터였다.

이때부터 1910년 8월 일본의 한국 강제병합까지 국왕 고종과 각 정치세력은 치열한 정치투쟁을 벌였다. 1905년 통감부 설치 이후에는 통감부의 통제를 받으면서도 국정의 주도권을 놓고 갈등했다. 이 과정을 새롭고 입체적인 각도에서 분석한 도면회의 글에서 주목되는 부분은 3가지다.

그 하나는 이 시기에 근대국가를 향해서 자주적으로 가는 길이 조금씩 진전되고 있었고, 일제의 식민통치가 나중에 이를 자신의 입맛에 맞게 변형시켰다는 점이다. 1894년 7월부터 1896년 2월까지 1년 반에 걸친 갑오개혁기에 600여 건의 법령이 쏟아져 나왔다. 일본 메이지유신을 모델로 한 이들 근대적 법률의 반포에 의해 한국도 근대 국민국가의 기본틀이 형성됐다. 이어 1898년 10월 말 독립협회가 주최한 관민官民공동회에서 채택한 '헌의 6조'에는 입헌군주제 지향이 담겨 있었다. 고종이 독립협회를 탄압하고 전제군주정을 수립한 1899년 선포된 '대한국 국제國制'조차도 왕조시대와 같은 성격은 아니고, 근대법 체제를 차용했다. 1904년 러일전쟁 발발 이후 고종 중심의 전제권력이 제약을 받자 애국계몽운동과 자강自强운동 단체들이 펼치는 근대국가론이 백화제방百花齊放으로 터져 나왔다. 그리고 그 대부분은 입헌군주제를 지향했다.

이 시기 추진된 '자주적 근대'의 역사적 의미는 대한제국 말기에 진행된 형법 개정작업을 보면 이해할 수 있다. 1907년 6월 대한제국

법부가 만든 형법안은 국민국가적 통치를 위한 요소를 대거 도입하고, 사회개혁 요구를 형사법 체계 내에 흡수했다. 그런데 통감부의 통제에 따라 1908년 7월 실제로 개정된 형법은 근대적 사법 제도의 요소가 대폭 축소됐다.

이처럼 일제의 식민지 지배는 갑오개혁 이후에 형성되던 한국의 근대성을 식민주의적으로 변형시켜 오히려 후퇴시켰다. 한국이 19세기 말~20세기 초에 추진하던 '자주적 근대'가 일제의 침략이 본격화된 뒤에 식민주의적으로 변형돼 근대성이 퇴색했다는 지적은 식민지 조선에서 진행된 근대화나 근대성의 역사적 성격을 이해하는 데 매우 중요한 부분이다.

다른 하나 주목해야 할 것은 1910년 8월 대한제국이 일본제국의 일부로 강제병합된 뒤에 전개된 식민지 근대화가 한민족의 반발을 불러일으킨 원인에 대한 분석이다. 일제의 직접 통치 후 근대 일본을 닮은 정책이 실시되면서 한국사회는 점차 외견상 문명화됐다. 하지만 일제는 식민지 조선에 일본 헌법과 법령을 적용하지 않고 조선총독이 식민지 법체계를 통해 통치하는 방식을 택했다. 이 같은 '동화 정책 속의 차별'은 한민족의 정치 엘리트에게 민족주의적 반발을 불러일으켰다. 그리고 그 결과가 3·1운동이었다.

한민족 정치 엘리트들이 생각하는 근대화의 방향은 일제와 비슷했다. 하지만 대한제국기에 '자주적 근대'를 추진하는 주역이었던 이들은 일제 식민지가 되면서 권력에서 배제됐다. 경제성장 등 외형적 근대화는 가져왔지만 정치권력에 참여할 수 있는 기회가 주어지

지 않은 '식민지적 근대'는 한민족, 특히 엘리트 집단에게 진정한 근대로 받아들여지지 않았다.[41]

'식민지적 근대'를 경제적 측면과 정치적 측면으로 나누어 파악하는 관점은 식민통치의 본질과 한계를 잘 드러낸다. 경제적 측면에 집중하는 식민지 근대화론이나 사회적 측면에 초점을 맞추는 식민지 근대성론보다 더 설득력이 있다.

이 글에서 또 하나 중요한 부분은 '자주적 근대'와 '식민지적 근대'가 "분리·대립되어 있었다기보다는 서로 얽혀서 전개됐다"[42]는 인식이다. 고종과 독립협회의 정치투쟁 과정에서 양자는 모두 메이지 유신의 경험을 중요한 전거로 활용했다. 러일전쟁 이후에는 일본을 맹주盟主로 한·중·일이 연대하여 서양 제국주의의 침략을 막아야 한다는 '동양주의'가 한국 사상계의 주류였다. 일제 식민통치의 조선인 차별은 한민족이 '식민지적 근대'를 받아들이지 않고 '자주적 근대'를 추구하는 동력이 됐다. 이처럼 '자주적 근대'와 '식민지적 근대'가 얽혀 있고, 작용과 반작용의 관계였다는 설명은 설득력을 지닌다.

도면회의 분석은 개항기의 '자주적 근대화'와 일제시기의 '식민지적 근대화'를 연결하여 파악했다는 점에서 '자생적 근대화론', '식민

41 도면회(2004), "자주적 근대와 식민지적 근대", 《국사의 신화를 넘어서》, 휴머니스트, 228~230쪽.

42 위의 논문, 232쪽.

지 근대화론'보다 진전됐다고 할 수 있다. 이는 그동안 단절적으로 이해돼 온 개항기와 일제시기의 관계를 훨씬 심층적이고 입체적으로 분석하는 매우 중대한 성취이다.

하지만 이 글에서 다룬 정치투쟁은 권력을 향한 직접 대립이라는 좁은 의미의 정치사에 한정되었다. 일제시기의 국내외 민족운동이나 근대화운동과 연결되는 넓은 의미의 정치·사회 운동에 대한 관심은 약하다. 특히 그 출신들이 1910년대 이후 민족운동을 국내외에서 주도했던 신민회에 주목하지 않은 것은 '자주적 근대'의 외연을 좁히는 결과를 낳았다. 국운이 기울어 가던 1905~1910년 대부분의 정치세력은 입헌군주제와 동양주의를 표방했지만 비밀조직이었던 신민회는 공화제와 민족주의를 지향했다. 한국에서 '자주적 근대'는 신민회에서 이념적으로 정립돼 일제시기의 국내외 민족운동을 거쳐 광복 후 대한민국 수립을 통해 실현됐다.

도면회의 논의는 개항기와 일제시기를 연결하는 데는 성공했지만 개항기, 일제시기, 광복 후를 연결해서 한국근현대사 전체를 하나의 틀로 설명하는 데까지 나아가지는 못했다.

### 3) 사회학자 신기욱

일제시기에 대한 탈민족주의적 연구의 필요성을 제기한 《한국의 식민지 근대성》 출간을 주도했던 재미在美 사회학자 신기욱(1961~ )은 '자생적 근대화론'과 '식민지 근대화론'의 대립을 넘어서는 데도 관심을 기울였다. 그는 한국에서 '식민지 근대화론'을 놓고 제1차 논쟁이 벌어지고 있을 무렵인 1997년 발표한 "식민지조선 연구의 동향: 미국 학계의 동향을 중심으로"라는 글에서 다음과 같이 썼다.

> (미국 학계의) 이러한 일련의 연구들은 민족사관을 부정하는 것은 아니며, 이의 일정한 공헌은 인정하되 민족·민족주의라는 개념만으로는 파악되기 어려운 식민지의 복잡한 양상을 보다 유연하게 분석할 것을 요구하고 있다. 또한 학문적 관점으로서의 민족사관이 정치이데올로기로서의 민족주의적 역사인식과 혼용되는 것을 경계하고 있으며 일제 지배에 대한 피해의식에서 벗어나 보다 폭넓게 식민지시기를 연구할 것을 제안하고 있다. 43

'학문적 관점으로서의 민족사관'과 '정치이데올로기로서의 민족주의적 역사인식'을 구분하고, 일제 지배에 대한 피해의식에서 벗어나자는 주장이 자연스럽게 펼쳐지는 것은 '식민사관 극복'이 지상과제였던 시기가 이미 지났다는 사실을 말해 준다. 특히 '피해의식victim consciousness'에서 벗어나야 할 필요성에 대한 강조는 일제시기를 경험하지 않은 해방 후 세대가 중진국으로 발돋움해서 선진국 진입을 눈앞에 둔 한국에 대한 자신감과 자부심을 바탕으로 지난 역사를 객관적 시각에서 바라보아야 한다는 주장이었다. 이제 한국사 연구가

---

**43** 신기욱(1997), "식민지조선 연구의 동향", 〈한국사시민강좌〉, 20집, 46쪽.

한국 학계만의 전유물이 아니고 세계 학계에서 냉철하고 엄밀하게 논의돼야 할 학문의 영역이 됐음을 지적하는 것이기도 했다.

미국 학계에서 활동하는 신기욱은 미국을 비롯한 서구 학계에서 일제 식민통치가 한국의 근대화와 경제성장에 미친 영향을 둘러싸고 진행 중인 논쟁을 잘 알고 있었다. 그는 1930년대 식민지 조선에서 일어났던 공업화를 "일본이 한국을 근대화시켜 주었다", "한국의 변화는 '(일본) 제국의 후예'이다"라고 해석해서는 안 된다고 지적했다. 그리고 이와 관련하여 다음과 같이 주장했다.

> 일본이 한국을 근대화시켜 주었는지 여부에 대한 최근의 논쟁은 일본이 한 일에 초점을 맞추어 근대 이행 과정에서 한국인의 역할을 간과하는 결과를 낳았다. 일본이 식민지 공업화에 핵심역할을 한 것은 사실이지만 한국인들도 마찬가지로 중요한 역할을 했다. … 엄격히 말하면 영국을 제외하면 다른 곳(한국을 포함하여)들의 산업발달은 토착적이라기보다 다소간 '이식'된 것이다. 한국이 근대로의 이행에서 밟아 간 특별한 도정道程을 만들어 낸 토착적 힘과 외부적 힘의 복잡한 과정에 주의를 기울여야 한다.[44]

신기욱은 이어 2006년 "자본주의 맹아론도 아니고, 식민지 근대화론도 아니고: 한국 자본주의의 농촌 기원"이라는 글에서 '자생적

---

44 위의 논문, 57쪽

근대화론'과 '식민지 근대화론'에 대한 비판과 극복을 시도했다.[45] 일제 식민지기를 놓고 진행된 '수탈론'과 '식민지 근대화론'의 논쟁은 경제성장, 생활수준 향상, 해방 후에 남긴 유산 등 거시적 경제 문제가 쟁점이었다. 그렇다 보니 주로 통계와 수치에 대한 해석이 논쟁의 주요 내용이어서 역사현실의 역동적 모습을 그리는 데는 한계가 있었다. 신기욱의 글은 이런 문제점을 지적하면서 식민지기에도 여전히 한국사회에서 절대적 비중을 차지했던 농촌이 20세기 들어서 겪은 격심한 변화상을 구체적으로 추적하면서 한국 자본주의의 기원을 탐색했다.

먼저 그는 일제 식민지기에 대한 수탈론적 이해의 토대가 되는 '자본주의 맹아론sprouts school'과 일제 식민지기의 경제성장을 강조하는 '식민지 근대화론colonial origins of Korean capitalism view'의 문제점을 각각 지적했다. 자본주의 맹아론에 대해서는 조선 후기에 경영형 부농과 임금노동자의 출현으로 나타난 자본주의 발전 잠재력을 과장했다고 보았다. 상업적 농업의 등장이 자본주의의 충분조건은 아니라는 것이다. 식민지 근대화론은 식민지기의 공업화를 식민당국의 정책, 일본 자본과 기술의 역할 등 외부적 요인으로 설명하기 때문에, 식민지 내부의 요인과 한국인의 참여를 설명하는 데 한계가 있다고 보았다. 또 해방 후 격동의 탈脫식민화 과정을 겪은 한국에서 식민

45 Shin, G. W. (2006), Neither "sprouts" nor "offspring": The agrarian roots of Korean capitalism, *Transformations in Twentieth Century Korea*, Routledge.

지 유산이 어떻게 전달됐는지에 대한 설명이 부족하다고 지적했다.

이어지는 본론은 전근대 한국의 농촌구조에 대한 분석에서 출발했다. 조선시대의 농촌은 강력한 지주층이 장악하고 있었다. 농민층은 약했고 왕권은 영향력이 없었다. 이 같은 계급구조는 자본제적 관계의 대두를 비롯한 의미 있는 개혁이나 경제적 변화를 가로막았다. 조선 후기에 상업적 농업이 발달했지만 그 혜택을 받은 경영형 부농은 농업자본가보다는 높은 소작료와 고리대금업으로 이익을 얻는 지주가 되는 길을 택했다.

한국을 강제병합한 일본은 처음에는 농촌의 계급구조를 변화시키려는 조치를 전혀 취하지 않았다. 하지만 1920년대에 들어 소작쟁의 등 농민의 저항이 강력해지면서 변화가 일어나기 시작했다. 소작료 인하와 소작조건 개선을 요구하는 농민의 활동이 활발해지자 지주의 지위와 권위가 흔들렸다.

일제 총독부는 이에 민감하게 반응했다. 1932년 당국이 소작쟁의에 개입하는 '조선소작조정령令'을 제정했고, 지주를 식민통치의 기반으로 이용하던 방침에서 벗어나 새로운 농촌 지도력을 육성했다. 같은 시기에 총독부가 전개한 농촌진흥운동도 농촌에서 독점적이던 지주의 지도력을 약화시켰다.

농민과 일제가 연합한 도전에 직면한 지주는 대응책을 모색했다. 하나는 근대적 운영체제를 갖춘 농장의 설립이었다. 다른 하나는 상공업자본으로의 전환이었다. 두 가지 방법 모두 지주를 자본가로 전환시켰다.

광복 이후 우여곡절 끝에 단행된 농지개혁은 이런 추세를 가속화했다. 정부는 지주가 농지에 대한 보상으로 받은 채권을 일본인에게서 몰수한 귀속기업에 투자하도록 권유했다. 많은 지주가 이런 권유를 따랐다. 식민지기에 농장경영을 통해 자본주의적 경영방식을 익혔던 지주일수록 적응속도가 빠르고 성공 가능성도 높았다.

일제 식민지기 농촌의 변화에 대한 이런 분석을 바탕으로 신기욱은 두 가지를 지적했다. 첫째는 식민지기 공업화에 한국인이 참여한 데는 총독부 정책에 의한 유인pulling 요소뿐 아니라 점증하는 농촌불안 등 압박pushing 요소도 작용했다는 점이다. 둘째는 식민지기 농촌의 갈등은 한국인 지주가 공업화에 참여하도록 만든 요인이었을 뿐 아니라 해방 후 농지개혁을 촉진했던 급진주의로 향하는 길을 닦았다는 점이다.

신기욱의 글은 식민지 조선의 농촌사회를 외부적 영향보다 내부적 동력을 통해 변화상을 추적했다는 점에서 식민지 근대화론과는 거리가 있었다. 조선 후기 농촌의 계급구조를 지주의 완강한 지배로 파악했다는 점에서 자본주의 맹아론과도 달랐다. 이 글은 특정한 이론적 관점에 집착하지 않고 조선 후기부터 광복 후까지 한국의 농촌에서 일어났던 변화를 미시적으로 분석함으로써 실제 모습을 보여 주려 했다는 데 의의가 있었다. 또 일제의 식민통치 등 외부에서 이식된 요인과 조응하며 한국인이 내부에서 만들어 갔던 근대로의 이행 과정을 파악하는 데도 일정한 성공을 거두었다. 그리고 이를 통해서 그동안 주로 경제사학계에서 이론적・통계적 차원에서 논의되던 일제시기 한국의 근대화 문제에 역사적 차원에서 구체성을 부여했다.

### 4) 경제사학자 이헌창

1960년대 이후 경제사 연구를 중심으로 '자생적 근대화론', '식민지 근대화론', '식민지 근대성론' 등 다방면에서 전개된 한국의 근대화 논의를 종합하려는 야심적이고 어려운 시도 가운데 가장 큰 성과를 거둔 인물은 경제사학자 이헌창(1955~ )이다. 서울대 경제학과에서 개항기 경제사에 관한 연구로 박사학위를 받은 그는 낙성대경제연구소 연구자들과도 가까운 사이였다. 하지만 그는 낙성대경제연구소와는 다른 관점에서 내재적 발전론, 제국주의 비판론, 식민지 근대화론의 '변증법적 종합'을 추구해 왔다.[46]

한국의 근대화 과정에 대한 이헌창의 성찰은 전근대 말기의 경제적 변화에 대한 평가에서 출발한다. 그는 조선 후기에 경제가 발전했다는 점을 인정하지만 그 한계가 명백하다고 본다.

---

46 한국의 근대화와 관련한 이헌창의 주요 논문은 1960년대 이후 한국경제가 거둔 급속한 성장의 원인을 조선 후기부터 1950년대까지 역사적으로 종합 분석한 "한국 고도성장의 역사적 배경"(《동아시아 경제협력의 현상과 가능성》, 고려대학교아세아문제연구소, 2000)을 비롯하여 "개항기 경제사를 보는 한 시각"(〈역사비평〉, 2004년 겨울호, 2004), "한국사 파악에서 내재적 발전론의 문제점"(〈한국사시민강좌〉, 40집, 2007), "조선후기 자본주의맹아론과 그 대안"(〈한국사학사학보〉, 17집, 2008) 등이 있다. 또 그가 1999년 초판을 낸 이래 개정을 거듭해 2018년 제8판을 펴낸 《한국경제통사》(도서출판 해남)에 그의 주장이 집약돼 있다.

그에 따르면 조선 후기에 상품화폐경제가 발전하고 자본주의 맹아가 출현했다. 농업기술의 발전, 농촌·도시 시장의 성장, 상품생산의 확대, 임노동자를 고용하여 영리를 추구하는 경영의 출현 등은 조선 후기의 경제발전을 보여 주는 지표다. 따라서 조선시대를 비롯한 한국의 전근대시기 경제상을 '정체성'으로 규정한 일제의 식민사관은 잘못됐다. 그리고 식민사관을 극복하려는 '자생적 근대화론'의 노력은 옳았다.

하지만 상품화폐경제의 발전과 자본주의 맹아의 출현은 근대 자본주의 경제로 발전하는 필요조건이지 충분조건은 아니다. 자본주의가 성립하기 위해서는 시장의 발전에 따른 '스미스적 성장'이 아니라 기술변혁과 공업화를 기반으로 하는 '슘페터적 성장'이 필요하다. 조선 후기는 근대적 기술변혁과 공장의 출현이 나타나지 않았다는 점에서 자생적 자본주의화의 가능성은 거의 없었다.

내재적 발전론과 자생적 근대화론은 식민사관의 정체성론을 극복함으로써 역사적 사명을 다했다. 그는 아직까지도 자본주의 맹아론이 이어지고 있는 것에 대해 "식민주의 사관의 골이 깊었기 때문에 내재적 발전론의 봉우리가 높고 길었다"[47]고 했다.

이헌창은 개항 전에 '자생적 근대화의 가능성이 있었나?'라는 물음을 '근대화의 이행을 위한 선행조건이 어느 정도 충족되고 있었

---

47 이헌창(2007), "한국사 파악에서 내재적 발전론의 문제점", 〈한국사시민강좌〉, 40집, 15쪽.

나?'로 전환하자고 제안했다. 그리고 조선 후기의 경제적 역량이 자본주의 맹아론에 의해 과대평가된 반면 사회적·정치적·문화적 역량은 제대로 주목받지 못했다고 지적했다. 그동안 정당한 평가를 받지 못한 조선 후기의 비경제적 역량을 재인식해야 한다는 것이었다.

경제사학자 아브라모비츠는 선진기술을 흡수해서 발전시킬 수 있는 능력을 '사회적 역량social capability'이라고 불렀다. 한국은 중국문명을 주변 어느 나라보다 잘 배운 데서 드러나듯 선진문명을 받아들이는 능력이 매우 뛰어났다. 이헌창은 조선 후기의 사회적 역량 가운데서도 교육에 대한 관심이 높고 독립적 농업경영과 초보적 시장 접촉의 경험을 가진 인력이 풍부했던 것이 훗날 경제발전을 위해 유용한 자산이었다고 꼽았다.

이헌창이 조선 후기의 '사회적 역량'에 주목한 계기는 스승 안병직의 영향이었다. 안병직은 2006년에 발표한 "캣치 업 과정으로서의 한국경제성장사"라는 글에서 조선 후기에 보유했던 '사회적 역량'이 자립성이 높은 소농小農경영으로부터 육성돼 나온 것이 아닌가라는 분석을 제시했다.[48] 그는 또 2007년 이영훈과의 대담에서 "자본주의로 향한 근대적 발전이 없었다고 역사의 발전 자체를 부정하는 것은 잘못된 생각이다. 조선 후기에 자본주의 경제형태를 찾는 것은 가능하지 않지만 나중에 자본주의를 성립시킬 수 있는 '사회적 능력'

48 안병직(2006), "캣치 업 과정으로서의 한국경제성장사", '중진국 함정 속의 한국경제' 학술대회 발표문, 4쪽.

이 축적되는 과정으로 볼 수 있다"[49]고 했다.

이헌창에 따르면 조선 후기에 맹아단계에 머물렀던 한국의 자본주의가 본격적으로 전개되는 계기는 외부로부터 주어졌다. 1876년 개항으로 근대 세계질서에 편입된 것이다. 개항 이후 한국은 근대문명의 전면적인 자극을 받고 시장 제도・기술・사상 면에서 광범위한 변화를 경험했다.

개항기 경제의 주된 동력은 자본주의 세계시장 편입에 따른 무역시장의 구조변화와 성장이었다. 무역의 거점인 개항장은 조선 정부의 통제에서 벗어났고 은행・통신 등 무역설비가 집중됐으며 외국인 무역상인과 조선인 객주가 몰려들었다. 점차 미곡과 콩을 중심으로 수출품 가격이 급등하고 가격조건이 유리해지면서 수출을 적극 활용하는 지주층과 부농층이 나타났다. 그리고 여기서 발생한 구매력이 수입을 촉진했다.

개항기에 물밀듯이 들어온 외국의 공산품과 자본은 한국인에게 학습 기회를 제공했다. 기선・철도・은행・통신 등 외국인에 의해 이식된 근대설비는 점차 한국인도 활용하게 됐다. 일본・미국 시찰과 인적 교류를 통해 근대적 기술・제도 등에 관한 지식과 정보가 유입된 것도 경제발전과 근대화를 자극했다. 이를 계기로 19세기 말부터 정미・연초・직물공장이 설립되는 등 근대적 공업화가 개시됐다. 독립협회와 만민공동회 활동으로 개화사상이 확산되면서 민

49 안병직・이영훈(2007), 《대한민국 역사의 기로에 서다》, 기파랑, 87~90쪽.

간의 근대화 역량도 축적돼 갔다.

후발국가의 경제성장과 근대화를 위해서는 충족되지 못한 근대화 선행조건의 대체물을 만들고 후발성의 이점을 살리는 데 중심역할을 담당하는 강력하고 효율적인 국가기구가 필수적이었다. 조선왕조는 개항 이후 대외개방과 부국강병을 향한 첫걸음을 내디뎠고, 갑신정변·갑오개혁 등 우여곡절을 거치면서 근대화를 진전시켰다. 하지만 왕권 강화에 집착했고 재정력·기획력·추진력이 부족해서 관영사업의 성과는 빈약했고 민간기업의 보호육성은 효과적이지 못했다.

한국은 일찍이 문호를 열었던 일본이나 중국과 달리 제국주의가 본격화하는 1870년대에야 개항하여 스스로의 힘으로 근대화하는 데 여건이 좋지 않았고 주어진 시간도 짧았다. 설상가상으로 한국을 침탈하려는 일본의 외압이 급속도로 가중됐다. 결국 한국은 서구 열강이 방관하고 묵인하는 가운데 일본의 식민지로 전락하고 말았다.

이헌창은 개항기의 근대화 실패를 2000년에 쓴 "한국 고도성장의 역사적 배경"이라는 글에서 '자력적自力的 근대화의 좌절'이라고 표현했다. 그리고 2003년에 나온 《한국경제통사》 제 2판부터는 '자주적 근대화의 좌절'이라고 표현을 바꾸었다. 그는 "조선이 자주적 근대화에 실패했다고 해서 개항 전 발전이나 개항기 근대화 노력의 유산이 무의미하다고 단정해서는 안 된다"며 "개항기의 34년간에 다방면에 걸쳐 근본적인 변화가 있었고 이런 변화는 식민지화로 무의미해진 것이 아니라 20세기 정치·사회·경제의 근대화를 조성하는 토

양을 이루었다"고 했다.50

이헌창은 일제시기 한반도에서 일어난 경제적 변화를 인정했다. 식민지 조선의 경제성장률은 '인구증가율 1%, 1인당 소득증가율 2%'라는 근대적 경제성장의 요건에 부합했다. 근대적 경제성장의 다른 특성인 산업의 고도화와 도시화도 나타났다.

그러나 그는 식민지 조선의 경제는 한민족이 자기충족적인 성장 동력을 갖지 못했다는 점에서 참된 의미의 근대적 경제성장을 경험하진 않았다고 보았다. 일본 제국주의 경제권의 일부로 편입돼 식민지 조선 내의 산업 연관도가 매우 낮았고 일본인 자본과 기술의 뒷받침을 받은 것이 오히려 조선인 자본과 기술력의 성장에 장애가 됐다. 물적 설비는 확장됐지만 이를 활용할 수 있는 인적 자본은 제대로 성장하지 못했다. 민족 간 소득격차도 커서 경제성장의 과실은 주로 일본인이 차지했다.

이헌창은 또 일제시기의 경제성장을 모두 일제의 식민통치가 가져왔다고 보는 데 반대한다. 전통시대 조선의 오랜 집권통치 경험, 높은 문화수준, 일정한 경제적 변화와 개항 후 근대문명의 수용 노력이 일제시기의 경제적 변화와 성장을 뒷받침했다는 것이다. 식민지화 직전에 애국계몽운동을 통해 발현됐던 한민족의 높은 교육열은 일제시기에 교육의 확대를 추동했다. 일제시기에 조선인의 중소공장이 활발하게 설립된 것도 대한제국기 회사 설립운동의 연장선

---

50 이헌창(2018), 《한국경제통사》(제8판), 도서출판 해남, 303~305쪽.

에서 파악할 수 있다.

여기서 식민지 근대화론과 이헌창의 중대한 차이가 발생한다. 식민지 근대화론은 일제시기에 '일제의 식민지 개발'의 영향 아래서 '한국인의 자기개발'이 진행됐다고 보았다. 일제는 한국을 근대적 식민지로 개발했고, 한국인은 이에 자극받고 학습해서 근대인으로서 자기개발을 이루었다는 것이다. 반면 이헌창은 일제시기 한국인의 근대적 변화를 조선 후기에 형성된 '사회적 능력'과 개항 이후 근대문명을 수용하려 했던 스스로의 노력이 축적된 결과로 본다. 이 차이는 한국의 근대화 과정을 이해하는 데 결정적으로 중요하다.

이헌창은 일제의 식민통치가 남긴 경제적 유산이 해방 후 한국의 고도성장을 뒷받침했다는 주장에 대해서도 회의적이다. 그는 일제 말기 식민지 조선에 상당한 정도로 구축됐던 물적 설비는 해방 후의 혼란, 남북 분단과 6·25전쟁 등으로 대부분 유실됐다고 보았다. 인적 자본은 별로 축적돼 있지 않았다. 또 일제시기는 일본의 자본·기술·관리력이 성장의 주 동력이었는데 일본인이 갑자기 철수하고 일본경제와 단절되면서 심각한 경제적 후퇴가 초래됐다. 그 결과 산업생산이 급격히 위축돼서 1950년대 말이 돼서야 1940년의 1인당 국민소득 수준을 회복할 수 있었다.

일제의 식민지에서 벗어난 뒤 대한민국이 수립되고 근대적 성장 동력을 내부에 장착한 국민경제가 형성되면서 한국인의 자본과 인력에 의한 경제성장이 시작됐다. 국민국가인 대한민국은 국내 상공업자의 이익을 대변하고 보호 육성했다. 일제시기에 일본인이 운영하던 대공장이 해방 후 위축된 것과 달리 한국인이 만든 중소공장이 우후죽순처럼 출현해서 활발하게 활동했다. 1950년대에는 수입대체 산업화가 진전됐다. 미국의 경제원조는 경제의 안정과 산업생산의 증가에 큰 도움이 됐다. 일제시기에 억압됐던 중·고등교육이 폭발적으로 확대돼 산업화와 근대화에 필요한 인력을 공급했다. 이를 기반으로 1960년대 이후 자력적 성장기반이 구축되고 참된 의미의 근대적 경제성장이 시작되면서 생활수준이 뚜렷하게 향상되었다.

이헌창은 1960년대 들어 한국이 고도성장을 달성할 수 있었던 것은 이처럼 내적 기반이 성숙한 데다가 국제환경이 유리했기 때문이라고 설명했다. 약소국의 주권을 탈취하고 제국주의의 이익을 강요하는 식민지 체제가 제 2차 세계대전 이후 붕괴하고 민족의 자결을 인정하면서 자본과 기술의 국가 간 이동을 원활하게 한 새로운 국제질서 덕분에 수출시장의 개척, 자본과 기술의 도입이 가능했다는 것이다. 5·16쿠데타로 집권한 군부 엘리트는 강력한 개발국가 체제를 확립해서 후발성의 이익을 극대화하고 캐치업catch-up 성장전략을 실현할 수 있는 토대를 마련했다.

이헌창은 1960년대 이후의 고도성장을 일제 식민지기의 변화만이 아니라 전통시대까지 포함하는 장기적 역사 과정에서 이해해야 한다고 주장했다. 그는 "일제시대에 조선인은 자치와 민주주의의 경험을 가지지 못하였을 뿐만 아니라 고유한 역사와 문화를 모멸하고 부정하는 방향으로 교육을 받았고 자력으로 사회를 만들고 유지할 역량을 기를 수 없었다"며 "제국주의적 침략과 지배를 통한 근대문명의 이식은 심각한 제약과 왜곡을 내포했음을 잊지 말아야 한다"[51]고 지적했다.

한국의 자주적 근대화 과정에 관한 이헌창의 야심적이고 의욕적이고 지속적인 정리 작업은 경제사학자로서 최대한의 성과에 이르렀다고 할 수 있다. 그의 주장은 정확한 역사적 사실, 그에 대한 합리적 분석과 해석에 입각했다. 그는 또 수치만이 아니라 그 뒤에 가려진 역사의 실체를 드러내는 데도 세심한 주의를 기울였다. 이를 통해 그가 목표로 했던 여러 근대화론의 '변증법적 종합'에 상당히 가까이 갔다고 보인다.

하지만 이헌창이 거둔 성과에도 아쉬운 부분은 있다. 앞서 국사학자 도면회의 글을 검토하면서 지적했던 바와 마찬가지로 19세기 말 이후 한국의 근대화운동을 이끌어 갔던 넓은 의미의 정치나 사회운동에 대한 관심이 부족한 것이다. 특히 일제시기부터 해방 후까지 한민족의 근대국가와 근대사회 수립운동에 결정적 영향을 미친 애국계몽운동에 대한 보다 적극적인 관심이 아쉽다.

그가 이 부분을 언급하지 않은 것은 아니다. 을사조약 이후 학교 설립을 위한 신교육운동, 실력양성을 위한 식산흥업운동 등의 움직임과 이들이 일제시기 식민지 조선의 변화에 미친 영향에 주목했다. 또 식민지로 전락할 무렵부터 민족주의가 강하게 대두하고 실력양

51 이헌창(2002), "한국 고도성장의 역사적 배경", 《동아시아 경제협력의 현상과 가능성》 2권, 312~317쪽.

성과 무장투쟁을 비롯해 다양한 정치운동이 나타나는 등 정치의식의 성장이 국민국가로 발전할 수 있는 잠재성을 보여 주었다고 지적했다. 그렇지만 개항 이후 한국인이 펼친 자주적 근대화운동의 결정체로서 애국계몽운동이 그 이후 한국의 근대화에 미친 영향을 심층적으로 설명하는 데까지 나아가지는 못했다. 이는 경제사학자인 이헌창이 담당하기 어려운 부분이라고 할 수 있다.

### 5) 빠진 고리, 애국계몽운동

애국계몽운동은 1905년 11월 을사조약으로 외교권이 일본에 넘어가게 되자 국권회복을 위한 힘을 기르자며 개화자강파가 벌인 실력양성운동을 가리키는 역사적 개념이다. 갑오개혁에 참여했거나 독립협회, 만민공동회에서 활동했던 개화자강파 인사들은 보안회, 헌정연구회, 대한자강회, 신민회 같은 단체를 만들어서 신교육구국운동, 언론계몽운동, 민족산업진흥운동, 국채보상운동, 국학운동, 민족종교운동, 신문화운동 등을 대대적으로 전개했다. 이들은 기울어 가는 나라의 운명을 바꾸지는 못했지만 한민족의 근대적 역량을 본격적으로 강화하기 시작하여 나라를 되찾고 근대국가를 건설하는 원동력을 마련했다는 점에서 한국근현대사에서 매우 중요한 위상을 차지한다.

애국계몽운동에는 당시 한민족의 근대적 발전을 위해 노심초사했던 개화자강파가 대부분 참여했다. 1906년 3월 조직돼 교육과 실업운동을 주도한 대한자강회는 윤치호를 회장으로 장지연·윤효정 등이 참가했다. 1907년 4월 비밀결사로 만들어진 신민회는 양기탁을 총감독으로 안창호·전덕기·이동휘·유동열·노백린·이승훈·이시영·이상재·윤치호·김구·박은식·신채호 등 기라성 같은 인물들이 참여해 후기 애국계몽운동을 지도했다. 신민회新民會는 국권상실이 가시화되자 1909년 봄부터 해외에 독립군 기지를 건설하고 무관학교를 설립해서 독립군 간부를 양성하기로 결정했다. 그리고 1910년 4월부터 주요 인사가 만주로 건너갔고, 그해 8월 일본이 한국을 강제병합하자 그해 말부터 단체 이주를 시작했다.

애국계몽운동 가운데서도 역사적으로 중요한 의미를 지닌 것은 신교육 구국운동이었다. 대한자강회가 1906년부터 펼친 의무교육운동 등에 자극받아서 1907년부터 1909년 4월까지 전국 각지에서 설립된 사립학교가 3천여 개에 이르렀다. 이에 놀란 일제 통감부는 1908년 8월 사립학교의 시설기준을 강화하고 심사와 인가를 받도록 하는 '사립학교령令'을 발표해서 탄압했다. 하지만 대부분의 학교가 어떻게 해서든 이를 충족시켜 2,200개가 넘는 학교가 인가를 받아냈다. 이렇게 만들어진 사립학교에서 수십만 명의 청년이 민족의식을 교육받으면서 자라났다.

애국계몽운동은 직접적으로는 1910~1920년대의 독립운동과 민족운동에 큰 영향을 미쳤다. 사회사학자 신용하는 1994년 "한말 애국계몽운동과 민족의 발전"이라는 글에서 다음과 같이 썼다.

> 애국계몽운동은 국권을 빼앗기고 나라가 식민지로 전락하게 될 절망적인 절박한 최후의 5년을 도리어 '대각성의 시대', '대분발의 시대'로 전환시키고 대대적인 민족역량 증강의 시대로 전환시켰다. … 애국계몽운동가들의 피땀 어린 실력양성운동은 3·1운동의 민중봉기에 의하여 하나의 다른 형태로 일단 열매를 거두었다. 뿐만 아니라 애국계몽운동가들이 국외에 창건한 독립군은 3·1운동 후 애국청년들이 이곳으로 물밀듯이 찾아들자 갑자기 대독립군단으로 발전하게 됐다. … 한말의 애국계몽운동은 한국 민족의 새로운 민족문화를 창조하고 발전시켰으며, 우리 사회를 발전시켰을 뿐 아니라 3·1운동과 독립군 무장투쟁의 직접적 원류를 이룬 것이었다.[52]

시야를 좀더 넓히면 애국계몽운동의 영향은 일제 식민지기의 국내외 독립운동과 민족운동, 그리고 해방 후의 대한민국에까지 짙게 드리워져 있다. 일제시기에 국내외의 민족운동을 이끈 지도자의 상당수는 한말에 애국계몽운동을 주도한 개화자강파 인사였다. 또 애국계몽운동에 의해 설립된 사립학교에서 교육받은 청년들이 일제시기에 각 방면에서 민족 간부로 활동했다. 그리고 이들은 해방 후 한민족이 독립을 되찾아 수립한 대한민국의 지도층이 되어 국가와 민족 발전을 선도했다.

---

52 신용하(1994), "한말 애국계몽운동과 민족의 발전", 《한국 근대사회의 구조와 변동》, 일지사, 324~325쪽.

이 과정과 그 역사적 의미는 경제사학자 이영훈이 2016년 발간한 《한국경제사》 제 2권에 다음과 같이 서술돼 있다.

크게 말해 대한민국은 1876년의 개항 이후 이 땅에 들어온 서유럽 기원의 근대문명을 수용한 세력에 의해 세워진 나라이다. 근대문명을 수용한 최초의 정치세력은 서울의 명문 양반가 자제들로 이루어진 개화파였다. 그들은 갑신정변, 갑오경장, 독립협회를 통해 조선왕조의 국가체제를 입헌군주제로 바꾸고 부국강병과 식산흥업을 추구하는 개혁을 시도하였지만 실패하였다. 뒤이은 보호국기期에는 전국적으로 전개된 애국계몽운동을 통해 한층 광범한 근대문명세력이 형성되었다.

조선왕조(대한제국)가 망한 뒤 그들의 일부는 만주·중국·미국으로 망명하여 독립운동에 헌신하였다. 1919년 3·1운동 이후 중국 상하이에서 결성된 대한민국 임시정부는 구래의 왕조체제를 폐지하고 민주공화국을 건설할 것을 선언하였다. 임시정부가 제정한 '임시헌법'은 인민의 기본권으로서 종교·언론·통신·거주 이전 및 재산의 자유를 보장하였다. 다른 한편 국내에서는 장차 이루어질 독립에 대비하여 근대문명의 실력을 양성하는 세력이 성장하였다. 식민지 자본주의의 급속한 발전과 더불어 조선인 사회에서도 자본가·지주·상인·은행원·언론인·법률가·의사·교사·숙련공·하급 관료 등으로 이루어진 자본가적 내지 시민적 계층이 성립하였다. 실력양성운동은 이들에 의해 전개됐다.

이렇게 일정기日政期에 걸쳐 (국내외에서) 성장한 근대문명세력이 미

> 국에 의해 일본 제국주의가 해체되고 동아시아 국제질서가 재편성되는 천우신조天佑神助의 국제정세를 맞아 새롭게 건립한 근대 국민국가가 대한민국이다.[53]

흠잡을 데 없이 정확하고 탁월한 기술이다. 여기서 제시된 '근대문명의 수용'이란 관점이 《한국경제사》 2권의 전체적 구성과 서술에 반영되지 않은 것은 아쉽지만 개항부터 대한민국의 성립까지 한민족의 근대화 과정을 요령 있게 압축했다. 개항기의 개화운동을 토대로 애국계몽운동기에 형성된 '한층 광범한 근대문명세력'이 일제시기에 국내외에서 독립운동과 실력양성운동을 통해 자주적인 근대국민국가 건립을 위해 노력했고, 그들이 일제가 패망한 뒤에 대한민국을 세웠다는 것이다. 특히 대한민국 임시정부를 비롯한 독립운동세력을 애국계몽운동의 후신으로 파악하고, 이들이 독립만이 아니라 민주공화국 건설과 근대화를 목표로 했다는 사실을 명확히 한 것이 눈길을 끈다.

이와 관련하여 짚어 봐야 할 문제는 일제시기에 국내에서 '장차 이루어질 독립에 대비하여 근대문명의 실력을 양성한 세력'을 어떻게 이해할 것인가이다. 이영훈은 위의 글에서 이들의 성격을 명확히 하지 않은 채 "(일제시기에) 성장해서 실력양성운동을 전개했다"고 서술했다. 하지만 한국의 자주적 근대화란 관점에서 일제시기를 올

---

**53** 이영훈(2016), 《한국경제사》 2권, 일조각, 301쪽.

바로 이해하기 위해서는 이 부분을 보다 심층적으로 분석해야 한다.

일제시기에 국내에서 식민지라는 상황의 제약을 받으면서 교육·언론·종교·산업 등을 통해 민족의 실력을 키우고 권익을 신장하는 활동을 벌였던 세력의 기원과 역사적 위상에 대해서는 평가가 엇갈린다. 그리고 민족의 실력양성과 권익신장에 힘쓴 세력 가운데도 일제에 대한 입장은 편차가 있었기에 일률적으로 말하기는 어렵다. 하지만 일제시기에 성장한 대표적 한국인 기업인 경성방직에 대한 연구사를 통해 그 한 측면을 엿볼 수 있다.

경성방직은 1919년 10월 호남의 대지주인 김성수가 중심이 돼 설립한 면綿방직업체이다. 개항 이후, 특히 1900년대 들어 일본의 공장제 면직물이 대량으로 들어와 재래식 면직물을 대체했다. 이에 대항하는 일부 민족계 면직업체가 만들어졌지만 자본과 기술 부족으로 어려움을 겪었다. 이런 상황에서 '민족기업 육성'을 내걸고 출범한 경성방직은 '태극성'·'불로초' 등 고유색 나는 상표를 사용하면서 민족의 호응을 유도했다. 설립 초기의 재정적 어려움을 김성수의 결단으로 극복한 경성방직은 1920년대 중반 이후 자리를 잡았고, 1930년대 들어 대기업으로 성장했다. 일본이 만주를 침략한 뒤인 1930년대 후반에는 만주에 진출하여 남만주방직회사를 설립해서 운영했다.

1970년대 전반에 한국 기업사를 개척한 경제사학자 조기준은 경성방직을 '민족자본'으로 평가했다. 경성방직의 창립에 참가한 인사는 대부분 지방의 대지주 유력자로 일찍부터 근대기업에 관심을 갖고 있었다. 이들은 총독부에 제출한 회사 설립허가 신청서에서 '조선경제 독립', '조선공업의 발달'을 목적으로 내세웠다. 이를 근거로 조기준은 "경방은 3·1운동의 일환으로서 경제적 독립을 위한 민족기업운동의 기치하에 창립되었다"고 했다. 경성방직은 창립 동기가 민족주의였고, 순수한 민족자본과 민족기술로 운영된 민족기업의 전형이었다는 것이었다. 그는 경방이 영업 정책에서도 '조선인은 조선인의 광목으로'라는 기치를 내걸고 민족기업의 육성을 호소했고, 1923년 이후 활발하게 펼쳐진 물산장려운동에도 적극 참가하여 큰 효과를 거두었다고 했다.[54]

1970년대 후반에 한말 일제하 지주제의 사례연구 가운데 하나로 김성수 일가를 연구한 국사학자 김용섭은 경성방직을 '예속자본'이라고 평가했다. 그는 김성수 일가가 지주제를 바탕으로 경제적 부를 일구었고, 이를 산업자본으로 전환하여 대기업을 이룩함으로써 한국 자본주의 성립에 중요한 위치를 차지한다고 분석했다. 하지만 일제의 식민지 경제기구 안에서 성장하는 것 자체가 예속성을 전제로 하는 데다가 경성방직은 기업활동에 총독부의 자금지원을 받아서 자본의 예속화를 벗어나기 어려웠다는 것이다. 그는 이런 점이 김성수가 펼친 정치·교육운동에도 영향을 미쳐 일제와의 일정한 협력관계를 낳았다고 했다.[55]

---

**54** 조기준(1973), 《한국기업가사》, 박영사, 257~264쪽.

**55** 김용섭(1978), "한말 일제하의 지주제 — 사례 4: 고부 김씨가의 지주경영과 자본전환", 〈한국사연구〉, 19호, 134~135쪽.

1990년대 초에 경성방직의 성장 과정에 대한 연구로 박사학위를 받은 카터 에커트는 경성방직을 '일본 제국의 후예'라고 평가했다. 그는 경성방직이 한국인이 소유하고 경영한 최초의 공업분야 대기업으로 한국 자본주의의 기원과 초기 발전을 들여다볼 수 있는 창을 제공해 준다고 했다. 그리고 경성방직이 일본 제국주의 통치 당국 및 일본의 대기업과 긴밀한 제휴를 맺고 그 지원을 토대로 성장했다는 점에서 '일본 제국의 후예'로 봐야 한다고 했다.[56]

2000년대 후반에 경성방직에 관한 연구서를 펴낸 경제사학자 주익종은 경성방직이 '대군大軍의 척후斥候'였다고 평가했다. 경성방직을 비롯한 김성수 일가의 기업경영은 한국인의 손에 의해 한국경제가 근대화되는 데 중요한 역할을 했고, 광복 후 만들어지는 많은 한국 대기업들의 선구자였다는 것이다. 그는 경성방직의 성장에서 일본 측의 지도와 지원에 초점을 맞춘 에커트와 달리 '성공적인 후발자'로서 한국인의 학습 능력과 열의를 강조한 것이다.[57]

이 같은 다양한 평가는 일제시기에 식민지라는 제약 속에서 대기업으로 성장하며 굴절을 겪었던 경성방직의 여러 면모 가운데 어느 한 부분을 각각 강조한 것이다. '민족자본'은 출범 초기, '예속자본'은 후기의 모습에 주목한 평가이다. '제국의 후예'는 식민당국이나 식민본국과의 관계라는 요인을 부각시켰고, '대군의 척후'는 한국

56 카터 에커트 저, 주익종 역(2008), 《제국의 후예》, 푸른역사, 16쪽·508쪽.
57 주익종(2008), 《대군의 척후》, 푸른역사, 352~355쪽.

자본주의 발전이라는 측면에 초점을 맞추었다. 이런 얼핏 대립하고 충돌하는 평가는 '코끼리 만지기'처럼 일정한 범위에서 각각 일리가 있다고 할 수 있다.

이 책의 주제인 '한국의 자주적 근대화'와 관련하여 주목되는 것은 경성방직의 출범과 애국계몽운동의 관계이다. 이에 대해서는 김용섭이 논문에서 상세히 설명한 바 있다.

김성수 일가는 개항기에 김요협, 김기중·김경중, 김성수·김연수·김재수의 3대에 걸쳐 지주경영과 미곡 무역, 산업자본으로의 전환으로 부를 축적했다. 김성수의 양부養父 김기중과 생부生父 김경중은 대지주이자 지방관 출신으로 애국계몽운동에 참여했다. 가문의 장자長子인 김기중은 그들이 살던 전라도 부안군 줄포에 1908년 영신학교를 설립했다. 김경중은 전라도 지역을 대표하는 애국계몽단체인 호남학회와 호남학보에 적극 참여했고 재정적으로 후원했다.

김성수도 애국계몽운동의 감화를 받았다. 그는 15세가 되던 1906년 처가가 있는 전라도 담양군 창평으로 가서 장인 고정주가 설립한 영英학숙에서 공부했다. 유학자이자 규장각 직각 등 중앙관료를 역임한 고정주는 이 무렵 호남학회 창립을 주도하고 사립학교인 창흥의숙을 설립하는 등 애국계몽운동에 앞장섰다. 김성수는 창평에서 평생의 동지가 되는 송진우를 만났다. 또 백관수·김병로 등 훗날 우리 역사에서 중요한 역할을 하는 인물과 친분을 맺었다. 그는 집으로 돌아온 뒤 군산으로 영어를 배우러 다니다가 대한협회 군산지회 총무인 한승리에게서 '주권재민主權在民' 사상을 익히고 일본 유학

을 결심했다.[58]

김용섭에 따르면 애국계몽운동은 '반半식민지 상태에서 벗어나는 것을 목표로 지주층이 중심이 돼 지주제를 바탕으로 부르주아 개혁을 지향한 운동'이었다.[59] 그는 "(김성수 일가는) 제3세대에 이르러서는 부르주아 개혁에 관한 보다 철저한 사상 형태를 지니게 됐으며, 이들은 그러한 사상을 바탕으로 1910년대에서 20년대에 걸치면서 새로운 활동을 하게 되었다"고 평가했다.[60]

경성방직, 중앙학교·보성전문, 동아일보 등을 운영하며 김성수가 일제시기에 실력양성론을 바탕으로 펼쳤던 일련의 민족운동은 그와 그 세대가 청소년기에 접했던 애국계몽운동의 연장선에 있었다. 그런 점에서 이들은 해외로 망명해서 대한민국 임시정부 등을 중심으로 독립운동에 헌신한 인사들과 같은 뿌리에서 출발했다고 할 수 있다. 그들의 활동은 식민통치 당국과 관련을 맺으면서 일정 부분 변질됐지만 그 정신은 이어졌다.

이처럼 애국계몽운동은 일제시기 국내외에서 민족운동을 선도하고 훗날 대한민국을 이끌어 갈 지도세력을 육성하는 기반이 되었다. 이런 점에서 한국근현대사에서 애국계몽운동이 차지하는 역사적 위상과 의의는 다시 한 번 깊이 성찰할 필요가 있다.

---

58 인촌기념회 편(1976), 《인촌 김성수전》, 49~68쪽.

59 김용섭, 앞의 논문, 78~80쪽.

60 위의 논문, 81쪽.

## 나가며

'들어가며'에서 언급했던 국문학자 김윤식은 일흔 살이 되던 2006년 5월 한림대 한림과학원이 주최하는 학술회의에 초대돼 특강을 했다. 그는 이 자리에서 반세기에 가까운 자신의 국문학 연구를 돌아보면서 그동안 느낀 소회를 진솔하게 털어놓았다. 그는 한국근대문학 연구의 출발점이었던 한국의 근대와 근대화에 관한 학계의 새로운 담론에 대한 생각도 기탄없이 밝혔다.

김윤식은 이 자리에서 그와 동갑이고 가까운 사이인 경제사학자 안병직이 "때려죽이고 싶을 만큼 미워 죽겠다"고 말했다. 한국의 근대화가 내재적 발전에 의해 조선 후기에 자생적으로 성취된 것이 아니라 일제시기에 비로소 시작됐다는 안병직의 식민지 근대화론에 대한 그의 솔직한 반응이었다. "우리가 그렇게 고생해서 간신히 뒤집어 놓은 것을 다시 뒤집겠다니 …."

하지만 김윤식은 이어서 다음과 같이 말했다.

> 칼 포퍼가 《열린사회와 그 적敵들》에서 말한 '진리는 반증反證 가능성을 가지고 있을 때만 진리'라는 말을 기억하십시오. 반증 가능성이 없다면 그것은 진리가 아닌 것이오. 우리 시대를 관통했던 진리가 진리일 수 있었던 것도 지금과 같은 반증 가능성을 갖고 있었기 때문입니다.

자신이 평생에 걸쳐 이룩한 학문을 반증 가능성에 내맡기고, 그 역사적 한계와 상대성을 겸허하게 인정하는 노老대가의 모습에 특강을 듣고 있던 후학들은 깊은 감명을 받았다. 그는 마지막으로 이런 질문과 당부를 던졌다.

> 우리가 힘겹게 구축한 진리가 진리로 통용될 수 있었기에 국민소득 1만 달러 시대도 가능했던 거요. 이제 당신들의 차례요. 우리 세대의 진리를 넘어서고자 한다면 못해도 국민소득 3만 7천 달러 시대를 만들어 낼 자신이 있소?[1]

김윤식은 그로부터 한 해 반이 지난 2007년 11월 한 국제학술대회에서 기조논문으로 발표한 "내가 살아온 한국현대문학사"라는 글을 통해 다시 한 번 비슷한 생각을 밝혔다.

---

1 "진리는 반증가능해야 진리", 〈동아일보〉, 2006. 5. 29. A21면.

그는 조선 후기의 자본주의 맹아론에 기초해서 김현과 함께 쓴 《한국문학사》에 대해 "오늘의 시점에서 보면 견강부회로 점철되어 있어 낯 뜨거운 것이지만 한 가지 분명한 것은 식민지사관 극복에 대한 문학 쪽 응답의 하나였다는 점이며 그 사명감에 일정한 기여를 했을 터"라고 했다. 그러면서 자본주의 맹아론을 비판하고 나온 식민지 근대화론에 대해 "식민지 수탈론(식민지사관 극복론)도, 식민지 근대화론도 그것이 진리로 통용되는 것은 그 자체 속에 반증 가능성을 안고 있는 동안에 지나지 않겠지요. 어차피 반증되고 마는 것이 진리의 운명이니까"라고 했다.

반세기 가까이 한국의 근대와 근대화를 천착해 온 김윤식의 날카로운 통찰은 이 글의 다음과 같은 서술에 극명하게 드러나 있다.

> 유엔 가입 191개 국가 중 한국은 경제성장 면에서 12위에 달하고 있기 때문. 이쯤 되면 식민지사관 따위는 안중에도 없지요. 그렇다면 제가 속한 세대란 한갓 허깨비에 홀린 것일까. GDP 2만 달러 시대의 도래로 자위해도 되는 것일까. '역부족론'에서 비롯, '식민지 근대화론'이 판을 치고 있는 오늘의 역사·사회학의 풍토 역시 한갓 허깨비에 홀린 것은 아닐까. [2]

---

2 김윤식(2009), 《내가 살아온 한국현대한국문학사》, 문학과지성사, 18~25쪽

저자는 이 책에서 김용섭·김윤식과 그의 세대뿐 아니라 안병직과 그 제자들, 그리고 이헌창을 비롯한 후학들의 고된 지적 작업이 결코 '허깨비'에 홀린 것이 아니었다는 사실을 역사적 맥락에서 드러내려고 했다. 그리고 그들에게 한국현대지성사에서 각각 합당한 위상을 부여하려고 시도했다. 그들의 진지한 지적 고투苦鬪는 한민족이 정신적 근대화를 위해 넘어야 할 산봉우리를 하나씩 정복하는 과정이었음을 밝히려고 노력했다.

김용섭·김윤식과 그의 세대에게는 1960~1970년대에 눈앞에서 숨 가쁘게 전개되는 근대화와 산업화의 현실 못지않게 민족의 자존심과 자부심을 짓밟은 식민사관 극복이라는 과제가 중요했다. 자본주의 맹아론과 자생적 근대화론은 이를 위한 발판이었다. 이들은 한국도 서구와 마찬가지로 전근대 말기, 즉 조선 후기에 농업과 상공업에서 근대로의 전환이 시작되고 있었다고 주장했다. 이렇게 자생적으로 성장했던 자본주의의 싹이 일본의 침략에 의해 잘려나가면서 정상적인 근대화가 좌절됐다는 것이다. 그래서 한국의 근대화는 지연됐고 광복 이후 다시 출발해야 했다고 보았다. 이들의 문제의식과 당시 우리 학문의 수준으로 보아 연구 과정에서 '부조적浮彫的 방법'이 사용되는 것은 불가피했다. 그리고 이헌창의 비유를 빌리자면 식민사관의 골이 깊었기에 자생적 근대화론의 봉우리도 높았다.

한민족이 경제성장과 근대화에 성공하고 일제 지배로 인한 피해의식에서 벗어나게 된 1980~1990년대에 안병직과 그 제자들은 새로운 역사인식을 만들기 위해 고심했다. 마침 세계 학계에서 제기되던 식민지 근대화론을 수용하여 한국사회와 지식공동체를 두텁게 감싸고 있던 '낡은 역사관'에 도전했다. 이들은 조선 후기에 자생적으로 근대로의 전환이 시작되고 있었다는 것을 부정했다. 한국의 근대화는 개항 이후 세계 자본주의 체제에 편입되면서 시작됐고, 일본의 지배 아래 들어간 뒤에 근대사회가 본격적으로 이식됐다고 주장했다. 또 1960년대 이후 한국경제의 비약적 발전의 기원을 일본 통치하의 사회경제적 변화에서 찾았다. 하지만 이번에는 자생적 근대화론의 봉우리가 높았기에 식민지 근대화론의 골이 깊었다. 그리고 이들 역시 '부조적 방법'에서 자유롭지 않았다.

'자생적 근대화론'과 '식민지 근대화론'은 거울상像, mirror image이라고 할 수 있다. 강한 현실적 목적의식, 부조적 방법론, 단일한 설명틀이 비슷하다. 그러다 보니 양자 모두 그 결과로 편향성을 드러냈다. 자생적 근대화론은 내부 요인, 식민지 근대화론은 외부 요인에 절대적 비중을 두기 때문에 그 방향이 다를 뿐이다.

이런 문제점을 인식한 이헌창 등 후학들이 2000년대 들어 '자생적 근대화론'과 '식민지 근대화론'의 종합을 시도했다. 현실적 목적의식의 강도를 낮추고, 부조적 방법론을 누그러뜨리는 한편 다양하고 복합적인 설명틀을 도입했다. 그 결과는 성공적이고 설득력이 있다.

이들의 작업은 다양하고 편차가 있지만 '자주적 근대화론'으로 묶을 수 있다. 이 관점은 조선 후기에 사회경제적 발전은 있었지만 근대로의 전환에는 충분하지 못했다고 본다. 한국의 근대화는 개항 이후에 시작됐다는 것이다. 그리고 그 과정은 타율적 이식이 아니라 주체적 수용이었다. 한국인은 19세기 후반 이래 천신만고 끝에 자주적으로 근대국가를 만드는 데 성공했다는 것이 결론이다.

역사가 E. H. 카가 명저 《역사란 무엇인가》에서 지적했듯이 역사가는 역사를 외부에서 관찰하고 평가하는 국외자나 심판자가 아니라 역사의 일부이다. 그 누구도 시대적 조건과 제약에서 자유로울 수 없다. 따라서 각 시대에 이뤄진 진지한 지적 노력을 놓고 누가 옳고 틀렸는지를 지금의 기준으로 따지는 것은 적절하지 않다. 각각의 작업이 나온 시대적 배경과 의미를 짚고, 오늘의 관점에서 그것을 계승 발전시킬 방법을 고민하는 것이 현명하다.

한국의 근대화 과정에 관한 김용섭·안병직·이헌창의 설명틀은, 김윤식의 적절한 표현에 따르면, 각각 1인당 국민소득 1만 달러, 2만 달러, 3만 달러 시대에 어울리는 것이었다. 이제 김윤식이 지적했듯이 1인당 국민소득 3만 7천 달러 시대에 걸맞은 한국의 근대화론을 모색해야 하는 시점이다. 그 방법은 '자주적 근대화론'의 실증적·이론적 완성도를 한층 더 높이는 것이다. 그리고 이를 위해서는 한국의 근대화 과정에 관한 담론을 주도해 온 경제사뿐만 아니라 정치사·사회사·사상사로 시야를 넓혀서 한국근현대사 전체를 아우르는 거시적 관점에 서야 한다. 결코 만만치 않은 그 작업에는 이 책에서 살펴본 여러 선배 지식인들의 고뇌와 그 산물에 대한 성찰이 큰 도움이 될 것이다. 그 과업은 저자, 그리고 이런 문제의식에 공감하는 지식인 모두의 몫이다.

# 후기

1960년대 이후 한국의 근대화에 관한 담론의 전개 과정을 추적한 이 책은 2020년 11월 저자가 펴낸 《독도 120년: 지정학과 인물로 보는 독도 분쟁 이야기》(사회평론)와 마찬가지로 2019년 가을 〈주간조선〉 지상에서 벌어졌던 '반일 종족주의 논쟁'이 계기가 됐다. 이 논쟁은 독도 영유권, 식민지 근대화론, 일본군위안부, 강제징용의 네 가지 주제를 놓고 열한 차례 전개됐다. 그해 7월 발간돼 많은 화제와 논란을 일으켰던 《반일 종족주의》에서 핵심적이고 관심이 집중된 주제였다. 논쟁에는 당시 조선일보 선임기자였던 저자와 이영훈 전 서울대 교수, 김낙년 동국대 교수, 홍성근 동북아역사재단 연구위원이 참여했다.

〈주간조선〉의 '반일 종족주의 논쟁'에서 주로 다뤄진 것은 독도와 일본군위안부 문제였다. 많은 사람이 주목하는 뜨거운 주제였고,

쟁점이 분명했기 때문이다. 하지만 저자가 정말로 중요하다고 생각한 것은 한국의 근대화 과정을 어떻게 이해할 것인가라는 문제였다. 한국근현대사 이해의 핵심 주제로서 다른 주제들에도 영향을 주기 때문이었다.

한국의 근대화 과정에 관한 논쟁은 저자와 김낙년 교수 사이에 전개됐다. 저자는 일제 식민지기에 이뤄진 경제성장과 근대적 변화를 강조하는 《반일 종족주의》의 서술에 대해 "그런 사실을 일정 부분 인정하더라도 '식민지 근대화'의 한계를 명확히 하고 한말의 애국계몽운동 등 '자주적 근대화'의 흐름을 부각시켜야 20세기 한국사에 대한 일관성 있는 설명이 되지 않겠느냐"고 주장했다. 이에 대해 김낙년 교수는 "근대화에서 가장 중요한 것은 근대적 제도의 도입이며 한국에 근대적 제도를 도입한 것은 대한제국 정부나 애국계몽운동 세력이 아니라 일제였다"고 주장했다.

식민지 근대화 논쟁은 한 차례 공방으로 끝났지만 이 주제가 중요하다는 생각은 저자의 머릿속을 떠나지 않았다. 그러면서 이제까지 한국의 근대화 과정에 관해서 전개됐던 주요 담론의 역사를 정리해 보고 싶다는 생각이 들었다. 개략적으로만 알고 있는 '자생적 근대화론', '식민지 근대화론', '자주적 근대화론'의 전개과정을 추적하면 더 진전된 논의의 실마리를 찾을 수 있을지도 모른다는 깨달음이었다.

어렴풋했던 이런 생각을 구체화하는 동기는 포스텍 융합문명연구원이 주었다. 연구원에서 내는 연구 총서인 '문명학' 총서의 하나를 쓰게 된 것이다.

그로부터 한 해 동안 저자는 한국에서 근대화 논의가 본격적으로 시작된 1960년부터 현재까지 한국의 근대화에 관해 발표된 주요 논설과 논문, 저서, 인터뷰 등을 읽었다. 그 안에는 기라성 같은 지식인들이 저자가 짐작했던 것보다 훨씬 풍부하고 치열하게 이 문제를 고민하고 해답을 모색했던 결과가 담겨 있었다. 과감한 가설과 이를 입증하기 위한 지적 분투, 날카로운 비판과 진지한 반박, 치열한 논쟁, 정正과 반反의 종합을 향한 야심적인 시도, 그리고 외국으로부터의 자극과 이를 올바르게 수용하기 위한 모색 등이 한국 현대지성사의 한 부분을 화려하게 장식했다. 이들 논의는 저자가 태어나 살아온 당대에 전개된 것이기에 더욱 생동감 있게 다가왔고, 저술작업 내내 지적 긴장감을 유지할 수 있었다.

저자는 책의 목차를 따로 고민할 필요가 없었다. 핵심 논의를 따라가다 보면 자연스럽게 시기가 구분되고 제목이 정해졌다. 그리고 그렇게 만들어진 부분들을 연결하면 전체적으로 하나의 스토리텔링이 이루어졌다. 분석 대상이 된 글은 대부분 논리적이고 딱딱했지만 '들어가며', '나가며'에 소개된 김윤식의 글을 비롯해서 중요 인물의 회고록, 인터뷰 등은 그 바탕에 깔려 있는 정서를 생생하게 보여 주었다.

이 책에 담긴 내용은 저자가 학생과 기자로 보낸 40년의 산물이기도 하다. 저자는 책에 등장하는 많은 인물과 개인적인 인연을 갖고 있다. 학생일 때는 그들의 수업을 들었고, 연구 모임에서 함께 활동했으며, 정기적으로 찾아가서 가르침을 받았다. 기자가 된 뒤에는 취재원으로 만나서 인터뷰를 하고 학술회의와 토론회에 참가해서 연구성과를 배웠다. 그렇게 해서 얻은 지식과 감상이 그들이 쓴 글을 보다 정확하고 넓은 관점에서 이해하는 데 큰 도움이 됐다.

그 가운데 몇 분은 따로 언급하지 않을 수 없다. 이 책에 가장 많이 등장하는 김용섭 교수는 젊은 날의 저자에게 한국근현대사를 무엇보다 '신국가 건설'이라는 관점에서 이해해야 한다는 것을 일러 주었다. 또 그가 만년에 펴낸 책은 한국사를 '문명 전환'이라는 거시적 안목으로 바라봐야 한다는 깨우침을 주었다. 아마도 이 책에 그려진 '김용섭 사학'은 학계에서 이해하는 것과 사뭇 다를 것이다. 저자는 이 책이 얼마 전 세상을 떠난 그를 보다 넓은 시야에서 바라보는 계기가 되기를 희망한다. 안병직 교수는 선비적인 학자가 어떤 모습이어야 하는지를 깨닫게 해준 분이다. 얼음장 같은 논리와 이성을 강조하면서도 4·19세대로서의 감성을 간직하고 있는 그가 1980년대 말에 과감한 사상 전향을 통해서 보여 준 지적 용기와 성실성은 저자에게 깊은 감명을 주었다. 때로 완고한 통념과 허위의식을 깨뜨리려는 의도적인 과격한 발언으로 오해를 사기도 하는 그가 한국근현대사 이해의 심화를 위해 학계에 던진 문제의식은 후학들이 화석화하지 말고 소중히 발전시켜 가야 할 것이다. 이헌창 교수는 '자주적 근대화'를 통해서 '자생적 근대화'와 '식민지 근대화'의 종합을 모색하려 고심하던 저자에게 이론과 실증의 양면에서 구체적인 길을 제시해 주었다. 저자보다 훨씬 먼저 같은 문제의식을 지니고 오랫동안 깊이 있고 꾸준히 작업을 진행해 온 그의 글을 읽으면서 저자는 얽힌 실타래를 풀어 갈 실마리와 서광을 발견했다. 이 책에는 그의 이름이 등장하지 않는 곳에도 그의 영향이 깃들어 있다. 그리고 오랫동안 한국의 근대화 문제를 천착하면서 새로운 관점을 모색해 온 김영호 · 정재정 · 신기욱 교수는 저자의 귀찮은 질문을 마다하지 않고 진지하게 답변해 주어서 이 책의 완성도를 높일 수 있었다.

책에 직접 언급되지는 않지만 빼놓을 수 없는 분은 하영선 교수이다. 그는 1960년대 한국의 근대화 논의에서 중요한 역할을 했던 자신의 은사 이용희 교수의 '전진 민족주의' 개념을 알려 주었다. '자주적 근대화'라는 용어가 북한식의 폐쇄적이고 배타적인 느낌을 줄 수 있는 점을 고민하던 저자는 그가 국제협력적인 열린 민족주의를 강조하면서 제안한 '공주共主'란 용어에 주목했다. 이 책이 새로운 이론을 제시하는 담론서가 아니라 기존 담론을 정리하는 지성사이기 때문에 이 매력적인 용어를 채택하지는 못했지만 한국의 근대화가 서구 근대문명의 수용이었고, 그 과정에서 국제협력이 중요했다는 점에서 그의 문제의식은 소중하다.

이 책은 저자가 32년 3개월의 언론인 생활을 마치고 학교로 돌아와 학인學人의 길에 들어서면서 내놓는 첫 작품이다. 저자는 그동안 한국근현대사에 관한 몇 권의 작은 책을 냈다. 하지만 1차 자료를 본격적으로 이용하고 각주가 달린 첫 번째 저서를 출간하는 마음은 각별하다.

의도한 것이 아니었는데도 이 책의 결론 부분은 저자가 박사학위 논문으로 준비하는 주제와 일치한다. 그것은 저자가 오래전부터 한국 근대민족주의 연작의 첫 번째 주제로 생각해 온 것이기도 하다. 그런 점에서 이 책은 저자가 구상하고 있는 일련의 저술작업의 서곡序曲이라고 할 수 있다. 저자는 이를 단순한 우연의 일치가 아니라 한국근현대사의 전개과정에 비추어 볼 때 자연스러운 귀결이라고 생각한다.

이 책의 많은 부분은 서울대 중앙도서관 관정관에서 쓰여졌다. 아늑한 열람실과 개가식 서고는 앞으로도 상당 기간 저자의 작업 터전이 될 것이다. 좋은 박사논문과 저서로 보답할 것을 다짐해 본다. 저술을 지원해 준 포스텍 융합문명연구원의 송호근 원장과 실무자들, 그리고 꼼꼼하고 깔끔한 책을 만들어 준 나남출판사의 조상호 회장과 권준 편집자께 감사드린다.

2021년 1월

이 선 민

# 참고문헌

## 1. 단행본

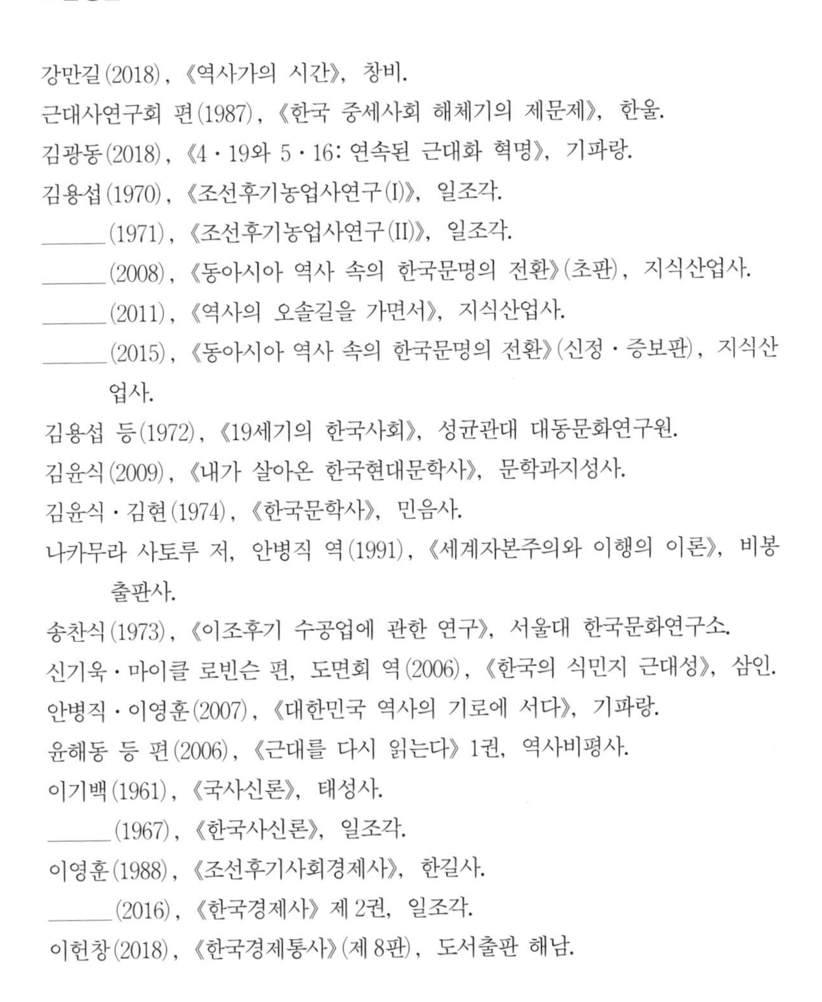


강만길(2018), 《역사가의 시간》, 창비.

근대사연구회 편(1987), 《한국 중세사회 해체기의 제문제》, 한울.

김광동(2018), 《4·19와 5·16: 연속된 근대화 혁명》, 기파랑.

김용섭(1970), 《조선후기농업사연구(I)》, 일조각.

______(1971), 《조선후기농업사연구(II)》, 일조각.

______(2008), 《동아시아 역사 속의 한국문명의 전환》(초판), 지식산업사.

______(2011), 《역사의 오솔길을 가면서》, 지식산업사.

______(2015), 《동아시아 역사 속의 한국문명의 전환》(신정·증보판), 지식산업사.

김용섭 등(1972), 《19세기의 한국사회》, 성균관대 대동문화연구원.

김윤식(2009), 《내가 살아온 한국현대문학사》, 문학과지성사.

김윤식·김현(1974), 《한국문학사》, 민음사.

나카무라 사토루 저, 안병직 역(1991), 《세계자본주의와 이행의 이론》, 비봉출판사.

송찬식(1973), 《이조후기 수공업에 관한 연구》, 서울대 한국문화연구소.

신기욱·마이클 로빈슨 편, 도면회 역(2006), 《한국의 식민지 근대성》, 삼인.

안병직·이영훈(2007), 《대한민국 역사의 기로에 서다》, 기파랑.

윤해동 등 편(2006), 《근대를 다시 읽는다》 1권, 역사비평사.

이기백(1961), 《국사신론》, 태성사.

______(1967), 《한국사신론》, 일조각.

이영훈(1988), 《조선후기사회경제사》, 한길사.

______(2016), 《한국경제사》 제2권, 일조각.

이헌창(2018), 《한국경제통사》(제8판), 도서출판 해남.

인촌기념회 편(1976), 《인촌 김성수전》, 인촌기념회.
정재정(2014), 《주제로 읽는 20세기 한일관계사》, 역사비평사.
조기준(1973), 《한국자본주의성립사론》, 대왕사.
______(1973), 《한국기업가사》, 박영사.
주익종(2008), 《대군의 척후》, 푸른역사.
차기벽(1969), 《근대화정치론》, 박영사.
카터 에커트 저, 주익종 역(2008), 《제국의 후예》, 푸른역사.
한국경제사학회 편(1970), 《한국사시대구분론》, 을유문화사.
한국사연구회 편(1981), 《한국사연구입문》, 지식산업사.
허수열(2005), 《개발 없는 개발》, 은행나무.

安秉珆(1975), 《朝鮮近代經濟史研究》, 日本評論社.
中村哲 等 編(1988), 《朝鮮近代の歷史像》, 日本評論社.

## 2. 논문 · 기사

강덕상(1997), "가지무라 히데키와 조선근현대사 연구", 〈역사비평〉, 1997년 여름호.
고바야시 히데오 작, 이해주 · 최성일 편역(1995), "동아시아사상(史像)의 재검토", 《한국근대사회경제사의 제문제》, 부산대출판부.
고병익(1962), "동양 근대화의 제(諸) 문제", 〈진단학보〉, 23호.
______(1966), "근대화의 기점은 언제인가?", 〈신동아〉, 1966년 8월호.
김건태(2007), "대동문화연구원의 사학사적 위치", 〈대동문화연구〉, 60집.
김낙년(2005), "서평: '개발 없는 개발'", 〈경제사학〉, 38호.
______(2006), "일제하 조선인의 생활수준은 악화되었을까?", 〈역사비평〉, 2006년 겨울호.
김영호(1966), "자본주의 성립과정은 어떠했는가?", 〈신동아〉, 1966년 8월호.
______(1997), "해방 후 한국자본주의의 연속과 단절", 《한국근현대의 민족문제와 신국가건설》, 지식산업사.
김 원(2013), "1960년대 냉전의 시간과 뒤틀린 주체", 〈서강인문논총〉, 38집.
김윤식(2005), "근대를 화두로 살았던 어떤 세대의 심정 고백", 〈한겨레〉,

2005년 12월 30일.
김용섭(1963), "일제 관학자(官學者)들의 한국사관(韓國史觀)", 〈사상계〉, 1963년 2월호.
______(1966), "일본·한국에 있어서의 한국사 서술", 〈역사학보〉, 31집.
______(1978), "한말 일제하의 지주제 — 사례 4: 고부 김씨가의 지주경영과 자본전환", 〈한국사연구〉, 19호.
______(2003), "나의 한국농업사 연구 회고", 〈역사학보〉, 180호.
김용흠(2009), "역사와 학문에 '건너뛰기'란 없다", 〈내일을 여는 역사〉, 36집.
김진균·정근식(2003), "식민지 체제와 근대적 규율", 《근대 주체와 식민지 규율권력》, 문화과학사.
김현주(2012), "〈창작과비평〉의 근대사 담론", 〈상허학보〉, 36집.
김호기(2019), "김호기의 100년에서 100년으로: 〈45〉 김용섭의 '조선후기농업사연구'", 〈한국일보〉, 2019년 1월 7일.
노재봉(1969), "한국 근대화에 있어서의 갈등", 〈국제정치논총〉, 8집.
도면회(2001), "식민주의가 누락된 '식민지 근대성'", 〈역사문제연구〉, 7호.
______(2004), "자주적 근대와 식민지적 근대", 《국사의 신화를 넘어서》, 휴머니스트.
민석홍(1960), "로스토오의 경제사관", 〈세계〉, 1960년 3월호.
______(1962), "서양의 근대화 과정", 〈진단학보〉, 23호.
______(1967), "서구의 근대화 이념과 한국", 《한국 근대화의 이념과 방향》.
______(1968), "역사의 현 단계", 〈사상계〉, 1968년 6월호.
박기수(2008), "한국과 중국에서의 자본주의맹아론", 〈사림〉, 28호.
박명규(2002), "한국의 식민지 경험과 탈민족주의 사회이론: 접점과 이론", 〈해외한국학평론〉, 3집.
박보영(2018), "이념을 탈색한 민족주의와 문명사를 통한 새로운 한국사의 모색", 〈동서인문〉, 9호.
박태균(2004), "로스토우 제3세계 근대화론과 한국", 〈역사비평〉, 66호.
박평식(2013), "조선시대사 연구의 성과와 국사교육", 〈역사교육〉, 125집.
서의식(2009), "서평: '동아시아 역사 속의 한국문명의 전환'", 〈역사교육〉, 109호.
손 열(2018), "1960년대 한국의 근대화 논쟁: 민족주의적 근대화 개념의 등장과 쇠퇴", 《냉전기 한국 사회과학 개념사》, 대한민국역사박물관.
송찬식(1970), "조선후기의 농업사연구에 대하여", 〈역사학보〉, 46호.
신기욱(1997), "식민지조선 연구의 동향", 〈한국사시민강좌〉, 20호.
신용하(1970), "정체성론의 극복", 〈문학과지성〉, 2호.
______(1992), "일본 제국주의 옹호론과 그 비판", 〈한국독립운동사연구〉, 6집.
______(1994), "한말 애국계몽운동과 민족의 발전", 《한국 근대사회의 구조와 변동》, 일지사.
______(1997), "'식민지근대화론' 재정립 시도에 대한 비판", 〈창작과비평〉, 1997년 겨울호.
신주백(2014), "관점과 태도로서 '내재적 발전'의 형성과 1960년대 동북아시아의 지적 네트워크", 〈한국사연구〉, 164호.
______(2017), "1960년대 '근대화론'의 학계 유입과 한국사 연구", 〈사학연구〉, 125호.
우병규(1969), "한국 근대화에 있어서의 조화", 〈국제정치논총〉, 8집.
아오야기 준이치(青柳純一)(2002), "가지무라 히데키의 학문과 사상", 〈역사비평〉, 2002년 봄호.
안병직(1971), "자본주의맹아론", 〈문학과지성〉, 5호.
______(1975), "3·1운동 이해의 전제조건", 《3·1운동》, 한국일보사.
______(1989), "중진 자본주의로서의 한국경제", 〈사상문예운동〉, 2호.
______(1993), "무엇을 연구할 것인가", 〈경제사학〉, 17집 별집.
______(1995), "한국에 있어서의 경제발전과 근대사연구", 〈제38회 전국역사학대회 발표요지〉.
______(1997), "한국근현대사 연구의 새로운 패러다임", 〈창작과비평〉, 1997년 겨울호.
______(2006), "캣치 업 과정으로서의 한국경제성장사", '중진국 함정 속의 한국경제' 학술대회 발표문.
윤해동(2006), "'숨은 신(神)'을 비판할 수 있는가?: 김용섭의 '내재적 발전론'", 〈한국사학사학보〉, 14집.
______(2007), "'식민지 인식의 회색지대'를 위한 변증", 〈역사와현실〉, 66호.
이경란(2010), "1950~1970년대 역사학계와 역사연구의 사회담론화", 〈동방학지〉, 152집.

이경식(1986), "조선후기 농업·지주제 연구의 동향과 '국사' 교과서의 서술", 〈역사교육〉, 39집.

이기백(1984), "나의 책 《한국사신론》을 말한다", 〈오늘의 책〉, 창간호.

이상백(1962), "한국 근대화의 기본성격", 〈진단학보〉, 23호.

이세영(1988), "현대 한국사학의 동향과 과제", 《80년대 한국 인문사회과학의 현 단계와 전망》, 역사비평사.

______(1995), "현대 한국사학의 발전", 《한국역사입문①》, 풀빛.

이영호(1994), "해방 후 남한 사학계의 한국사 인식", 《한국사》 23권, 한길사.

______(2011), "'내재적 발전론' 역사인식의 궤적과 전망", 〈한국사연구〉, 152집.

이영훈(1987), "한국자본주의의 맹아 문제에 대하여", 《한길역사강좌 5: 한국의 사회경제사 2》, 한길사.

______(1996), "한국사에 있어서 근대로의 이행과 특질", 〈경제사학〉, 21권.

이용희(1967), "기조연설", 〈국제정치논총〉, 6집.

______(1967), "한국민족주의의 제문제", 〈국제정치논총〉, 6집.

______(1969). "한국근대화의 기본문제", 〈국제정치논총〉, 8집.

이우성(1968), "회고와 전망-국사", 〈역사학보〉, 39호.

______(1992), "동아시아 지역과 자본주의맹아론", 〈한국양회공업협회 회보〉, 128권.

이준식(2008), "탈민족론과 역사의 과잉 해석: 식민지 공공성은 과연 실재했는가", 〈내일을 여는 역사〉, 31집.

이헌창(2000), "한국 고도성장의 역사적 배경", 《동아시아 경제협력의 현상과 가능성》, 고려대 아세아문제연구소.

______(2004), "개항기 경제사를 보는 한 시각", 〈역사비평〉, 2004년 겨울호.

______(2007), "한국사 파악에서 내재적 발전론의 문제점", 〈한국사시민강좌〉, 40호.

______(2008), "조선후기 자본주의맹아론과 그 대안", 〈한국사학사학보〉, 17집.

임성모(2015), "냉전과 대중사회 담론의 외연: 미국 근대화론의 한·일 이식", 〈한림일본학〉, 26호.

장준하선생추모문집간행위원회 편(1995), “주간 좌담: 사상계 시절을 말한다”, 《민족혼・민주혼・자유혼》, 나남출판.
전해종(1966), “한국사를 어떻게 보는가”, 〈신동아〉, 1966년 8월호.
정일준(2005), “한국 사회과학 패러다임의 미국화: 미국 근대화론의 한국 전파와 한국에서의 수용을 중심으로”, 〈미국학논집〉, 37(3).
______(2017), “최문환과 한국 사회학의 문제틀”, 〈한국사회학〉, 51(1).
정재정(1996), “식민지 공업화와 한국의 경제발전”, 《일본의 본질을 다시 묻는다》, 한길사.
정재정・안병직(2002), “나의 학문, 나의 인생: 안병직”, 〈역사비평〉, 2002년 여름호.
정창렬(1984), “한국학연구 반세기-근세사(조선후기편)”, 〈진단학보〉, 57호.
______(1989), “한국에서 민중사학의 성립・전개 과정”, 《한국민중론의 현단계》, 돌베개.
조관자(2014), “내재적 발전론의 네트워크, ‘민족적 책임’의 경계”, 《가지무라 히데키의 내재적 발전론을 다시 읽는다》, 아연출판부.
조기준(1959), “한국경제의 근대화과정”, 〈사상계〉, 1959년 2월호.
______(1993), “경제사에서 보는 한국근현대사 문제”, 〈국사관논총〉, 50집.
조석곤(1997), “수탈론과 근대화론을 넘어서: 식민지시대의 재인식”, 〈창작과비평〉, 1997년 여름호.
______(1998), “식민지근대화론과 내재적 발전론 재검토”, 〈동향과전망〉, 1998년 여름호.
______(2006), “식민지근대화론 연구 성과의 비판적 수용을 위한 제언”, 〈역사비평〉, 2006년 여름호.
______(2015), “식민지근대를 둘러싼 논쟁의 경과와 그 함의: 경제사학계의 논의를 중심으로”, 〈역사문화연구〉, 53호.
조장옥(2017), “거시경제학의 눈으로 본 식민지근대화론”, 〈경제학연구〉, 65(1).
주익종(2006), “식민지 시기의 생활수준”, 《해방전후사의 재인식》, 책세상.
지수걸(2007), “‘지배와 자치’에 대한 논평”, 〈역사와 현실〉, 63호.
차기벽(1965), “근대화와 리더십”, 〈기러기〉, 1965년 9월호.
______(1965), “정치”, 《한국 근대화의 제(諸) 문제》, 경희대 후진사회연구소.

______(1967), "정치체제의 개혁과 이념 문제", 《한국 근대화의 이념과 방향》.
천관우(1954), "갑오경장과 근대화", 〈사상계〉, 1954년 12월호.
______(1962), "한국 근대화의 제문제", 〈진단학보〉, 23호.
______(1964), "세계사 참여의 사적(史的) 과정: 한국 근대화 시발기의 기본 성격", 〈사상계〉, 1964년 1월호.
______(1966), "또 무엇이 문제인가?", 〈신동아〉, 1966년 8월호.
최문환(1960), "4월 혁명의 사회사적 성격", 〈사상계〉, 1960년 7월호.
______(1961), "5·16 군사혁명과 경제·사회 문제", 〈최고회의보〉, 1호.
______(1964), "조국의 현상과 전망", 〈대학신문〉, 1964년 5월 11·18일자.
______(1965), "근대적 자본주의의 형성에 관한 일고찰", 〈청구대논문집〉, 8호.
______(1967), "전통사회의 붕괴와 공업화", 〈세대〉, 1967년 3월호.
하시야 히로시 작, 이해주·최성일 편역(1995), "한국사에 있어서 근대와 반(反)근대", 《한국근대사회경제사의 제문제》, 부산대출판부.
한국사학회편집부(1963), "제2회 학술토론대회 회보(會報)", 〈사학연구〉, 16호.
허수열(1999), "'개발과 수탈'론 비판", 〈역사비평〉, 1999년 가을호.
______(2006), "'해방전후사의 재인식'의 식민지 경제에 대한 인식 오류", 〈역사비평〉, 2006년 여름호.
홍이섭(1960), "한국사관(韓國史觀)의 모색", 〈세계〉, 1960년 3월호.
______(1965), "사상", 《한국 근대화의 제(諸) 문제》, 경희대 후진사회연구소.
______(1965), "근대화와 혁명의 세기", 〈세대〉, 1965년 12월호.
______(1966), "일제 통치기간의 성격은?", 〈신동아〉, 1966년 8월호.
홍종욱(2014), "왜 지금 가지무라 히데키인가", 《가지무라 히데키의 내재적 발전론을 다시 읽는다》, 아연출판부.
황병주(2008), "박정희 체제의 지배담론: 근대화 담론을 중심으로", 한양대 박사학위 논문.

Haggard, S., Kang D., & Moon, C.(1997), Japanese Colonialism and Korean Development: A Critique, *World Development*, 25(6).
Kohli, A.(1994), Where do high growth political economies come from?

The Japanese Lineage of Korea's "Developmental State", *World Development*, 22(9).

______(1997), Japanese Colonialism and Korean Development: A Reply, *World Development*, 25(6).

Lee, S. (1965), "The Extent to Which the Japanese Colonial Policy toward Korea Contributed to her Modernization", *International Conference on the Problems of Modernization in Asia: Report*, Korea University Asiatic Research Center.

Lee, Y. (1965), "The Political Legitimation of Modernization in Free Developing Nations: the Korean Case", *International Conference on the Problems of Modernization in Asia: Report*, Korea University Asiatic Research Center.

Shin, G. (2006), Neither "sprouts" nor "offspring": The agrarian roots of Korean capitalism, *Transformations in Twentieth Century Korea*, Routledge.

# 찾아보기(용어)

## 서 명

## 찾아보기(인명)

## ㅇ~ㅈ



## ㅊ~ㅎ